IM MORALAPOSTOLAT

Horst G. Herrmann

# IM MORALAPOSTOLAT

Die Geburt der westlichen Moral aus dem Geist der Reformation

Edition Sonderwege

# INHALT

Für Katharina.
In Liebe und Dankbarkeit.

»Die Form der Marginalie impliziert stilistisch und inhaltlich, daß man nicht alles sagt, was man sagen möchte – bis zum Risiko, von Begriffsstutzigen (und deren gibt es hierzulande mehr als anderswo) mißverstanden zu werden.«[1]

1 Karl Heinz Bohrer: »P.S.«, in: *Merkur* 514, Januar 1992, S. 88.

## *Vorwort und Trigger Warning*

Die Reformation ist ein Phänomen des Westens: des westlichen, lateinischen Abendlandes am Beginn der Frühen Neuzeit. Alles, was den Westen heute ausmacht, seine Errungenschaften wie seine Gefährdungen, steht in vielfältigen und vielschichtigen Beziehungen zu diesem Geschehen. Mal erscheinen diese Beziehungen vertraut, offenkundig, gegenwärtig, mal sind sie eher fremd, untergründig, vergessen. Fernwirkungen sind es allemal, denn das Ganze ist fünfhundert Jahre her. Ob hier wirklich eine Zeitenwende, ein Epochenbruch zu konstatieren ist oder nicht vielmehr die Kontinuitäten zwischen Spätmittelalter und Reformationszeit zu betonen sind, ist das Thema der Frühneuzeitforschung. Tendenz: Der Charakter der Reformation als epochenkonstituierendes Geschehen ist zunehmend fragwürdig geworden. Mehrnoch – er ist seiner Funktion als identitätsbildendes Narrativ überführt. Protestanten müssen sich sagen lassen, daß mit der Reformation nicht die aufgeklärte Vernunft das Licht der Welt erblickte, weil Luther die Vernunft für die »größte Hur des Teufels« hielt. Katholiken sollten wissen, daß die Verketzerung vorreformatorischer Mystik ein dogmatisches Defizit hinterließ, das in Verbindung mit der »Monetarisierung des Heils« im Ablaßunwesen die Fratze einer katholischen Modernität offenbarte, die nicht folgenlos bleiben konnte. Modern die Papisten? Fundamentalistisch die Reformatoren? Schon Nietzsches Intuitionen gingen in diese Richtung.

Die Reformation als ein paradoxales Phänomen in den Blick zu nehmen, ist Gegenstand dieses Buches. Von

Luthers Grundfrage »Wie bekomme ich einen gnädigen Gott?« über die protestantischen Freiheitsversprechen bis hin zum »Gerechtfertigtsein« werden alle reformatorischen Denkfiguren im Gegenlicht gelesen und gegen den Strich gebürstet werden. Es wird sich dabei herausstellen, daß die feilgebotenen Vorzüge, Stärken und Errungenschaften der protestantischen Bewegung zugleich ihre größten Schwächen und Stolpersteine markieren.

»Alle prägnanten Begriffe der modernen Staatslehre sind säkularisierte theologische Begriffe. Nicht nur ihrer historischen Entwicklung nach, (...) sondern auch in ihrer systematischen Struktur.«[2] Diesem Diktum von Carl Schmitt wird in Bezug auf die reformatorische Theologie nachzugehen sein, denn die politische Korrektheit, die hypermoralische Gesinnungsdiktatur, die »Alternativlosigkeit«, die Erinnerungs- und die Willkommenskultur unserer Tage sind säkularisierte Ableger eines purifizierten, *reinen Glaubens,* der mit Luther die Weltbühne betrat und der sich vor allem durch Eines auszeichnet: Unduldsamkeit.

In Variation eines Buchtitels von Neil Postman wäre zu konstatieren: *Wir moralisieren uns zu Tode.* Eine Archäologie der moralischen Engführung des Christlichen seit der Aufklärung und deren geheime Grundlegung in der Reformation – darum wird es in diesem Buch gehen (wobei die Moralisierungsoffensive der Aufklärung hier nicht näher betrachtet, sondern als bekannt vorausgesetzt wird).

Bevor wir mit Navid Kermani in *Ungläubiges Staunen über das Christentum* verfallen, sollten wir es vorher ruhig

2 Carl Schmitt: *Politische Theologie. Vier Kapitel zur Lehre von der Souveränität,* Berlin 2004, S. 43.

mit *gläubigem Staunen* versucht haben: Mit Staunen darüber, wie viel von Augustinus nicht nur in Luther steckte, sondern auch in uns Modernen, die wir – nach Bruno Latour – womöglich *nie modern gewesen sind*; bzw. wie modern doch der Bischof von Hippo war und also auch Luther. »Die rigorose Innenschau beider, die Psychologisierung der Gnade und der unglaublich polemische Ton, mit dem die zarten, atmosphärischen Themen der Theologie vertreten werden: Was wir in der Westkirche uns damit seelengeschichtlich, sprachlich erschlossen und zugleich an Gnadenlosigkeit eingehandelt haben, ist unabsehbar und unsäglich. Erst recht, wenn man es mit der ganzheitlichen Sicht der östlichen Väter vergleicht.«[3] Der katholische Hintergrund des Verfassers ist *dann* mitunter nur Vordergrund einer eher ostkirchlichen Perspektive, die hier kontrastiv eingespeist wird, denn die Wundbehandlung der lateinischen Kirchenspaltung ist nicht mit bischöflichem Tempelberg-Tourismus und ökumenischen Konsens-Papieren »von oben« oder mit Stuhlkreisen und Gesundbeten »von unten« zu leisten; erst recht nicht mit Relativieren, Beschweigen und Bemänteln. Vielmehr könnte ein Schmerz im Bewußtsein den Weg weisen:

Wie jede moralische Engführung arbeitet auch die moralische Engführung des Christentums (im Westen) schmerzvermeidend und damit angstverstärkend. Die bewußtseinsschärfende Qualität des Schmerzes ist schon von Nietzsche gesehen worden, der den »Schmerz als initiatorisches Motiv zum Handeln und Denken

3 Unveröffentlichtes Manuskript von Elmar Salmann.

verstanden«[4] hat; »Schmerz als ein Organon der Enthüllung, den ›*Geist auf der Tat*‹ zu ertappen.«[5] Auch den Ungeist.

Das Folgende soll, wird und darf deshalb auch weh tun. Dann weicht die Angst.

4 Karl Heinz Bohrer: *Plötzlichkeit. Zum Augenblick des ästhetischen Scheins*, Frankfurt am Main 1981, S. 139

5 Ebd. S. 145, Kursives im Original.

## *Prolog: Der Zaubertrank des Augustinus – ein Giftbecher*

Die westkirchliche Ökumene? Es gibt sie bereits. Eine apostolische Sukzession, die keine Ämter braucht? Ist schon etabliert; nicht gerade theologisch sattelfest, aber eben in guter Absicht und darin unabweisbar. Auch unumkehrbar. Seit fünfhundert Jahren. Und seit der Aufklärung und der französischen Revolution konvertieren auch die Agnostiker und Atheisten scharenweise und bekennen den einen, gemeinsamen *westlichen Glauben.*

Rom, mit seiner zivilisierenden Latinität, war eine Zeitlang wie das kleine gallische Dorf; aber das ändert sich gerade. Der Zaubertrank des Augustinus – die Erbsünde – war ohnehin rezeptpflichtig gewesen; seine Risiken und Nebenwirkungen nur dem orthodoxen Osten hinlänglich bekannt, der, einen Giftbecher witternd, entsprechend Distanz hielt. Luther konnte hervorragend Griechisch, besser als Hebräisch und hätte also gewarnt sein können. Aber anstatt die negative Anthropologie der Erbsündenlehre des Augustinus, der gar kein Griechisch sprach, auf den Prüfstand zu stellen und einer Reformation zuzuführen, radikalisierte und potenzierte der Augustinermönch die pessimistischen und juridischen Vorgaben seines Ordensgründers. Luther leerte den Giftbecher des Augustinus bis zur Neige.

Daß der Mensch, in christlicher Perspektive zu Höchstem ausersehen, dennoch immer wieder scheitert, daß er Verdammnis verdient, aber dennoch Gnade empfangen darf; dies doppelte Mysterium ist im Westen durch

Augustinus und Anselm von Canterbury immer wieder einseitig in Begriffen von Verbrechen und Bestrafung artikuliert worden. »Die Reformation war nicht nur weit davon entfernt, diese Unausgewogenheit auszugleichen, sondern sie hat sie sogar noch verschlimmert.«[6] Das Ergebnis war die Paradigmatisierung von Luthers Heilsangst, das »quälende Gefühl der Verdammnis und der ausweglosen Verbannung.«[7]

Die Einsprüche der Orthodoxen, die aus ihrer Meditation über den Sündenfall keinesfalls zu einem legalistischen Verständnis von einer Erbsünde gekommen waren, und die Gottesebenbildlichkeit lediglich verdunkelt, aber nicht völlig zerstört sahen, sondern die das nach wie vor bestehende Vergöttlichungspotential des Menschen, seine *Theosis* ins Visier nahmen, diese Einsprüche hätten es verdient gehabt, durch Luther aus dem Griechischen übersetzt und im lateinischen Westen fruchtbar gemacht zu werden. Auf seine Heilsangst mit der zentralen Frage: »Wie bekomme ich einen gnädigen Gott?« wäre die orthodoxe Antwort immer gewesen: »Warum diese (beinahe blasphemische) Frage? Du hast ihn doch!«[8]

Die Kontakte führender Lutheraner mit der Orthodoxie im 16. Jahrhundert brachten trotz der brillanten Sprachkenntnisse der Protagonisten kein tieferes theologisches Verständnis: Die sechsmonatige gastfreundliche

6 Charles Taylor: *Ein säkulares Zeitalter*, Berlin 2012, S. 141.

7 Charles Taylor: *Quellen des Selbst. Die Entstehung der neuzeitlichen Identität*, Frankfurt am Main 2012, S. 57.

8 Irenäus Totzke: *Angst und Religion*, Niederaltaich 2009, S. 11, Eingeklammertes v. Verf.

Beherbergung des hochrangigen griechischen Gesandten Dimitrios Myssos bei Melanchthon und anderen Reformatoren blieb ohne Konsequenzen, obgleich Myssos mit einer Übersetzung der *Confessio Augustana* ins Neugriechische nach Konstantinopel zurückkehrte. Der 14 Jahre später geführte hochoffizielle, längere Briefwechsel von Tübinger Theologen mit dem Patriarchen Jeremias II. zur Rechtfertigungslehre und allen 21 Artikeln der *Confessio Augustana Graeca* verlief sogar noch enttäuschender. Für die Übersetzung der *Confessio Augustana* ins Neugriechische hatte man sogar einen eigenen Begriff für »Rechtfertigung« geschaffen. Ein Vorgehen, das nicht gerade theologisches Vertrauen stiftete: Im Blick auf Gemeinsamkeiten und Trennendes kommt Jeremias II. am 6. Juni 1581 zu dem Ergebnis, »daß ihr niemals uns oder besser gesagt der Wahrheit zustimmen könnt.«[9] Ein Befund analog zum Diktum Kardinal Cajetans, der nach der Befragung Luthers festhielt, hier werde eine »neue und irrige Theologie« vorgetragen.[10]

Die Ausblendung der orthodoxen Außenperspektive mit ihrer womöglich befreienden Option und die Verweigerung einer vertieften theologischen Meditation über das Wort des Irenäus von Lyon, »Gott ist Mensch geworden, damit der Mensch vergöttlicht werde«, fixierten den lateinischen Westen in der reformatorischen Agenda; mit ihrem radikalisierten Wunsch nach

9 Bei Theodor Nikolaou: *Confessio Augustana Graeca. Die orthodox-lutherischen Beziehungen im 16. Jahrhundert,* KNA – Ökumenische Information Nr. 14/15, 2. April 1980, Internetdokument, S. 8.

10 Bei Paul Hacker: *Das Ich im Glauben bei Martin Luther. Der Ursprung der anthropozentrischen Religion,* Bonn 2009, S. 46.

einer absolut gesetzten Rechtfertigung, der zwar am biblischen Befund bei Paulus ansetzt, aber weit über ihn hinausgeht, ihn dabei überdehnt und sich dem Guten der göttlichen Ordnung nicht mehr anzuvertrauen wagt, sondern – trotz oder gerade wegen der plakativen Rede von der »Freiheit des Christenmenschen« – ängstlich bestrebt ist, richtig zu glauben und das Richtige zu tun.

Wie die Geschichte zeigt, war diese Agenda hochgradig anschlußfähig, modern und funktionierte sehr bald auch ohne theologischen Überbau. Seitdem glauben wir alle weniger an die »Gute Nachricht« als an die gute Absicht: Wir glauben an erzieherische Konzepte zur Besserung, Korrektur und Richtigstellung des Menschen. Mit einem Wort: wir glauben an Moral, an den Modus des Urteilens und Verurteilens, an die binäre Logik von Einschluß und Ausschluß, Inklusion und Exklusion. Die Einen glauben anhand ihres Verständnisses der Bibel, die Anderen anhand von sehr vielem Anderen. Wir alle im Westen sind mehr oder weniger: Moralapostel geworden.

*»Moral ist das Verhindern guter Entscheidungen zugunsten von richtigen Entscheidungen.«*[11]

*»Denken ist schwer, darum urteilen die meisten.«*[12]

*»Angesichts dieser Sachlage ist es die vielleicht vordringlichste Aufgabe der Ethik, vor Moral zu warnen.«*[13]

11 Unbekannt.

12 Carl Gustav Jung.

13 Niklas Luhmann: *Paradigm lost: Über die ethische Reflexion der Moral. Rede anläßlich der Verleihung des Hegel-Preises 1989*, Frankfurt am Main 1990, S. 41.

*»Man kann die Einführung von Moral als Werk des Teufels ansehen und entsprechend die Hölle als durchgeführte Moral beschreiben, also die physischen durch seelische Torturen ersetzen.«*[14]

14 Jean-Frédéric Bernard: *Eloge de l'enfer. Ouvrage critique, historique, et moral*, 2 Bde., Den Haag 1759; bei Niklas Luhmann: *Die Religion der Gesellschaft*, Frankfurt am Main 2002, S. 264.

## *Marginalie 0: Systemtheoretische Erdung*

Es wird im folgenden der Versuch unternommen, die Geburt der westlichen Moral aus dem Geist der Reformation anhand von Marginalien, von Randbemerkungen zu skizzieren. Dabei wird deutlich werden, daß mit Moral *nicht* das theologische Zentrum des protestantischen Narrativs berührt wird, sondern ein entscheidender, bis heute aufweisbarer Modus seiner Durchsetzung: eine funktional wirksame Hermeneutik des Ressentiments, des Verdachts und der delegitimierenden Ignoranz. Moral ist eine »besondere Form der Kommunikation, die Hinweise auf Achtung und Mißachtung enthält.«[15]

Der systemtheoretische Blick auf den Moralbegriff erscheint auch deshalb geeignet, weil er der inhaltlichen Enthaltung der Reformatoren als Ethiker Rechnung trägt. Vor allem Luther leistet wenig bis nichts für eine Begründungs- oder Reflexionstheorie der Moral, aber Vieles und Neues bei der öffentlichkeitswirksamen massenhaften Durchsetzung einer Achtungs- und Mißachtungs-Kommunikation im Spannungsfeld zwischen Inklusion und Exklusion: Es geht – mehr denn je – um *Erlöste und Verdammte* (Thomas Kaufmann).

Mit der systemtheoretischen Erdung Luthers in einen immer schon moralisch operierenden Raum soll dem volksliedhaften Konsens begegnet werden, der im Reformator gleichsam den Alleszermalmer einer Moral (der veräußerlichten Werke) feiert und der nur ungern die Vielzahl paradoxaler Befunde in Rechnung stellen will,

15 Luhmann, *Paradigm*, 1990, S. 17 f.

die Luther und die Reformation – von den Anfängen bis heute – als Premium-Produzenten von Moral ausweisen könnten. »Es scheint ein Paradoxon vorzuliegen. Die Pädagogisierung des Evangeliums wird mit Entschiedenheit abgelehnt; aber die reformatorische Bewegung löst tiefgreifende pädagogische Wirkungen aus.«[16] Und es scheint nicht nur so.

Paradoxien und Anmerkungen dieser Art werden uns daher auf den folgenden Seiten noch öfter begegnen. Und ganz überwiegend werden dabei evangelisch getaufte »Christinnen und Christen«, zumeist Theologen, aber auch Philosophen und Schriftsteller, hinzuzuziehen sein; meist die Schwindelfreien oder Tieftauchenden unter ihnen, die es – gottlob – immer gab und gibt.

Daß Luther in einer transmoralischen Sphäre des »reinen Glaubens« mithilfe buchstäblicher Theo-Logik die Gedanken und die Worte Gottes zu rekonstruieren in der Lage war, und mit der eigentlichen frohen Botschaft einer »geschenkten Rechtfertigung« des gläubigen Sünders das Vertrauen in Gottes Gnade wieder aufrichtete, ist auch ein folgenreiches Klischee. Eine *Kritik des reinen Glaubens* wäre daher anzumahnen und dieser auszuweisen, als Quelle einer nunmehr verinnerlichten neuen Moral, auch des Gewissens und der Selbstrechtfertigung; eines »unglücklichen Bewußtseins« (Hegel) ohne Korrektiv im Außen dieser Welt; eine Ausblendung der Alterität und Orientierungsfähigkeit aller Schöpfung.

16 Friedrich Delekat bei Karl Dienst: »Das Ende des Protestantismus: Moral als Religionsersatz«, in: *Journal of Religious Culture. Journal für Religionskultur*, Nr. 162, 2012, S. 45.

Im Laufe dieses Versuchs können dazu lediglich Randbemerkungen gemacht, Fragezeichen gesetzt werden. Die lutherischen *soli* (*solus Christus, sola fide, sola scriptura, sola gratia*) – (allein Christus, allein der Glaube, allein die Schrift, allein die Gnade) haben – bei all ihrer beabsichtigten Vertiefungs- und Reinigungswirkung – bereits strukturell ausschließenden Charakter; sie exkludieren und zeigen ungewollt, daß ein integratives, allumfassendes, im Wortsinn »katholisches« Potential von einer reformatorischen Theologie in Wahrheit nicht zu heben sein wird. Diese kann bestenfalls den Finger in die Wunde legen und läuft Gefahr – ohne jeden Selbststand – den konfessionellen Counterpart niemals entbehren zu können.

Luthers Infragestellung des geistlichen Standes war systematisch-theologisch unabhängig von der moralischen Qualität des monastischen Lebens. Aber sie wäre als solche – ohne die moralistische Mobilisierung des Mobs – die mißtrauische Frage eines Einzelnen geblieben. Mit welcher theologischen Begründung evangelische Kommunitäten von heute *nicht* der eitlen Werkerei zuarbeiten, ist also auch eine Frage danach, ob Luthers Theologie mehr Verhinderungs- als Befreiungspotential hat.

Der kanadische Philosoph Charles Taylor hat in seiner Genealogie *Ein säkulares Zeitalter* auf eine Vielzahl »protoreformatorischer«[17] Erneuerungsbewegungen, weit im Vorfeld der Reformation, hingewiesen, die bei aller Kritik an Mißständen eines nie taten: die Legitimität einer Vielfalt christlicher spiritueller Erfahrungen und Gestal-

17 Taylor, *Zeitalter*, 2012, S. 134.

ten zu bestreiten. Wenn also im Verlauf dieser Untersuchung die Frage auftaucht, wie Europa und die Welt wohl heute aussähen, hätte es die protestantische Reformation nie gegeben, so geht der Verfasser nicht davon aus, daß es dann keine Reformation gegeben hätte; denn Reformationen als Infragestellungen standen ja durchaus auf der Tagesordnung einer *Ecclesia semper reformanda* – und das mit gutem Grund.

Mittlerweile haben zahlreiche zeitgenössische protestantische Reformationshistoriker, denen der vorliegende Versuch viele Anregungen verdankt, die vorreformatorische Welt als vielfältige, durchlässige, in permanenter spiritueller Konkurrenz befindliche, zahlreiche Erneuerungsbewegungen hervortreibende, ambivalenzfähige Welt wiederentdeckt. Und liest man genauer – gegebenenfalls auch zwischen den Zeilen – als keinesfalls per se im umstürzlerischen Sinne erneuerungsbedürftige Welt, vielmehr: »daß sich mit dem Mönch aus Wittenberg und dem Renaissancepapsttum zwei unterschiedliche Optionen der Erneuerung gegenübertraten«[18], die dennoch tief im mittelalterlichen Kontext beheimatet waren. Die Befunde von MacCulloch, Roper, Kaufmann, Schilling, Lauster, Leppin, Türcke u. a. stellen ältere Intuitionen und Erkenntnisse Nietzsches, Burckhardts, Friedells und Voegelins auf eine sehr viel breitere Forschungsbasis.

Helfen die jüngeren Quellen bei der soliden Dekonstruktion der identitätsstiftenden Gleichung: »Reformation ist Aufklärung, ist Fortschritt, ist Freiheit«, haben

18 Volker Leppin: *Die fremde Reformation. Luthers mystische Wurzeln,* München 2016, S. 85.

die älteren Stimmen darüber hinaus dazu angestiftet, eine Form der Darstellung zu wählen, die sich angreifbar macht, weil sie selbst angreift, pointiert und zuspitzt.

Es versteht sich von selbst, daß hier nicht ein vollständiges Bild der Reformation aufgezeigt wird; aber ein verdrängtes, das es wert ist, auch bei hartem Lichteinfall betrachtet zu werden. Denn das herrschende Narrativ ist einseitig affirmierend; es verdunkelt, blendet aus, verfährt im Schongang, übt Nachsicht, Rücksicht, Leisetreterei – vorzugsweise gegenüber der zentralen Gestalt und ihrem Anliegen: den guten Absichten eines Poltergeistes.

Eine guten Absichten und schlechter Systematik gegenüber unnachsichtige, pointierte Form der Darstellung wird also manche Menschen mit Reformationshintergrund verschrecken oder irritieren; vor allem jene, die bestrebt sind, nach konfessionell identitären Ankerplätzen auf offenem Meer zu suchen, ein nautisches Bild für den aus orthodoxer Sicht blasphemischen Wunsch nach Heilsgewißheit. Wer also lieber Fragen nach dem Warum der unausgewogen bösen Form aufwirft, mag das tun, wenn, im nautischen Narrativ verbleibend, die systematisch-theologischen Fragen nach den Untiefen, nach Ankergrund, nach Wellenhöhe, Wind und Wetter und nach dem Kurs zu sehr schmerzen. Aber diese Fragen werden mitgeliefert und sie sind ernster zu nehmen, als es die pointierte Form nahelegt. *Abyssus abyssum invocat* – Abgrund ruft nach Abgrund.

Luthers Reformationsagenda leistet nur unzureichend die schmerzhafte Meditation des verlorenen Paradieses. Sie radikalisiert die Erbsündentheologie des Augustinus und verfällt dadurch einer Heilsangst, die, wie jede Angst, kein guter Ratgeber ist. Anstatt der Sicherheit einer vermittelten Heilszusage durch fehlbare Andere zu vertrauen – einem überaus biblischen Setting – wird allem Vermittelten mit allergrößtem Mißtrauen begegnet; vielmehr auf Gottesunmittelbarkeit und Unvertretbarkeit gepocht. Der Weg in die reine Innerlichkeit wird beschritten, ohne darüber ein mystischer Weg zu bleiben oder es neu zu werden (als Ausnahme sei vermerkt: der Pietismus). Schöpfung und Geschöpfe verlieren damit ihren Gleichnis- und Repräsentationscharakter. Die gekappten Bande an Sakramente, an Formen und Kommunitäten vereinzeln: man ist mit der Bibel allein zu Haus. Auch die Heilsgewißheit stellt sich nicht nachhaltig ein; hingegen: Anfechtung – *tentatio*. Der reine Glaube ruft seine Feinde und Widersacher auf den Plan.

Als mit den Bauern weniger Angefochtene sich anschicken, die Freiheit des Christenmenschen politisch auszubuchstabieren oder Andere – geradezu schwärmerisch – die Quelle der Schrift aufsuchten, den Heiligen Geist, drohte alles aus dem Ruder zu laufen, weshalb der Ruf nach dem *omnipotens princeps*, der Obrigkeit, erging, die dann (diesmal erwünscht: stellvertretend) kurzen Prozeß machte mit den garstigen Gespenstern. Eine Win-win-Situation, mit strukturellen Ähnlichkeiten bis in die ökumenische Gegenwart.

Sieht man einmal von der optimistischeren katholischen Anthropologie ab, die dem Menschen mehr Gutes zutraut und die deshalb weniger Angst verbreitet, sind die reformatorischen Anliegen tief ins katholische Selbstverständnis eingesickert und lassen sich heute kaum mehr entlang von Konfessionsgrenzen verorten, sondern nurmehr an einer Mentalität, die entweder eine lateinisch zivilisierte ist oder eine im Kern differenzfeindliche – eine barbarische; ihr ist ihre gute Gesinnung alles.

Das innerwestliche *Moralapostolat* ist also der kollektivpsychologisch am meisten unstrittige kleinste gemeinsame ökumenische Nenner, der die beiden kirchlichen Akteure eint – auch mit den säkularen staatlichen; wenngleich es Nuancen und damit Profilierungsmöglichkeiten bei der Ausbuchstabierung der Werte gibt, die dann im Verdachtsmodus – Exklusion oder Inklusion verheißend – in die Gesellschaft eingepflegt werden.

Der »reichskirchlichen Versuchung«, als aus dem Christentum mit dem Toleranzedikt von Nikomedia vom 30. April 311 eine *religio licita*, eine erlaubte Religion, später eine geförderte und schließlich mit dem Edikt von Theodosius im Jahr 380 die einzige Religion des Römischen Reiches geworden war, hat – in der historischen Rückschau – keine christliche Konfession widerstanden; auch nicht die Orthodoxie. Der katholische Theologe Gregor Taxacher sieht in den unterschiedlichen Gestalten des Reichskirchentums seit der Konstantinischen Wende »ein Christentum im ›status corruptionis‹ gegenüber dem Geist des Evangeliums«[19], den Christentum-Geschichte gewordenen Nachvollzug des mythischen Sündenfalls: Aus dem Kreuzzeichen, einem Symbol der Schande, konnte ein Siegeszeichen werden; nicht nur über den Tod, sondern auch über Ketzer und Ungläubige.

19 Gregor Taxacher: *Bruchlinien. Wie wir wurden, was wir sind. Eine theologische Dialektik der Geschichte,* Gütersloh 2015, S. 172.

Dennoch sollte dem Westen auch und gerade theologisch zu denken geben, daß und warum die östlichen Christentümer, bei allen Fehlentwicklungen, die es dort ja auch gab und gibt, keinen theologischen Boden für eine Agenda der Angst, für Fegefeuer, Teufelsglaube, Hexenverfolgungen, Inquisition und Kreuzzüge bereitstellten. Und sie dennoch immer in Mithaftung genommen werden, wenn aus einer Außenperspektive über die notorischen Schattenseiten des Christentums geurteilt wird.[20]

*Ex oriente lux,* daß aus dem Osten das Licht kommt, ist ein impliziter Subtext dieser Marginalien. Er will nicht verabsolutierend, sondern »orientierend« verstanden werden, will blinde Flecken der abendländischen Optik in der Schau der östlichen Kirchenväter kontrastiv aufhellen. Der Westen sollte mehr Orthodoxie wagen!

Die schwächer ausgeprägte diakonische Bereitschaft und eine mitunter befremdliche Seelsorgepraxis mit oftmals ungenügend ausgebildeten Leutpriestern ist damit ebenso wenig gemeint, wie der Mangel an missionarischem Eifer durch die Konkurrenz und die Zerstrittenheit der für Nationalismen anfälligen autokephalen Ostkirchen oder die Putin-Nähe des Patriarchen von Moskau.

Der ostkirchlichen Perspektive gilt vielmehr wegen ihres geist-theologisch unverkürzten, dezidiert trinitarischen Bekenntnisses, ihres Wissens, »daß es keine Theologie außerhalb der Erfahrung gibt«[21] und des Primats

20 Vgl. Totzke, *Angst,* 2009, S. 12.

21 Vladimir Lossky: *Die mystische Theologie der morgenländischen Kirche,* Graz et al. 1961, S. 51.

des Logos vor dem Ethos die Sympathie des Verfassers; dem Katholischen die *brennende Sorge,* ob es seine ebenso anthropologische wie mystagogische Orientierungsfähigkeit wiedererlangen kann; ob der Ausstieg aus dem *Moralapostolat* gelingt.

### *Marginalie 1: Von der »glücklichen Schuld« zum »unglücklichen Bewußtsein« – Die Paradoxien der Option zum reinen Glauben*

*Wir sind nie modern gewesen* lautet der irritierende Titel eines Buches von Bruno Latour. »Wir sind schon immer Protestanten« könnte, Latour variierend, der hier vorliegende Versuch auch überschrieben sein. Wir sind es wirklich: Protestanten bzw. Kryptoprotestanten; ob wir es wollen oder nicht. Zumindest in *Deutschland, Lutherland.* Der »deutsche Sonderweg« verläuft seit fünfhundert Jahren in der Gedächtnisspur der Reformation und er führte in lichte Höhen und tiefste Abgründe, in blühende Landschaften ebenso wie in die Wüste.

Was sich in diese Spur eingezeichnet hat – mit der Emphase des befreienden »Nein« gegenüber einer geistlichen Hierarchie, den Primat des unsichtbaren Gottes gegen den sichtbaren, angemaßten Stellvertreter in Erinnerung rufend; über die auch reinigenden und Zentrales freilegenden lutherischen *soli*; dem Wunsch nach einer gottesunmittelbaren, geschenkten Rechtfertigung; vom reinen Glauben bis hin zur reinen Vernunft (im deutschen Idealismus) – all das führte von Anfang an auch sein Gegenteil im Handgepäck: das »Ja« zur weltlichen

Obrigkeit (auch als geistliche Macht), zum Primat des Menschen, nicht mehr Gottes; zur blutigen Sezession, Fliehkräfte befeuernd; zu dialektischen Finessen und zur Selbstrechtfertigung; zur weltlosen, reinen Gesinnung – auch das »Ja« zur reinen Rasse, zur reinen Unvernunft.

Die individuelle Aneignung der Schrift war Katalysator für reinen Biblizismus ebenso wie für reine Philologie; das verbalinspirierte »Wort Gottes«: möglicherweise nur ein Buch; historisch-kritisch dekonstruierbar. Ein reiner Kulturprotestantismus forderte eine kulturell abstinente Dialektische Theologie heraus, »wo es keine konkrete Frage mehr gibt, sondern nur noch ›die Frage überhaupt‹, und wo es keine konkrete Antwort mehr gibt, sondern nur noch ›die Antwort überhaupt‹ «[22]; eine Theologie als reines *Glasperlenspiel*.

Aufklärung, Deutscher Idealismus, Sturm und Drang, Romantik sind Chiffren für eine reformationsinduzierte Wellenbewegung der Individuation; mit einer die Extreme auslotenden »Schwingungsbreite« zwischen Vernunftreligion und Fortschrittsoptimismus auf der einen und der Entfesselung des Gemüts, der »gequälten Seele« aus dem Käfig des hyperrationalen Vorlaufs auf der anderen Seite. Luthers Lebensthema: »Wie bekomme ich einen gnädigen Gott?« fand sich alsbald konvertiert in die Gegenfrage: »Wie bekommt Gott einen gnädigen Menschen?«; eine Bewegung von der reinen Anthropodizee zur reinen Theodizee.

Während mancher »Umschlag« ins Gegenteilige Jahre, auch Jahrhunderte brauchte, vollzog sich vieles mit

22 Erik Peterson: »Was ist Theologie?«, in: ders.: *Ausgewählte Schriften, Bd. 1, Theologische Traktate*, Würzburg 1994, S. 3.

irritierender Gleichzeitigkeit: immer aber – und das war neu – im Zeichen der »Reinheit«. Die reformatorische Kritik am vermeintlich guten Gewissen der *religiosi* (der Mönche und Nonnen), das *per definitionem* immer auch irren konnte, wurde unter Berufung auf ein nunmehr irrtumslos gesetztes reines Gewissen der *reformatori* in ein und derselben Argumentationsfigur – vielmehr: Moralisierungsfigur – salonfähig.

Daß die Reformatoren weniger einen Augiasstall ausmisten, sondern vor allem moralische Deutungshoheit erlangen wollten, hat sich unter Historikern mittlerweile herumgesprochen: »Die reformatorische Unzuchts- und Ordnungsrhetorik kann (...) nicht länger als adäquate Beschreibung historischer Zustände und Prozesse gelesen werden. Vielmehr wird sie selbst zu einem Faktor für historische Entwicklungen und Prozesse.«[23]

Daß der vorreformatorisch primär kultisch verstandene Begriff der »Reinheit« in Verbindung mit »Unzucht« und einer Vielzahl weiterer »Un-Wörter«, die es vorher nicht gab,[24] in der Reformation zum diskursleitenden Begriff avancierte, mehr noch: zur Produktion neuer und ubiqitärer Verfehlungen führte, zeigt die Monographie der Historikerin Susanna Burghartz: *Zeiten der Reinheit – Orte der Unzucht.*

Reinheit kommt vor dem Fall. Und es ging vor fünfhundert Jahren (genau ein Jahr nach dem Erlaß des Reinheitsgebotes beim Bier) um das Projekt eines rei-

23 Susanna Burghartz: *Zeiten der Reinheit – Orte der Unzucht. Ehe und Sexualität in Basel während der Frühen Neuzeit,* Paderborn 1999, S. 182.

24 Vgl. Helmut Puff: *Sodomy in Reformation Germany and Switzerland, 1400 - 1600,* Chicago 2003, S. 95 f.

neren Glaubens, eines christlichen Neustarts, den der Pastorensohn Nietzsche als »Wiederherstellung des Christentums«, sprich als Rückschritt denunzierte, der aber Fortschritt in dem Sinne zeitigte, daß Europa und große Teile der Welt danach auf dem Weg dahin waren, wo wir heute stehen. Im Guten wie im Schlechten.

Daß gerade wir Deutsche politisch mit aller Macht an die vorreformatorische Einheit des prä-nationalstaatlichen »Lateineuropa« anknüpfen wollen, das gerne »Brüssel« geben will, was Brüssels ist: eine paradoxale Pointe! Der durch die Konfessionskriege vom *ground zero* der Neuzeit aus »verspätet« startende deutsche Nationalstaat kann heute nicht früh genug nationale Souveränität abgeben, in seinem Glauben an ein post-nationalstaatliches Europa. Ein reiner Glaube, mit dem er zunehmend allein dasteht. Aber das ist eine andere Geschichte, die nur einstweilen zurückgestellt wird. Wir kommen im *Damaskus-Erlebnis von Rostock* eigens darauf zurück.

Ob der Protestantismus in seiner Vielgestaltigkeit lebendig ist oder gerade den entropischen Kältetod stirbt, darüber wird seit geraumer Zeit gerätselt. 2017 sind jedenfalls beträchtliche finanzielle (Steuer-)Mittel im Spiel, um der fünf Jahrhunderte mit und seit Luther gebührend zu gedenken; gegebenenfalls um aufzutauen, was aufzutauen ist.

Die Deskriptionsfähigkeit des Begriffs »Protestantismus« dürfte dabei als nicht allzu leistungsfähig einzuschätzen sein: Zu vielfältig, zu heterogen bis feindlich stehen sich die Strömungen gegenüber, die sich nach Luthers Öffnung der Schleusen vor fünfhundert Jahren in die religiöse Topographie ergossen haben. Breiteste volkskirchliche Flußlandschaften der Lutheraner und der Reformierten sind im Laufe der Jahrhunderte zu Rinnsalen ausgetrocknet, während in und aus Amerika eine Vielzahl evangelikaler oder freikirchlicher Quellen sprudeln und herüberschwappen, die – theologisch mehr oder weniger fundamentalistisch – zur Nemesis für die staatlich alimentierte Theologie und ihre zeitgeistaffinen Trockenübungen werden.

Wenn also in dem hier vorgelegten Versuch einer Luther-zentrierten Skizze zu den Paradoxien und der Dialektik der Reformationsbewegung von *der Reformation* oder von *dem Protestantismus* die Rede ist, wird eine verkürzende Darstellung in Kauf genommen, die nicht der Vielfalt real existierender Protestantismen und ihrer theologischen Genealogien Rechnung tragen kann.

So etwas wie *den Protestantismus* oder *die Reformation* in den Blick nehmen zu wollen, gilt mittlerweile ohnehin als *sacrificium intellectus,* als akademisches Harakiri; urteilt man doch legitimerweise nur noch im kleinsten Karo, von Stadt zu Stadt (ein Kölner würde zuspitzen: von Veedel zu Veedel, d. h. von Stadtviertel zu Stadtviertel) zutreffend über spezifisch Reformatorisches. Die Vielzahl mikrohistorischer Reformations-Studien ist mittlerweile Legion. In ihnen wird das gerade herrschende Konfessionalisierungs-Paradigma ausbuchstabiert, das Gemeinsamkeiten und Kontinuitäten der historischen Lebenswelten, der kulturellen Praxis aufzufinden bestrebt ist, weniger die mentalen Unterschiede oder doktrinären Brüche.

Pikant daran: Der »kulturprotestantische Geschichts-Narzißmus«[25] erhebt nach wie vor sein Haupt, wenn lokale Emanzipations- oder Freiheitsgeschichten ohne Umschweife pauschal mit »der Reformation« konnotiert werden und sich auf diese Weise dann doch noch jedes spätmittelalterliche Stadttor ins paradigmatisch Menschheitliche weiten darf.

Ansonsten gilt: Der Tunnelblick, die Ausblendung von allem, was sich der lokal begrenzten Spezialuntersuchung entzieht, hat als uneingestandenes Dogma auch die Geschichtswissenschaften erreicht. Allein in der Medizin darf man sich noch ungestraft zum Wunsch nach Ganzheitlichkeit und damit zum Austritt aus dem gruseligen Spezialitätenkabinett der reinen Organ- und Zellfunktionen bekennen.

Es geht natürlich auch anders: Der Schweizer Historiker Peter Hersche präsentiert in *Muße und Verschwendung. Europäische Gesellschaft und Kultur im Barockzeitalter* nicht nur die katholische Kultur der Frühen Neuzeit als alternativen Pfad in die Moderne; die zweibändige Untersuchung legt vielmehr in geradezu unverschämter Vollständigkeit einen von Max Weber inspirierten Gegenentwurf zur Sozialdisziplinierungs-These und zum herrschenden Konfessionalisierungsparadigma vor, die ihrer Voreingenommenheit und hermeneutischen Kurzatmigkeit überführt werden.

Luther steht am Anfang und auch im Zentrum der Bewegungen, und auch wenn hier nicht zwischen dem reformatorischen und dem vorreformatorischen Luther

25 Peggy Cosmann: *Protestantische Neuzeitkonstruktion. Zur Geschichte des Subjektivitätsbegriffs im 19. Jahrhundert,* Würzburg 1999, S. 210.

unterschieden wird, soll, von ihm ausgehend, die These entfaltet werden, daß die *Hypermoral* (Arnold Gehlen), die ambivalenzfeindliche Gesinnungsdiktatur und die politische Korrektheit unserer Tage nicht zufällig verstärkt in zeitgenössischen protestantischen Kontexten beheimatet ist, sondern daß hier eine systemtheoretisch aufweisbare Kontinuität zu Luther selbst führt, der mit seiner Verabsolutierung des *sola fide* die Rasterfahndung nach dem »reinen Glauben« ausschrieb und damit eine unduldsame Glaubenskorrektheit auf die westliche Agenda setzte, die es dort vorher so nicht gegeben hatte. Und weil diese Vertiefung des Glaubens nur um den Preis der Engführung und Instrumentalisierung zu haben war, kann wohl bis heute der Verflachung des Glaubens auch als eines Erbes ihrer Vertiefung nicht ins Gesicht gesehen werden.

Die Kluft, Hiatus, zwischen dem noch mittelalterlich geprägten Alt- und dem aufgeklärten Neuprotestantismus – bei Ernst Troeltsch bereits ihrer zeitlichen Eindeutigkeit und Epochen-Konstitutivität entkleidet und auch analytisch fruchtbar gemacht – wird innerhalb dieses Versuchs in Luther selbst zurückverlegt; eine Operation, in verschiedenen gebrochenen Perspektiven durchgeführt, ohne Anspruch auf Vollständigkeit und Ausgewogenheit.

Mit anderen Worten, in Bezug auf das hier in Rede stehende *Moralapostolat:* Die für den Neu- und den Kulturprotestantismus ja weitgehend zugestandene moralisierende Wende ist schon bei Luther analytisch aufweisbar und zeigt die Problemstellung an. Der spektakuläre Briefwechsel zwischen Adolf von Harnack, dem »kulturprotestantischen Papst«, und dem damals kurz vor seiner Konversion stehenden evangelischen Theologenstar Erik Peterson markiert diesen wunden Punkt des Protestantismus. Peterson schreibt:

»Übrig bleibt (vom Protestantismus, Anm. d. Verf.) nur die Unverbindlichkeit einer allgemeinen moralischen Paränese (einer Ermahnung, Anm. d. Verf.).« Und Harnack antwortet: »Das liegt in der Natur des Neuprotestantismus, der übrigens eine legitime Konsequenz des Altprotestantismus ist.«[26]

Es ist also, im Anschluß an Troeltsch, an das protestantisch-selbstreflexive Bewußtsein zu appellieren, daß Fragen nach Wesen und Kontinuität des Protestantismus gegebenenfalls auch *contre cœur* verschärft in den Blick zu nehmen sind. Denn »die historische Abfolge von Altprotestantismus und Neuprotestantismus thematisiert der Sache nach eine höchst kontroverse Gleichzeitigkeit«[27]. Im Geiste von Troeltsch wären demnach von Fall zu Fall Kontinuitätspostulate und -ansprüche oder eben Diskontinuitätspostulate und -ansprüche zu korrigieren.

Das lutherische »Nein« wurde nicht in eine monolithische Kirche hineingesprochen, sondern in eine ambivalenzfähige, vielfältige, auch liturgisch vielgestaltige Welt, in der Freiheit sehr wohl individuell erfahrbar gewesen ist, wenngleich sie nicht als Freiheit konzipiert worden war: »Die Ordnung des Mittelalters war zwar unfrei,

26 Erik Peterson: »Briefwechsel mit Harnack«, in: ders.: *Ausgewählte Schriften, Bd. 1, Theologische Traktate,* Würzburg 1994, S. 178 ff.

27 Trutz Rendtorff: »Reflexiver Protestantismus. Die Gleichzeitigkeit von ›Altprotestantismus‹ und ›Neuprotestantismus‹ als Problemstellung der Theologie«, in: Arnulf von Scheliha/Markus Schröder (Hrsg.): *Das protestantische Prinzip. Historische und systematische Studien zum Protestantismusbegriff. Festschrift für Herrmann Fischer,* Stuttgart et al. 1998, S. 317.

aber sie war, trotz Inquisition, nicht eigentlich totalitär – so wie eine vormoderne Religion zwar unaufgeklärt ist, aber nicht fundamentalistisch.«[28] Gregor Taxacher erinnert, ebenso wie Charles Taylor und Eric Voegelin, an die Tendenz vieler neuzeitlicher Befreiungsbewegungen, in Totalitarismus umzuschlagen; an Hexenverfolgungen, als Phänomen der beginnenden Neuzeit, nicht eines zu Unrecht denunzierten finsteren Mittelalters, »das sich nicht mehr wehren kann«[29].

Luthers Pochen auf *das Ich im Glauben* (Paul Hacker) war vor allem deshalb hoch anschlußfähig, weil es mit zeitgleichen Bestrebungen der Fürsten korrespondierte, ihre politisch partikularen Interessen gegenüber dem Reichsganzen durchzusetzen:

> »Die Befreiungsbewegung der Neuzeit ist (...) ein Emanzipationsprozeß von Teilen gegenüber dem Ganzen: Staat und Politik befreien sich von ihrer Zuordnung zur Kirche, die absolutistischen Fürstenstaaten von ihrer Einordnung in das Reichsgefüge Europas, das Bürgertum aus seiner Rolle in einer Ständeordnung. All das sind tatsächliche Befreiungsvorgänge. Aber sie tragen den Keim der Verabsolutierung in sich, die Tendenz zur Diktatur. ›Totalitarismen sind erst möglich geworden, nachdem sich die Einzelregionen ontologisch verselbstständigt haben, was erst zu Beginn der Neuzeit geschah‹.«[30]

28 Taxacher, *Bruchlinien*, 2015, S. 126.

29 Ebd., S. 134.

30 Ebd., S. 126.

Die »ontologische Verselbstständigung« des Protestantismus und die ontologische Verunsicherung des Katholizismus sind also in den Blick zu nehmen. Der *Dialektik der Aufklärung* (Horkheimer/Adorno) wäre eine Dialektik der Reformation hinzuzufügen, hat man es doch bei einer Vielzahl phänomenologischer Befunde im reformatorischen Kosmos mit dem paradoxalen Umschlag des Intendierten, Proklamierten oder doktrinär Vertretenen zu tun. Der lutherische Selbststand, die Freiheit des Christenmenschen, die reformatorischen *soli* (*solus Christus, sola fide, sola scriptura, sola gratia*), die Rechtfertigungslehre, das *simul iustus et peccator,* sind allesamt als dialektische Größen konzipiert und genau darin liegt eine weithin unterschätzte Gefahr: daß hier – den Heiligen Paulus beerbend und überdehnend – mittels eines hermeneutischen Systems Schlüsselgewalt über das rechte Verstehen des Glaubens ausgeübt wird, um die Apologie des Gewünschten sicherzustellen: Heilsgewißheit.

Trotz einiger dialektischer Haken, die er schlägt, bleibt der Verfasser hier skeptisch; plädiert für mehr Systemabstinenz und geht im Anschluß an Elmar Salmann vielmehr »von der Fruchtbarkeit der durch keine Dialektik aufzulösenden Denk- und Wirklichkeitsform des Paradoxes aus.«[31] Am zentralen Kern des Christentums, am Kreuz, wird noch jede Dialektik als System zuschanden, das Kreuz kann allenfalls in der unsystematischeren Denkfigur des Paradoxons phänomenologisch in den Blick genommen werden; ebenso die *felix culpa,* das

31 Elmar Salmann: *Neuzeit und Offenbarung. Studien zur trinitarischen Analogik des Christentums,* Rom 1986, S. 60.

augustinische Wort von der »glücklichen Schuld«. Sie bleiben im Kern systemwiderständig, unbegriffen, apophatische Mysterien, Aspekte einer »Göttlichen Liturgie«, eines heiligen Ernstes:

> »Denn das gerade gehört zu dem Ernste Gottes, daß er konkret sichtbar und daß er ganz undialektisch da ist. (...) Auf der Zeit von Adam bis Christus lastet das Verführerische aller dialektischen Möglichkeiten, denn das Verführerische in der Frage der Schlange lag ja nicht in dem Inhalt, sondern in der dialektischen Form der Frage.«[32]

Da in der Zeit »nach Christus« die dialektische Verführung weiter besteht, bleiben auch die Infragestellungen des Verfassers davon nicht unberührt: Wird also nachfolgend die Reformation ins Säurebad ihrer verdrängten Aporien, Folgen, Verzeichnungen, ihrer paulinisch grundierten Vorliebe fürs Dialektische bei gleichzeitiger Ambivalenz-Aversion getaucht, wird sich immer auch des intellektuellen Arsenals bedient, das teils gewollt, teils ungewollt eine Frucht der reformationsinduzierten philosophischen Entwicklungen, kulturellen Brüche und politischen Umwälzungen ist. *Die schrecklichen Kinder der Neuzeit* (Peter Sloterdijk) sind immer auch die Kinder der Aufklärung.

Einer Aufklärung, die in der Regel von gläubigen Christen und unter Rückgriff auf christliche Denkfiguren, aber zumeist gegen die kirchlichen Institutionen errun-

32 Peterson, Theologie, 1994, S. 4 f.

gen werden mußte, nachdem man auf dem Territorium des »Heiligen Römischen Reiches deutscher Nation« des gegenseitigen Mordens und Verfolgens in Konfessionskriegen überdrüssig geworden war.

Es dürfte nur noch wenigen Christen geläufig sein: Unser säkulares Konzept der Person transportiert in Wahrheit *die Sakralität der Person* (Hans Joas), die sich der Meditation der Kirchenväter über die innertrinitarischen Relationen und über die menschliche Natur Christi verdankt; auch die politische Konzeption der Gewaltenteilung bei Locke und Montesquieu steht auf trinitarischen Beinen. Die Schwierigkeiten, in islamischen Ländern den *einen* Despoten dauerhaft abzuschütteln oder einzuhegen, hängen auch mit dem strikten Monotheismus zusammen und den daraus resultierenden grundsätzlichen Widerständen, christlich, d. h. trinitarisch perichoretisch zu denken. Auch das System von *Checks and Balances* zwischen Legislative, Exekutive und Judikative atmet den Geist der Dreifaltigkeit. Weiter haben *Repräsentation* und *Stellvertretung* einen (auch göttliche) Unmittelbarkeit entschärfenden, vermittelnden und darin christologischen Kern.

Carl Schmitt zielt auf diese blinden Flecken, wenn er schreibt: »Alle prägnanten Begriffe der modernen Staatslehre sind säkularisierte theologische Begriffe. Nicht nur ihrer historischen Entwicklung nach, (...) sondern auch in ihrer systematischen Struktur«[33]. Denis de Rougemont formuliert ähnlich:

33 Schmitt, *Souveränität*, 2004, S. 43.

> »Das Denken des Okzidents und sein Wortschatz sind aus den großen theologischen Debatten der ersten Kirche geboren. Unsere Musik, unsere Bildhauerei, unsere Malerei sind im Chor der Kirchen geboren, während unsere Poetik in der Atmosphäre der manichäischen Sekten entstand. Sogar die großen modernen Philosophien: Descartes und Kant, Hegel, Auguste Comte und Marx, sind ursprünglich theologische Stellungnahmen gewesen. Die Theologie ignorieren heißt mit der fruchtbarsten Tradition der abendländischen Kultur brechen. Das heißt also, sich dazu zu verurteilen, ohne es zu wissen, die seit mehr als 1500 Jahren durch die Kirchenväter und die großen Häretiker in Form gebrachten geistigen Entdeckungen noch einmal zu machen.«[34]

Das lutherische, partikulare »Nein« zu Einheit und Zusammenhang hat Fliehkräfte sowohl genutzt als auch befördert. Und obwohl Luther das niemals beabsichtigte, hat er nicht nur eine Tür zur Reform, zum Neustart, zu mehr Innerlichkeit, zur Vertiefung des Glaubens durch die Übersetzungen der Bibel und der Choräle in die Muttersprache geöffnet, sondern ebenso die Tür zum Pfarrhaus, aus dessen Bildungs-Brutkasten Bach, Gryphius, Dürrenmatt, Hesse, Jacob Burckhardt, aber auch Angela Merkel und Gudrun Ensslin geschlüpft sind. Diese Tür des individuellen, unvertretbaren, gottesunmittelbaren Wieder-neu-Glaubens und Anders-Glaubens ist in der Folge der innerchrist-

34 Denis de Rougemont: *Der Anteil des Teufels*, München 1999, S. 98.

lichen Gewaltexzesse – durchaus nachvollziehbar – auch zum Portal eines massenhaften Nicht-mehr-Glaubens oder Nicht-Glaubens erweitert worden. Einem »Nicht«, das es schon immer gegeben hat, dessen Stimme aber – vieles sicher mißverstehend oder auch mit guten Gründen nicht verstehen wollend – immer lauter und vernehmbarer geworden ist und das sich in der Gegenwart gar nicht mehr auf eine transzendente Dimension beziehen will und daher psychologisch mit Fug und Recht aber ontologisch vergeblich Abbrucharbeiten am Begriff Atheismus versucht; den negativen Gottesbezug der eigenen geistigen Existenz nie los wird.

*Felix culpa,* die »glückliche Schuld« aus dem Exsultet der Osternacht, ist eine bezwingend schöne Denkfigur des Augustinus; das Paradoxon des gnadenhaften Erlöstseins des erbsündlichen Menschen, der mit der unwiderstehlichen Macht des Auferstandenen »überblendet« wird: »O glückliche Schuld, welch großen Erlöser hast du gefunden!« Ein Bewußtsein unverdienter Gnade. Die Erlösung schließt – bildlich gesprochen – die gegessenen Früchte der Erkenntnis von Gut und Böse ein. Dieser Überbietungscharakter leugnet weder deren alleinige Erwirkung durch Gottes Heilshandeln, noch die Schwere der Schuld.

All dies steht heute im Fegefeuer des modernen Selbstbewußtseins, das, ohne Bezug zum Mythos einer Ur-Verfehlung, auch den augustinischen Befund unserer Erlösungsbedürftigkeit und Erlösungsfähigkeit verwirft; aber nicht fragt, warum es sich, obwohl metaphysisch doch nur leicht bekleidet, dennoch in einer Zwangsjacke bewegt, die, wie ein »stahlhartes

Gehäuse«[35], den entscheidenden Schritt aus dem Orbis des Mythos und des (menschgewordenen) Logos unmöglich macht. Es sind die »äußeren Güter dieser Welt«, der »Lebensstil«, »der Gedanke der Berufspflicht«[36], die nunmehr bannen und totalen Zugriff auf den Menschen beanspruchen. Von dem gnadenlosen Netzwerk, das nichts vergißt und nichts vergibt, ganz zu schweigen.

Wir befinden uns also im Zustand des mit sich selbst tief entzweiten »unglücklichen Bewußtseins«, das Hegel in seiner *Phänomenologie des Geistes* beschreibt. Daß dieses »unglückliche Bewußtsein« eine große Nähe zum Protestantismus aufweist, eine große Ferne zur Orthodoxie und das Katholische auf Tuchfühlung zum westlichen Counterpart bleibt, wird zu zeigen sein.

> »Von der Aufklärung berührt können wir nicht mehr voraufgeklärt denken und empfinden. Ob wir dadurch wirklich reifer sind als unsere unaufgeklärten Vorfahren, sei dahingestellt. (...) Diese Unfähigkeit, andere als aufgeklärte Menschen zu sein, gibt der modernen Identität den Charakter der Gefangenschaft auf freiem Feld, der Einkerkerung in jenem ›punktförmigen Selbst‹, das die Bewußtseinsphilosophie der Neuzeit so stringent analysiert hat, daß es schließlich tatsächlich unser Selbstbewußtsein geworden ist. Von diesem punktförmigen Ich aus analysieren wir alles, auch uns selbst – und finden uns darin gefangen wie Autisten in ihrer Störung. Aufklärung ist eine unschlag-

35 Max Weber: *Religion und Gesellschaft. Gesammelte Aufsätze zur Religionssoziologie*, Eggolsheim 2011, S. 180.

36 Ebd., S. 180 f.

bare Waffe der Befreiung, in ihrer Unschlagbarkeit ist sie aber tatsächlich unser Schicksal geworden. Aber dieses Schicksal ist ein Fall aus allem heraus, was uns halten könnte. Die Aufklärung zieht eine unüberschreitbare Bruchlinie ins Menschsein ein.«[37]

### *Marginalie 2: Branding. Postfaktisch und posttheologisch – Luther als Marke*

Die Reformationsforschung und besonders die Lutherforschung waren immer auch Spielball für die Konstruktion kollektiver Identität, und haben sich dieser *hidden agenda* bis heute nicht entledigen können, wie differenziert, wie unabhängig und wissenschaftlich die Resultate auf den zuletzt dominierenden Forschungsfeldern »Konfessionalisierung«, »junger/alter Luther«, »vorreformatorische/reformatorische Phase« oder die aktuelle Neuverortung »als Mystiker« auch erscheinen mögen: »Wes Brot ich eß, des Lied ich sing« ist keine Plattitüde, sondern mehr denn je auch konstituierend für die Reformationsforschung.

Allein der Finanzschirm, gespannt über eine ganze (Luther-)Dekade hinweg, verweist auf die *unsichtbare Hand* des Marktes der konfessionellen Möglichkeiten; auf institutionelle Akteure und *softpowerplayers,* die mit ihren Budgets und Fördermitteln Relevanzinteressen und Deutungshoheit durchsetzen wollen: Im Jahr 2017 soll mit der Reformation auch ein deutscher Export-

37 Taxacher, *Bruchlinien,* 2015, 132 f.

schlager ins rechte Licht gerückt werden. Dies auszublenden, mag legitim sein, wenn man sich die Feierlaune nicht verderben lassen will. Der vorliegende Versuch hat eher Ernüchterung zum Ziel, weiß um den Kater danach, den sich aber wohl die Wenigsten leisten werden.

Die medialen Strategien zielen mehr denn je auf *branding*, auf Markenführung durch Personalisierung, Emotionalisierung und Identitätsstiftung. Zugleich ist, im Gegensatz zum Jahrestag anno 1917, die volkskirchliche Basis fast vollständig weggebrochen. Ganz ohne Dialektik wird es also nicht abgehen, wenn sich eine theologisch ausgezehrte »Evangelische Kirche in Deutschland« einer nie dagewesenen Fülle monetärer und medialer Tools bedienen kann, um sich an den eigenen Haaren aus dem Sumpf der Bedeutungslosigkeit zu ziehen, ihre Unentbehrlichkeit als Moralagentur einer mehr oder weniger gewogenen Öffentlichkeit verständlich zu machen; mit einer Mischung aus *branding* und Sentimentalität, die eine nahezu undurchdringliche, ungemein wehrhafte Schaumsprache ums identitäre Sujet legt, verschmolzen mit dem altbekannten Jargon der Eigentlichkeit, der die guten Absichten, Anliegen und Bestrebungen ins Schaufenster stellt.

Daß Luther zur deutschen Marke stilisiert worden ist und nun auch Eventmanager in Sachen Kultur Deutungshoheit beanspruchen, daß Theologen dabei zu Kuratoren mutieren, daß eine »Luther-Botschafterin« installiert worden ist, die die Welt bereist und bei der – Jetlag-geplagt, wie sie ist – viele Gedanken um Nachlaß, Vergebung und Verzeihung bitten, in dem Moment wo sie ausgesprochen, gedruckt oder sonstwie verbreitet werden, all das verweist auf *Not und Verklärung:* auf die Transformation von Konfession in ein therapeutisches Setting der Selbstsorge und Selbstvergewisserung; markiert den Eintritt in ein posttheologisches und postfaktisches Zeitalter:

Denn Luther war, konträr zum aktuellen *packaging,* kein »Frauenfreund« (Käßmann), verkehrte nicht auf »Augenhöhe« (Bedford-Strohm) mit seinem Umfeld, forderte niemanden auf, sich »einzumischen« (Steinmeier), ihm womöglich Steine in den Weg zu legen. Vielmehr entzog die Reformation gerade den Frauen ihre weiblichen Identifikationsfiguren wie Maria und andere Heilige und entmachtete die weitgehend selbständig wirtschaftenden Frauenklöster; Luthers Urteile waren Gottesurteile in einem »Gottesgericht«, und selbst Geistesgrößen wie Erasmus von Rotterdam waren mit ihren zumeist besseren theologischen Argumenten in Wittenberg keineswegs willkommen. Daß gegenüber dem Papst und den Juden beim *wording* noch die letzten Hemmungen fielen, ist bekannt.

Luther war kein Systematiker, sondern ein existentiell Getriebener, der mit einer Vielzahl zumeist situationsbedingter Schriften unterschiedlicher Gattung, die antithetisch, unsystematisch, polemisch und hyperbolisch schillern, mal als Fackelträger der Freiheit, mal als ihr Totengräber stilisiert werden kann:

Bereits Hegel sah mit der Reformation »die alles verklärende Sonne« aufgehen, die der »Morgenröte am Ende des Mittelalters«[38] folgte und in der »die Freiheit

38 Georg Wilhelm Friedrich Hegel: *Vorlesungen über die Philosophie der Geschichte,* in: Werke, Bd. 12, Frankfurt am Main 1986, S. 491.

des Geistes«[39] das Licht der Welt erblickte; »der freie Geist, der auf sich selbst beruht, der absolute Eigensinn der Subjektivität«[40]. Die Reformation ist für Hegel ein im Dienste des Weltgeistes geführter Kampf der Deutschen gegen das ihnen wesensfremde katholisch-romanische Joch »der Äußerlichkeit«[41] und für die ihnen wesentliche »Innerlichkeit«[42]; am deutschen Wesen sollte die Welt genesen. Hegel hätte das wohl noch so unschuldig behaupten können; in seiner *Phänomenologie des Geistes* stand – idealisierend – eben vieles Kopf, was Marx dann wieder auf die Füße stellen wollte, ohne sich des chiliastischen Gravitationsfeldes Hegels wirklich entziehen zu können.

Wird im Schleifen nationaler Grenzen, im äußeren Souveränitätsverzicht, in der Schaffung eines zivilreligiösen Migrationsparadieses, ja selbst bei »Gender- und Klimagerechtigkeit« nicht erneut der Kontakt zum *Hegelschen Weltgeist* gesucht und dabei allem Formalen, Veräußerlichten, aller Politik »von innen her« der Kampf angesagt? (Wir stellen diese Frage einstweilen zurück.)

Fest steht: Im Fahrwasser der im 19. Jahrhundert auf Kiel gelegten protestantischen Neuzeitkonstruktion, mit ihrer (durch Hegel) auch völkisch aufgeladenen Synonymie von Innerlichkeit und Subjektivität und dem Einspannen des Weltgeistes »vor den Karren deutscher

39 Georg Wilhelm Friedrich Hegel: *Vorlesungen über die Geschichte der Philosophie,* in: Werke, Bd. 20, Frankfurt am Main 1986, S. 50.

40 Hegel, *Philosophie,* 1986, S. 415.

41 Ebd., S.495.

42 Hegel, *Geschichte,* 1986, S. 120.

Innerlichkeit«[43], fand nicht nur der Kulturkampf Bismarcks gegen die Katholiken statt, sondern ereigneten sich auch die beiden Weltkriege gegen eine nicht minder veräußerlichte, als jüdisch und/oder katholisch denunzierte, westliche Zivilisation.

Natürlich gibt es auch den »postmodernen« Luther, der – folgt man Ernstpeter Maurer – mit seinen Einsichten »die Moderne nicht so sehr vorweggenommen als vielmehr vorgreifend überholt haben mag«[44]. Zuletzt biegt der Reformator aktuell »als Mystiker« (bei Peter Zimmerling und Volker Leppin) auf die Zielgerade der »Lutherdekade« ein. Der *Megatrend Spiritualität* (Paul Zulehner) unterspült damit auch die letzten Bastionen der reformatorischen Hermeneutik des Verdachts gegenüber einer »eitlen Werkerei«. Dabeisein ist nun alles.

## *Marginalie 3: Moral – eine Klaviatur*

Im Kern seines Anliegens ging es Martin Luther nicht um Moral und Ethik, sondern um einen theologischen Weg, seine übergroße Heilsangst in Heilsgewißheit zu konvertieren. Luther sorgte sich also nicht inhaltlich um moralische Tugenden oder Prinzipien, sondern agitierte, polemisierte, diffamierte, hetzte und verdächtigte in einem moralistischen *Modus*. Er wählte eine moralische *Form* der Durchsetzung, keinen Inhalt. Präziser: Er machte eine Form zum konfessionellen Inhalt. Es ist

43 Cosmann, *Neuzeitkonstruktion*, 1999, S. 117.

44 Ernstpeter Maurer: *Luther*, Freiburg et al. 1999, S. 149.

dies eine folgenreiche, paradigmatisch gewordene Verschiebung, die von der protestantischen Theologie gerne ausblendet wird, weil diese Verschiebung – von einem inhaltlichen zu einem prozeduralen und funktionalen Verständnis – auch den reformatorischen Spitzenthesen zugrunde liegt: Glaube, Liebe, Gewissen, Rechtfertigung und Freiheit sind nunmehr Begriffe, die ihren Eigenwert einbüßen, aber ihre Tauglichkeit erweisen müssen, Heilsgewißheit zu gewährleisten, und die deshalb funktional in Verdacht geraten.

Daß aus dem Modus des Verdachts keine Tugenden erwachsen, dürfte evident sein. Daß aus einer Form der Angst, der Heilsangst, kaum ein liebend vertrauender, sondern ein statuierender und ergreifender, ein »pochender« Glaube bei Luther hervorgeht, zeigt die Studie *Das Ich im Glauben bei Martin Luther* von Paul Hacker. Der evangelische Theologe Erik Peterson hatte schon 1925 gefordert:

> »Die Fundierung des Pathos und der Rhetorik Luthers in der Eigenart seines Glaubens müßte aufgezeigt werden. Der Glaube Luthers ist wesentlich von der Art, daß er sich *in* diesem Pathos und *in* dieser Rhetorik fortsetzt.«[45]

Würde man Petersons Anregung innerhalb der evangelischen Theologie aufgreifen, könnte dort eventuell verstehbar werden, warum jenseits der reformatorischen Biosphäre so wenig Begeisterung aufkommt, wenn

45 Peterson, Theologie, 1994, S. 19, Kursives im Original.

das Autosuggestive, Beschwörende, Statuierende und irgendwie Unangemessene des reformatorischen Freiheitspathos zu Gehör gebracht wird; es dort eher wie ein Pfeifen im Walde klingt oder zum Fremdschämen einlädt – ein Wort, das es vor fünfhundert Jahren gewiß nicht gab; unter Umständen aber dasselbe untrügliche Empfinden, daß hier von einer Freiheit nur dem Modus und der Form nach geredet wird, daß sie lediglich behauptet und gedacht wird, sich aber niemals inhaltlich konkretisieren kann – ja, daß sie wohl beschworen werden muß, weil man sie konkret nicht hat und nicht lebt. – Eine Freiheit *nimmt* man sich und ist dann eben gegebenenfalls »der verlorene Sohn« oder die verlorene Tochter. Auch die sogenannte »freiheitlich demokratische Grundordnung« lädt in derselben Weise zum Beschwören eines Ziels ein. »Freiheitlich« bedeutet nämlich: von der Absicht oder vom Willen zur Freiheit geprägt. Gute Absichten. Guter Wille. Guter Glaube. – Eine Freiheit der (Papier-)Form nach.

Die Geburt der westlichen Moralagenda aus dem Geist der Reformation mag also nicht intendiert und also unabsichtlich gewesen sein; sie war nicht Ziel, aber Mittel und eines der Ergebnisse des Reformationsgeschehens.

Der Abwechslung halber sollen – im Blick auf »unser heiliges Jahr 2017«[46] mit der Flut an Rechtfertigendem – selbst beste Absichten hier nicht verhandelt werden, sondern anthropologische und theologische Vorannahmen, Konsequenzen und Zusammenhänge aufgewiesen und

46 Frank Otfried July: »2017 soll unser heiliges Jahr werden«, in: *Evangelisches Sonntagsblatt,* Nr. 25 vom 29. Juli 2011

erinnert werden, die bis heute fortwirken: Jürgen Habermas, der Prediger eines vorgeblich herrschaftsfreien Diskurses, greift in aller Freiheit des »religiös Unmusikalischen« (Max Weber) ja überaus gern zur *Hermeneutik des Verdachts* und spielt damit – hochherrschaftlich – auf einer Klaviatur, die erstmals Luther überaus virtuos zu handhaben wußte.

## *Marginalie 4: Das dogmatische Defizit der (romantischen) Ironie*

Der vorreformatorische ethische Diskurs und auch das scholastische Konzept des Gewissens waren durchdrungen von dem Versuch, »die Erlösung« und »das gute Leben« als Verschränkung des christlichen mit dem vorchristlichen Erbe der griechischen Philosophie zu begreifen. Bereits die Kirchenväter bezeichneten ihre Religion als Philosophie und integrierten damit ein Lebensorientierungswissen ins Christentum, das in der antiken Religion gänzlich ausgeblendet und der Philosophie überlassen worden war.

Legt man einmal Niklas Luhmanns systemtheoretische Differenzierung von Ethik und Moral zugrunde – gleichwohl dort Ethik nicht als Begründungstheorie sondern als »Reflexionstheorie der Moral«[47] verstanden wird – entdeckt man im westkirchlichen wie im ostkirchlichen ethischen Denken eine Art Distanz zu ihrem Gegenstand. Eine Distanz, die in der Lage war, der mensch-

47 Vgl. Luhmann, *Paradigm*, 1990, S. 37, 42.

lichen Natur und ihren »Einsprüchen« Geltung zu verschaffen, ohne das Prinzip christlicher Ethik als Modus des Nachdenkens (eher im Westen) und der Meditation (eher im Osten) über den Sündenfall und die Erlösung zu suspendieren. Diese vorreformatorischen Ethiken waren durchaus fähig, im Sinne Luhmanns »vor Moral zu warnen« – gerade *weil* sie philosophisch durchdrungen waren.

Wenn auch auf verschiedene Weise: Denn während die griechischen Kirchenväter die biblische Botschaft immer auch in der Überblendung mit dem geistigen Kosmos der griechischen Philosophie – vor allem Platons aber auch der Stoa – lesen konnten und sich bei ihrer »Christianisierung des Hellenismus«[48] kreativ und souverän zwischen Neuschöpfung, Integration und Abweisung vorchristlich antiker Denkfiguren bewegten, führte die verspätete westliche *relecture* des Aristoteles im 11. Jahrhundert zur Paradigmatisierung aristotelischer Kategorien als eines geistigen Generalschlüssels, den man in der Folge nicht mehr aus der Hand geben wollte.

Und obwohl durchaus (platonisierende oder nominalistische) Kritik an diesem Generalschlüssel aufkam, konnte oder wollte sich die ebenso philosophisch wie mystagogisch begründete Skepsis gegenüber der aristotelischen Metaphysik, die die griechischen Väter hegten, im Westen niemand nachhaltig zu eigen machen. Zu groß war der Abstand zwischen Byzanz und Rom geworden; zu offensichtlich der theologische und philosophische Nachholbedarf, als daß man sich – wie bei den sieben alt-

48 Robert Louis Wilken: *Der Geist des frühen Christentums*, Gütersloh 2004, S. 15.

kirchlichen Konzilien – wieder aus erster, östlicher Hand dogmatisch belehren lassen wollte. Aristoteles wurde bezeichnenderweise ja auch nicht durch griechischsprachige Lateiner »wiederentdeckt«, sondern zunächst durch die Übersetzungsarbeit griechischsprachiger nestorianischer Christen ins Arabische, die wiederum ins Lateinische transferiert wurde.

Thomas von Aquins Überblendung der vier platonischen Kardinaltugenden – Klugheit, Tapferkeit, Besonnenheit und Gerechtigkeit – und der natürlichen Ethik des Aristoteles mit der biblischen Ethik in Gestalt der theologischen »Tugenden« – Glaube, Hoffnung und Liebe – ermöglichte die Integration der natürlichen Ethik in das Liebesgebot und umgekehrt die Interpretation und Veranschaulichung des Liebesgebotes mit Hilfe des Tugendbegriffs. Das bedeutete: Die Gnade befähigt den Christen dazu, die Tugend zu verwirklichen.

> »Gerade die organische *Ganzheit* und die lebendig empfundene *Kontinuität* der beiden Teile dieser Ethik, der natürlich-rationalen und der spezifisch christlichen Gnaden- und Erlösungslehre, ist aber das *spezifisch* Katholische und Thomistische an dieser Ethik.«[49]

Die in Rede stehende Distanz gegenüber dem Modus des Moralischen erwuchs also im Osten wesentlich aus der neuplatonisch grundierten *apophatischen Meditation* über die trinitarische Oikonomia; aus der geist-theologischen *Schau der Mysterien*; während sie sich im Westen

49 Max Scheler: »Der Bourgeois und die religiösen Mächte«, in: ders.: *Ethik und Kapitalismus* Berlin 1999, S. 91, 93, Kursives im Original.

aus dem systematisch-philosophischen *Nachdenken* einer zunehmend selbstgewissen Kirche speiste. Dabei ist es im Kern bis heute geblieben und dies erklärt sowohl den die Versenkung fördernden orthodoxen wie den intellektuell alles verdauen-wollenden römisch-katholischen Ansatz.

Ein kurzer Blick auf die Haltung von zwei lateinischen Kirchenvätern zum »ältesten Gewerbe der Welt« – diesem überzeitlichen Lackmustest für Moral schlechthin – macht deutlich, was gemeint ist: Ohne die prinzipielle Sündhaftigkeit der Prostitution in irgendeiner Weise zu relativieren, beruft sich Thomas von Aquin auf den Heiligen Augustinus, dem er zustimmt:

»Wenn du die Dirnen aus der menschlichen Gesellschaft entfernst, wirst du alles durch die Leidenschaften verwirren.«[50] Die Prostitution in der hoch- und spätmittelalterlichen Gesellschaft wurde also nicht begrüßt, aber auch nicht bekämpft. Sie wurde nicht geleugnet, sondern *verstanden* und eines höheren Gutes wegen toleriert und akzeptiert: »Der weise Gesetzgeber erlaubt geringere Übertretungen, um größere zu vermeiden.«[51]

Für die vorreformatorische Ethik der Westkirche wäre demnach, einen Gedanken Luhmanns weiterführend, eine »Reflexionsform der (romantischen) Ironie«[52] zu konstatieren, eine »Reflexionstheorie der Moral, die ihre eigene Verwicklung in den Gegenstand der Reflexion

50 Bei Wilhelm Korff: »Medizin und Ethik«, in: Helmut Weber (Hrsg.): *Anspruch der Wirklichkeit und christlicher Glaube. Probleme und Wege theologischer Ethik heute,* Düsseldorf 1980, S. 155, 162.

51 Ebd.

52 Niklas Luhmann: *Die Gesellschaft der Gesellschaft,* 2 Bde., Frankfurt am Main 1997, S. 1129.

trotz allem als Distanz ausdrückt«[53] und die nicht bereit war, ihre christliche und im Wortsinn katholische Idee des guten Lebens in die kleinere Münze einer »enthusiastischen Moral«[54] zu konvertieren.

Der orthodoxe Osten hat mit dem verschränkten *Akribeia-Oikonomia*-Konzept sogar eine geisttheologisch hochreflektierte, gleichsam dogmatisierte Antwort auf die *conditio humana* gefunden, die den Westen spätestens heute vor Neid erblassen lassen könnte, wenn er sie denn endlich rezipieren würde. Barmherzigkeit ist dort keine pastorale Haltung wie im Westen, sondern die »ethisch bedingte Nachahmung des in der Schöpfung sich offenbarenden Heilshandeln Gottes«[55]; der ebenso außerkanonische wie institutionalisierte Heilsweg des Heiligen Geistes, der nach Joh 3,8 »weht, wo er will«.

Und daß dem Westen sein dogmatisches Defizit in dieser Frage zum Verhängnis werden konnte, ist ja in der Geburtsstunde der Reformation und auch in ihrem weiteren Verlauf zu besichtigen gewesen, als die lateinische Haltung der »(romantischen) Ironie« und Skepsis in Mittel- und Nordeuropa nicht mehr verstanden worden ist und der »treuherzige und bärbeißige Untertanen-Glaube (...) ein(es) Luther oder eines sonst(igen)

53 Alexander Filipović: »Niklas Luhmann ernst nehmen? (Un-)Möglichkeiten einer ironischen Ethik öffentlicher Kommunikation«, in: Bernhard Debatin/ Rüdiger Funiok (Hrsg.): *Kommunikations- und Medienethik. Grundlagen, Ansätze, Anwendungen*, Konstanz 2003, Internetdokument, S. 6.

54 Niklas Luhmann: »Politik, Demokratie, Moral«, in: Konferenz der Deutschen Akademien der Wissenschaften (Hrsg.): *Normen, Ethik und Gesellschaft*, Mainz 1996, S. 17, 34.

55 Anastasios Kallis: *100 Fragen an einen orthodoxen Theologen*, Münster 2003, S. 242.

nordische(n) Barbar(en) des Geistes«[56] sein Haupt erhob: »(...) man begriff den Ausdruck einer siegreichen Kirche nicht und sah nur Corruption, man mißverstand die vornehme Skepsis, jenen Luxus von Skepsis und Toleranz, welchen sich jede siegreiche, selbstgewisse Macht gestattet...«[57]. »Der bisherige Katholizismus, ohne wesentlichen Druck, hatte keine Idee gehemmt, nicht einmal die atheistische Frevelrede, und gerade das Reformatorische aufkommen lassen.«[58]

Daß eine *Haltung* der Ironie und der Skepsis und das gleichzeitige Fehlen einer geisttheologischen Dogmatik (der Oikonomia) dem dogmatikverliebten katholischen Westen zum Verhängnis werden konnte, ist also von doppelter, tragischer Ironie.

### *Marginalie 5: Ausweitung der Reformationszone – Das Kloster für alle*

Nach der Reformation ist im westeuropäisch-westkirchlichen geistesgeschichtlichen Zusammenhang im ethischen Denken etwas Entscheidendes verloren gegangen, in den Hintergrund gedrängt worden, das nicht primär urteilen und bewerten, sondern vor allem orientieren konnte; eine Ethik, die auch Distanz halten konnte zu moralistischen Überforderungen.

56 Friedrich Nietzsche: *Jenseits von Gut und Böse. Vorspiel einer Philosophie der Zukunft*, 1886, in: KSA 2005, Bd. 5, 46, S. 66.

57 Friedrich Nietzsche: *Die fröhliche Wissenschaft*, 1887, in: KSA 2005, Bd. 3, Fünftes Buch 358, S. 603.

58 Jacob Burckhardt: *Bilder des Ewigen. Ein kulturgeschichtliches Lesebuch* (hrsg. v. Hanno Helbling), Zürich 1997, S. 485.

»Alle Zivilisationen, deren Organisation um eine ›höhere‹ Religion kreist, kennen eine große Kluft zwischen den Engagierten und den weniger Engagierten (...). Diese religiösen Zivilisationen funktionieren ›mit verschiedenen Geschwindigkeiten‹ (...)«, die »hingenommen oder sogar anerkannt werden«[59] und deren Legitimität außer Frage steht. Die zahlreichen vorreformatorischen Erneuerungsbewegungen unternahmen daher »keinen Versuch, weniger engagierten Formen die Legitimität zu entziehen, sondern begnügten sich damit, mehr Angehörige dieser Formen zu einer höheren ›Geschwindigkeit‹ zu bekehren«[60]. Zum Beispiel gab es schon im Jahr 1215 mit dem Beschluß des Lateran-Konzils, die Ohrenbeichte allgemein verpflichtend zu machen, Bemühungen zu einem »inneren Kreuzzug«[61]; »protoreformatorische Bestrebungen«[62] innerhalb der lateinischen Kirche, die zumeist von den Predigern der Bettelorden getragen wurden. Auch gab es die *devotio moderna*, eine einflußreiche Bewegung, die mehr Wert auf Introspektion legte und zum stillen Gebet bis hin zur Führung eines Tagebuchs anhielt.[63] Der Wunsch nach religiöser Erneuerung treibt also bereits im vorreformatorischen Abendland zahlreiche Menschen um: religiöse Virtuosen wie Einsiedler, Wanderprediger, Geißler und Flagellanten ebenso wie Massen von Wallfahrern und Wundergläubigen.

59 Taylor, *Zeitalter*, 2012, S. 113.

60 Ebd., S. 114.

61 Ebd., S. 123.

62 Ebd., S. 134.

63 Vgl. Ebd., S. 127.

Aber erst mit der reformatorischen Agenda tritt ein theologisch aufgeladener Totalitarismus auf den Plan, der in einer utopischen Besserungsanstrengung, die auf das Glaubensleben des Einzelnen zielt, die gesamte Gesellschaft zu durchdringen sucht; und dabei auch vor dem Verständnis von (erfüllter) Zeit nicht halt macht: In Luthers Sermon *Von den guten Werken* heißt es, »Gott (wollte), daß in der Christenheit keine Feiertage wären außer der Sonntag« und daß »wir mit vielen Feiertagen geplagt«[64] seien. Eine Attacke auf das katholische Verständnis, daß das Leben ein zu feierndes ist, auch und gerade weil es endlich ist. Für Luther gab es nichts zu feiern. Die zunehmende Festfülle im Laufe des Mittelalters, die dem christologischen und dem marianischen Festzyklus eine wachsende Zahl von Heiligenfesten hinzufügte und die fast ein Drittel der Tage eines Jahres dem Erwerbsleben entzog, fand in den Augen des Reformators keine Gnade: »Denn feiern ist jetzt nicht nötig noch geboten als allein, um das Wort Gottes zu lernen und zu beten.«[65]

Die drastische Reduktion der Festtage, die Luther anstieß und die vor allem in reformierten, calvinistischen Gebieten durch Zwingli, Bulliger und Bucer noch weit konsequenter durchgeführt wurde, warf alsbald die Frage nach den womöglich unfrommen Intentionen der Armen, der Bettler und Faulen auf, die sich bislang u. a. auf die Jesus-Worte in Mt 6 berufen konnten: »Schaut die Lilien auf dem Feld an, wie sie wachsen: sie arbeiten nicht, sie spinnen nicht. (...) Sehet die Vögel unter dem

64 Martin Luther: *D. Martin Luthers Werke. Kritische Gesamtausgabe (Weimarer Ausgabe)*, Weimar 1883 ff., 6, 243

65 Ebd., 244

Himmel an: sie säen nicht, sie ernten nicht, sie sammeln nicht in die Scheunen; und euer himmlischer Vater nährt sie doch.«

In dem Luther-Wort: »Von der Arbeit stirbt kein Mensch, aber von ledig und müßig gehen (...), denn der Mensch ist zur Arbeit geboren, wie die Vögel zum Fliegen.«[66] kommt neben der sehr elastischen Schriftauslegung des Reformators auch eine eher unelastische Sicht auf den Menschen zum Ausdruck, die schon bald Schule machen sollte.

Der puritanische Prediger Samuel Hieron formuliert unmißverständlich: »Wer kein ehrliches Gewerbe hat, dem er gewöhnlich nachgeht, und keine feste Laufbahn, auf der er voranschreiten kann, der kann Gott nicht gefallen.«[67] Hier wird ein völlig neuer Ton der Immanenz, der Zweckrationalität und Denunziationsbereitschaft angeschlagen und damit die Urszene bereitgestellt, an der die nachfolgenden, rein säkularen Optimierungs-Agenden Maß nehmen werden.

Die Transformation der *vocatio*, der spirituellen Berufung zum weltlichen Beruf, ist vielfach als eine reformatorische Modernisierungsgeschichte erzählt worden. Hierzu sind von Nietzsche, Burckhardt, Friedell, Scheler, Taylor u. a. zahlreiche Anmerkungen gemacht worden. Max Webers Schrift *Die protestantische Ethik und der Geist des Kapitalismus* hat es sogar zum religionssoziologischen Gemeinplatz gebracht. Lyndal Roper schreibt im gleichen Sinne, daß »die stark von den Klostererfahrungen

66 Luther, WA 17, 23.

67 Bei Taylor, *Zeitalter*, 2012, S. 187.

(…) geprägten Reformatoren in ihrem evangelischen Eifer letztlich ein mönchisches Ideal für alle predigten.«[68] Erik Peterson spitzt zu: »Es ist ja wahr, daß Luther das Kloster verlassen hat – aber doch nur, um die ganze Welt zum Kloster zu machen.«[69]

Die Delegitimierung der Vielfalt der möglichen Wege zu Gott ist das Erbe der Reformation, das sich am allerwenigsten mit dem Selbstbild einer »Kirche der Freiheit« deckt. Hier herrscht verstärkt Aufklärungsbedarf. Dabei ist der Befund nicht neu. Jacob Burckhardt resümiert: »Beide Kirchen (…) verlangten, die Menschen sollten alle wieder einseitig werden, nachdem die Vielseitigkeit und Freiheit den Anfang des 16. Jahrhunderts charakterisiert hatte.«[70] Nietzsche formuliert ähnlich: »Die Lutherische Reformation war in ihrer ganzen Breite die Entrüstung der Einfalt gegen etwas ›Vielfältiges‹, um vorsichtig zu reden, ein grobes, biederes Mißverständnis«[71]. Eric Voegelin sieht eine *Große Verwirrung* und Luthers »beträchtlichen Anteil an der Zerstörung der westlichen Geisteskultur (…) bei der Schaffung der Atmosphäre einer legitimen Ignoranz hinsichtlich der Leistungen der westlichen Hochkultur im 13. Jahrhundert«[72].

Fortan ging es im Zentrum des spirituellen Lebens nicht mehr um Orientierung; darum »in welche Rich-

68 Lyndal Roper: *Das fromme Haus. Frauen und Moral in der Reformation*, Frankfurt am Main 1995, S. 94.

69 Barbara Nichtweiß: *Erik Peterson. Neue Sicht auf Leben und Werk*, Freiburg et al., 2. Aufl. 1994, S. 209.

70 Burckhardt, *Bilder*, 1997, S. 491 f.

71 Nietzsche, FRÖ, in: KSA 2005, Fünftes Buch 358, S. 603.

72 Eric Voegelin: *Luther und Calvin. Die große Verwirrung*, München 2011, S. 58.

tung der metaphysischen Landschaft«[73] die Seele blickt; nicht mehr um die Justierung und Schärfung des individuellen Vermögens zur *visio*, zur Schau des Guten und Schönen der göttlichen Schöpfungsordnung; nicht mehr um das Erleben einer Verschränkung und Überblendung der »sichtbaren und der unsichtbaren Welt«, des Personalen mit dem Transpersonalen; nicht mehr um die Möglichkeit individueller Versenkung in der gemeinschaftlichen Liturgie, um die Teilnahme und Teilhabe jedes Einzelnen an einer verzauberten Welt. Die Vielfalt korrespondierender und komplementärer Möglichkeiten, sich am Leben Christi oder dem der Apostel, der Jünger und Heiligen zu orientieren, an Männern *und* an Frauen, wurde unter Generalverdacht gestellt und damit delegitimiert.

In der Neuformatierung des Glaubens als »einseitigen Akt des Vertrauens auf eine veräußerlichte, in der heiligen Schrift kodifizierte Offenbarung (...) verlor der Glaube die zitternde Intimität einer Formung des Menschen unter der Berührung von Gnade«[74] und damit ganz wesentlich seinen Charakter als Beziehungsgeschehen von unterschiedlichen, aber aufeinander bezogenen Größen: Gott und Mensch.

Indem Luther sowohl die Nächstenliebe als auch die Gottesliebe der Gesetzlichkeit zuordnete und damit der Werkgerechtigkeit verdächtigte, »attackierte und zerstörte (er) den Kern der christlichen spirituellen Kultur«[75]; die scholastische Lehre, daß der Glaube dadurch voll-

73 Taylor, *Selbst*, 2012, S. 229.

74 Voegelin, *Luther*, 2011, S. 57.

75 Ebd., S. 57.

endet wird, daß die Liebe ihn durchformt oder beseelt (*fides caritate formata* oder *informata*) – ein Angriff auf die komplexen Betrachtungen Thomas von Aquins darüber, wie das Verhältnis des Menschen zu Gott angesichts seiner Transzendenz und Unanschaulichkeit dennoch als Liebe verstanden werden kann.[76]

Anstatt die Heilige Schrift als Anstiftung zur personalen und auch ambivalenten Gottesbeziehung zu begreifen, die sich in der Beziehung zum Nächsten konkretisiert, sollte fortan die »Beziehung« zur Schrift als Filter und Nadelöhr einer reflexiven Innerlichkeit fungieren, die Ambivalenzen fürchtet und individuelle Heilsgewißheit (*pro me*) beansprucht.

Es wird im weiteren Verlauf deutlich werden, wie eng und prekär das Nadelöhr der Schrift in Wahrheit ist; wie sehr hier alles von wenigen Worten des Apostels Paulus abhängt, letztlich sogar von nicht geschriebenen, aber von Luther hinzugedachten Worten.

Daß aus einer traditionsvergessenen Bindung an die »Schrift allein« kaum ein personales Beziehungsgeschehen und vor allem kein Liebesgeschehen zwischen Gott und dem Menschen erwachsen kann, ist für Taylor, Scheler, Voegelin, Hacker u.a. ebenso evident wie folgenreich: »Ein Glaube (...), der sich so an ein Wort hängt, daß er fast absehen will von der Person, die es spricht, ist keine personale Beziehung, sondern Introversion.«[77] Während sich der Sehnsuchtsmodus der Liebe aus der freien Anschauung des erkennbaren Schönen und Guten speist und in tastenden bis heftigen Bewegungen die

76 Vgl. ebd., S. 57; auch: Hacker, *Ich*, 2009, S. 146.

77 Hacker, *Ich*, 2009, S. 37.

personale *unio mystica* – die mystische Hochzeit – mit dem ganz Anderen anstrebt, ist in dem Modus des Glaubens die Dichotomie von Vertrauen und Mißtrauen eingeschrieben. Dem Glauben sitzt also immer die Angst vor dem ganz Anderen im Nacken; der Zweifel und die Anfechtung – *tentatio*.

Und obwohl sich Luther dieser Gefährdung des Glaubens immer bewußt blieb, machte er den »Glauben allein« – gegen den Schrift- und Traditionsbefund – zum einzigen dogmatischen Mittel gegen eben diese Angst. Die lutherische »Heilsangst« trägt also die Signatur einer ewigen Angst in die westliche Welt, um sie dann im individuellen Rechtfertigungsgeschehen davon zu befreien – bis zur nächsten Anfechtung. Daß im christlichen Verständnis Glaube, Hoffnung und Liebe nur mit- und ineinander existieren – wie es auch die Tradition lehrt – das ist zwar auch das Thema manch herzzerreißender Predigt oder praktischer Ermahnungen Luthers zur Nächstenliebe, ändert aber nichts an ihrer dogmatischen Abwertung gegenüber dem Glauben.[78]

Luthers Sätze: »Wenn unser Glaube durch Liebe geformt wird, dann würde Gott unsere Werke in Betracht ziehen.«[79] und »Der Teufel kann anderes nichts, denn gute Werke lehren.«[80] sind ebenso unmißverständlich wie: »Die Liebe glaubt der Lüge, der Glaube der Wahrheit.«[81] Warum dem Glauben die Anfechtung

78 Vgl. Hacker, *Ich*, 2009, S. 160 f.

79 Luther, WA, 42, 565; Voegelin, *Luther*, 2011, S. 48.

80 Martin Luther: *Dr. Martin Luthers sämtliche Schriften*, 25 Bde., hrg. v. Johann Georg Walch, St. Louis et al., 2. Aufl. (Nachdruck) 1880 ff., 3, 1193.

81 Luther, WA, 40, 2; 49, 4; Hacker, *Ich*, 2009, S. 155.

nachgesehen, sie sogar als *tentatio* konzeptionell geadelt wird, die Gottes- und vor allem die Nächstenliebe hingegen Luthers Verdächtigungen nie entkommen können, wird unter *Mission: Impossible – Auf der Suche nach der verlorenen Spiritualität* noch näher betrachtet werden.

Die evangelische Theologie hat versucht, Luther gegen die massiven quellengestützten philologischen und philosophischen Anfragen Paul Hackers, Max Schelers u. a. in Schutz zu nehmen und rekurriert auf ein Mißverständnis: Nach Gerhard Ebeling ist Glaube und Liebe bei Luther »ein einziges Geschehen, eine einzige lebendige Wirklichkeit«[82]. Der orthodoxe Theologe Konstantinos Delikostantis versucht in seinen *Gedanken zur Max Schelers Lutherkritik* beiden Seiten gerecht zu werden, indem er davon ausgeht, daß hier »nicht Luthers eigentliche Absichten, sondern primär deren Folgen«[83] zu problematisieren wären. »Luthers Bestreben war es, das Leben des Christenmenschen in seinem Vollzug als Liebe zu explizieren. Die aktive Nächstenliebe war für ihn der höchste Ausdruck des Gerechtfertigtseins.«[84]

»Luthers eigentliche Absichten«, »Luthers Bestreben«. Die guten Absichten und das Anliegen des Reformators werden immer gern, die fragwürdigen, durchaus absehbaren, folgenreichen dogmatischen Konsequenzen hingegen eher ungern in den Blick genommen. Delikostantis ist in der Lage, der evangelischen Apologetik ebenso

82 Gerhard Ebeling: *Luther: Einführung in sein Denken*, Tübingen 1964, S. 179

83 Konstantinos Delikostantis: »Luther und der europäische Subjektivismus. Gedanken zu Max Schelers Lutherkritik«, in: Heiner Bielefeldt/Winfried Brugger/Klaus Dicke (Hrsg.): *Würde und Recht des Menschen. Festschrift für Johannes Schwartländer zum 70. Geburtstag*, Würzburg 1992, S. 289, 296

84 Ebd., S. 298.

eine Stimme zu verleihen wie den Anfragen Max Schelers, denen er dann im weiteren Verlauf Raum und auch Recht gibt.[85]

Paul Hackers Studie über *Das Ich im Glauben bei Martin Luther* widmet der »Austreibung der Liebe aus dem Brautgemach der Seele«[86] ein ganzes Kapitel und zeigt mit Rekurs auf Max Scheler: »In der theologischen Mitte (Luthers) Systems fehlt die Liebe.«[87]

> »Die Nächstenliebe hat in diesem System ihren Sinn und Zweck nicht darin, aus dem eigenen Ich herauszuführen, sondern dessen reflexive Selbstsicherung zu stärken: Die erste Reflexion, die das Statuieren des Glaubens ist, soll durch eine zweite, nämlich die Beobachtung der eigenen Nächstenliebe und deren Interpretation als Anzeichen des Begnadetseins, bestätigt und bestärkt werden. Auch die Liebe soll hier also zum eigenen Ich zurückdenken. Daß die Liebe zu Gott in dieser doppelten Reflexion außer Betracht bleibt (...), ist unmittelbar verständlich; für sie bleibt hier keine Stelle. Alles kommt darauf an, daß wir Gewißheit erlangen.«[88] »Er (Luther, Anm. d. Verf.) hat die Liebe, die doch eine Erscheinung der Neuen Schöpfung oder der Ewigkeit in dieser Zeit ist, dem Irdischen, dem Diesseits zugewiesen.«[89]

85 Vgl. Delikostantis: Luther, 1992, S. 289-307.

86 Hacker, *Ich*, 2009, S. 165.

87 Ebd., S. 179.

88 Ebd., S. 164.

89 Ebd., S. 183.

Auch Ebeling kann nicht entkräften, daß die Liebe für Luther ein »Ausdruck« des Glaubens ist, seine »Konkretionsform« und nicht umgekehrt, daß die Liebe die Quelle von Hoffnung und Glaube ist; Glaube als *faith*, nicht als *belief*; als Vertrauen in ein (auch absolutes) Gegenüber. Gottesliebe, Nächstenliebe, Nachfolge, die *imitatio christi*, stehen unter reformatorischem Kuratel und sind bestenfalls eine Funktionsform des Glaubens, ein Zeichen seiner Bewährung.

Daß sich hier ein ganzer westlicher Kulturkreis auf ein keinesfalls massenhaft latent vorhandenes, sondern vielmehr auf das in seiner Rigorosität überaus singuläre wortgebundene Glaubens- und auch Liebesverständnis eines zutiefst verängstigten Einzelnen eingelassen hat (und weiter einlassen soll), darauf kann nicht deutlich genug hingewiesen werden. Und weil bei Luthers Rasterfahndung nach möglichen Quellen der Selbstgerechtigkeit auch die Liebe unter die Räder kommt, muß der Glaube auf jede menschliche Sicherung verzichten. »Liebe und tu, was du willst!« ist ein berühmtes Diktum des Augustinus.[90] »Glaube und tu, was du willst!« lautet die *entsicherte* Maxime des Reformators.

Ein in jeder Hinsicht entsicherter Glaube ist ja gerade im Nahen Osten zu besichtigen: IS-Terroristen reden nicht unbedingt von Nächstenliebe, wenn sie Ungläubige abschlachten, wohl aber vom rechten Glauben, der sich auch und gerade im Massaker erweise. Hier greift eine düstere Faktizität, eine Glaubensrealität jenseits von Kirchentagen nach der reformatorischen Spitzenthese *sola*

90 Augustinus: *epistulam Ioannis ad Parthos,* tractatus VII, S. 8, Original lat.: »dilige et quod vis fac.«

*fide.* Die protestantische Theologie wird Antworten finden müssen, die nicht nur im Ghetto verstanden werden.

Aber darf dieser Zusammenhang überhaupt deutlich werden? Diese »mimetische Rivalität« (René Girard) zwischen Orient und Okzident beim Scharfstellen der je eigenen Glaubensagenda? Der immer wieder vorgetragene Wunsch, auch »der Islam« solle doch bitte endlich »seine Reformation« durchlaufen, kokettiert mit der *Ausweitung der Reformationszone* als eines zukünftig säkularen Sektors und erteilt eine Lizenz zur Nachahmung des westlichen Vorbildes. Er ist halbwegs plausibel nur im verklärenden Tunnelblick aufs historische Endergebnis, unter Ausblendung aller Kollateralschäden.

Vieles spricht dafür: Der Islam befindet sich bereits – und überdies: fixiert – in Phase 1 seiner Reformation; mit der Adaption der »Blut- und Tränensaat der mörderischen Konfessionskonflikte«[91].

Die Auseinandersetzung zwischen den islamischen »Konfessionen« der Sunniten und Schiiten ist, wie beim christlichen Vorbild – dem Ringen zwischen Orthodoxen und Lateinern – ein Kampf um die traditionsbildende Deutungshoheit. Von Anfang an sind Sukzessions- und Ursprungsfragen virulent.

Leiteten sich die Schiiten, wie der Name schon sagt, von der *Schiat Ali* ab, der »Partei Alis« (Ali war der Schwiegersohn des Propheten Mohammed und nach Deutung der Schiiten der rechtmäßige Nachfolger als Kalif), bevorzugten die Sunniten hingegen Mohammeds Schwiegervater Abu Bakr, der dann auch tatsächlich Kalif wurde.

91 Thomas Kaufmann: »Europa und die Reformation«, in: *Frankfurter Allgemeine Zeitung* vom 26. Oktober 2015, S. 6.

Der islamische Konfessionskonflikt tobt also bereits 1400 Jahre. Und er eskaliert seit einiger Zeit nicht zuletzt deshalb, weil innerhalb der Gruppe der Sunniten immer mehr (wahhabitische) Kräfte und Organisationen zurück zu den Altvorderen streben – *ad fontes,* zu den Glaubensquellen, die in der Welt und in der Zeit des Propheten nach seiner Übersiedlung nach Medina verortet werden. Diese rückwärtsgewandten Utopien der Salafisten und des »Islamischen Staates« suchen und finden mehr und mehr Anhänger.

Und von der radikalen Wortgläubigkeit, der Gottesunmittelbarkeit, der eigenen Prädestinations- und Paradiesgewißheit mit der gewaltbereiten Reinheitsagenda, über die Virtuosität in der Handhabung der jeweils neuen Medien (Buchdruck/YouTube), bis hin zur ikonoklastischen Raserei bei der Zerstörung der falschen Bilder (von Heiligen/des Weltkulturerbes), gibt es – bei allen Unterschieden in der Ernsthaftigkeit von Luthers theologischem Ringen – irritierende Parallelen. Daß am Ende des aktuellen Leichenzuges irgendwann einmal die Säkularisierung der islamischen Hemissphäre stehen könnte, hilft niemandem in der Gegenwart.

Daß die Säkularisierung des Abendlandes also nicht auf der Reformationsagenda stand und nur *ex post* als Errungenschaft verbucht werden kann, errungen mit Hekatomben an Leid, Blut und Zerstörung, immer im Namen des Glaubens: Warum wird diese »Dialektik der Reformation« so nachhaltig verdrängt? Ebenso die Frage, ob das Ganze es überhaupt wert war.

Der evangelische Reformationshistoriker Thomas Kaufmann zeichnet in der *Frankfurter Allgemeinen Zei-*

*tung* vom 26. Oktober 2015 unter dem Titel: »Europa und die Reformation« ein Bild des vorreformatorischen katholischen »Lateineuropas«:

> »Nichts wäre falscher, sich das Europa um 1500 als eine statische oder versäulte Welt vorzustellen – im Gegenteil: es war eine dynamische, durch die permanente Zirkulation von Menschen, Waren und Ideen geprägte Zivilisation. Starre Grenzen und eindeutige nationale Zugehörigkeiten gab es nicht; viele Übergänge waren fließend. (...) Die permanente kulturelle, religiöse, wissenschaftliche und ökonomische Mobilität wurde kaum von oben, von den weltlichen Obrigkeiten, angefacht oder gesteuert. Sie lebte vor allem aus dem blühenden Städtewesen der Bürger Europas heraus.«[92]

Kaufmann ist nicht in der Lage zu zeigen, daß Europa diesen »vorreformatorischen« Zivilisationsstand auch der Toleranz jemals wieder erreicht hat. Im Gegenteil. Sein Artikel liefert (ungewollt?) Material für die Frage: Welche Entwicklung hätte »Lateineuropa« wohl genommen oder nehmen können, hätte es *diese* Reformation nie gegeben? Fragen und Gedanken, die in der Lutherdekade nicht gerade auf eine »Willkommenskultur« treffen; ebensowenig wie die Erinnerung an Anmerkungen, die Adorno und Horkheimer in ihrer *Dialektik der Aufklärung* zum wortgebundenen Glauben gemacht haben:

92 Ebd.

»Den im Protestantismus unternommenen Versuch des Glaubens, das ihm transzendente Prinzip der Wahrheit, ohne das er nicht bestehen kann, wie in der Vorzeit unmittelbar im Wort selbst zu finden und diesem die symbolische Gewalt zurückzugeben, hat er mit dem Gehorsam aufs Wort, und zwar nicht aufs heilige, bezahlt. Indem der Glaube unweigerlich als Feind oder Freund ans Wissen gefesselt bleibt, perpetuiert er die Trennung im Kampf, sie zu überwinden: sein Fanatismus ist das Mal seiner Unwahrheit, das objektive Zugeständnis, daß, wer nur glaubt, eben damit nicht mehr glaubt. Das schlechte Gewissen ist seine zweite Natur. Im geheimen Bewußtsein des Mangels, der ihm notwendig anhaftet, des ihm immanenten Widerspruchs, die Versöhnung zum Beruf zu machen, liegt der Grund, daß alle Redlichkeit der Gläubigen seit je schon reizbar und gefährlich war. Nicht als Überspannung sondern als Verwirklichung des Prinzips des Glaubens selber sind die Greuel von Feuer und Schwert, Gegenreformation und Reformation, verübt worden.«[93]

## *Marginalie 6: Die Liebe in den Zeiten der Reinheit*

»Daß, wer nur glaubt, eben damit nicht mehr glaubt«, ist kein dialektisch daherkommendes »Mißverständnis«. Adorno und Horkheimer sind und bleiben lediglich unbeeindruckt von den protestantischen theologischen

93 Max Horkheimer/Theodor W. Adorno: *Dialektik der Aufklärung. Philosophische Fragmente,* Frankfurt am Main 2013, S. 26.

Sprachspielen und rehabilitieren auf ihre Weise doppeldialektisch die Wahrheit des Jakobusbriefes: »Der Glaube ohne Werke ist tot.« (Jak 2,17)

Die orthodoxe Theologie, in der weder von Heilsangst noch von Rechtfertigung, sondern von der gnadenhaften Teilhabe an den göttlichen Energien die Rede ist, würde vielleicht anmerken, daß die mystische Schau, das Verständnis der innertrinitarischen Liebesbeziehung als Durchdringung, als *Perichorese*, uns an die Wahrheit unserer Gottesebenbildlichkeit erinnert; und daran, auf welche Weise bereits der irdische Mensch verwandelt werden kann: Die Liebe »erträgt alles, sie glaubt alles, sie hofft alles und hält allem stand.« (1Kor 13)

Die Preisgabe des Vorrangs der Liebe und ihrer Vorzüglichkeit innerhalb der paulinischen Trias – Glaube, Hoffnung, Liebe – und die (Paulus überdehnende) Verabsolutierung des Glaubens sind schwerwiegende reformatorische Akzentverlagerungen, an die auch deshalb zu erinnern ist, weil durch sie der Blick frei wird auf eine neue Mentalität, die in ihren Akten der Barmherzigkeit und Diakonie fortan über die *Würdigkeit* des Bedürftigen und Empfangenden zu befinden trachtet – über seine Inklusion oder Exklusion – und die gleichzeitig alle Akte sich selbst verschenkender Nächstenliebe der »eitlen Werkerei« verdächtigt.

Charles Taylor diagnostiziert eine neue puritanische Gnadenlosigkeit, die bis hin zum Freiheitsentzug für die Faulen und Armen gehen konnte: »Das Urteil über den Bettler war steinerne Feindseligkeit. (...) In einem wohlgeordneten Gemeinwesen gab es für sie keinen Platz«.[94]

94 Taylor, *Zeitalter*, 2012, S. 191 f.

Die Reformation »zog einen klaren Trennungsstrich zwischen der städtischen Armenfürsorge und der willkürlichen, frommen Barmherzigkeit der vorreformatorischen Zeit, in der milde Gaben unterschiedslos an wirklich Bedürftige und an Unwürdige verteilt wurden, weil sie alle für die Seele des Spenders beten konnten.«[95] Eine negative Entwicklung, die auch Luther als eine solche nicht verborgen blieb: »Gleichwie alle Laster sind zu Tugenden geworden, also ist es auch mit dem Geiz, daß ich keinen Fürsten, Grafen, Edelmann, Bürger, Bauern mehr weiß, der nicht geizig ist.« »Unter dem Papsttum waren die Leute milder und gaben gern; aber jetzt unter dem Evangelio gibt niemand mehr.«[96]

»In den englischen Armenhäusern des siebzehnten Jahrhunderts mußten die Menschen produzieren, was der Wirtschaft nutzte. (...) Im Amsterdamer Rasphuis wurden die Faulen in Zellen gesperrt, in denen das Wasser langsam anstieg, solange sie untätig blieben. Ihre Pausen durften nicht zu lange währen, sonst...«[97]

Wenn in diesem neuen, durchaus fragwürdigen Verständnis von Barmherzigkeit und Nächstenliebe einer realistischen und deshalb anthropologisch pessimistischen reformatorischen Agenda der Vorzug vor einer vermeintlich idealistischen katholischen gegeben wird – ähnlich wie bei der Neuformatierung des Gewissens – ist dies erkenntnistheoretisch nicht einholbar: Eine negative anthropologische Voranahme ersetzt nun eben eine optimistischere. Das bedeutet aber: Die Reformations-

95 Roper, *Haus*, 1995, S. 57.

96 Luther, GA, 13, 1572, 1582.

97 Taylor, *Zeitalter*, 2012, S. 191.

agenda bedarf immer auch des Ressentiments und des Verdachts; erkennbar an der Diffamierung von Ambivalenz und der Vielfalt möglicher Gottes- und Nachfolgeerfahrungen, die schlichtweg bestritten wird; weil nicht sein kann, was nicht sein darf. Zudem geht in der Rückbeugung auf eine reflexive Innerlichkeit die Fähigkeit verloren, sich an einem *summum bonum* zu orientieren[98] und dieses *bonum* als der Liebe (zur Wahrheit) zugängliches »Gut« auszuweisen.

Obwohl die katholische Tradition den reformatorischen Bestrebungen *dogmatisch* weitgehend widerstanden hat, ist sie *in praxi* durch die massiven Delegitimierungsanstrengungen in ihrer Orientierungsfähigkeit nachhaltig beschädigt worden. Im Mailand des Carlo Borromeo entstand sogar zeitweilig ein »katholisches Genf«.

Dem britischen Kirchenhistoriker Diarmaid MacCulloch, der Luther und der Reformation auf 1 000 Seiten mit großer Sympathie begegnet, ist erkennbar viel daran gelegen, dem durch die Reformatoren entfachten Furor der Reinheit, der Kirchenzucht und dirigistischen Aktivität die komplementären katholischen Bemühungen hinzuzufügen, mit denen fortan in die gleiche Kerbe geschlagen wurde. Leider fragt MacCulloch nicht nach der Vielfalt von Lebenszusammenhängen, Glaubenserfahrungen und spezifischen Reflextionsformen, die mit der »Bildung einer Verfolgungsgesellschaft« – die er konstatiert – auf der Strecke geblieben sind. Dennoch halten zahlreiche Passagen in seinem Opus Magnum unzweideutig fest, was auch die Kern-

98 Vgl. Voegelin, *Luther*, 2011, S. 46.

aussage dieser Untersuchung ist. Wir beobachten die Geburt der westlichen Moral aus dem Geist der Reformation:

> »Protestantische wie katholische Bischöfe wetteiferten mit weltlichen Fürsten um die Reformation der Sitten.«[99] »Das Problem der Kirche offenbarte sich ganz besonders im Hinblick auf die Hauptsorge der Reformierten: die Disziplin.«[100] »Der französische Historiker Dominique Colas ging in der Tat so weit, den religiösen Flickenteppich der Vereinigten (niederländischen protestantischen, Anm. Verf.) Provinzen als eine ›Multiplikation von Intoleranzen und Fanatismen innerhalb der verschiedenen religiösen Gruppen‹ zu bezeichnen.«[101] »Selbst wenn wir uns ehrlich bemühen, uns in diese Welt der Bilderstürmerei (...) hineinzuversetzen, ist es nicht leicht, den Verdacht zu vermeiden, daß hier kompromißlose Protestanten eine Gesellschaft erschaffen wollten, in der regiert, was (...) H. L. Mencken für den Kern des Puritanismus hielt: ›die quälende Angst, daß irgendwer irgendwo glücklich sein könnte‹.«[102]

»Ein derart interventionistisches Gemeinwesen kann modernen westlichen Menschen eigentlich nur fremd erscheinen«, sinniert MacCulloch auf Seite 774, um dann im Nachsatz und in Klammern den sehr naheliegenden Bezug zum *Moralapostolat* von heute immerhin

99 Diarmaid MacCulloch: *Die Reformation 1490 - 1700,* München 2008, S. 816.

100 Ebd., S. 492.

101 Ebd., S. 493.

102 Ebd., S. 775.

anzudeuten: »wenngleich die moderne Boulevardpresse ihre eigenen, dem nicht unähnlichen, freilich weniger geregelten Rituale hat, um bestimmte Klassen von Sündern öffentlich zu brandmarken«[103]. Weniger geregelte Rituale beim öffentlichen Brandmarken? Die moderne Boulevardpresse? Sie allein? MacCulloch irrt. Dem westlichen Glauben an Moral ist auch abseits des Boulevards heute kaum mehr zu entkommen, denn er ist ubiquitär und wird systematisch verbreitet.

Inwieweit ein Orientierungsverlust im Denken zugunsten einer »enthusiastischen Moral«[104] im Hinblick auf die unvorstellbaren Grausamkeiten in den Bauernkriegen, bei den Täufer- und Hexenverfolgungen und beim 30jährigen Krieg in Betracht zu ziehen ist, als sich nach den konfessionellen Spaltungen Katholiken und Protestanten, aber auch Protestanten und Protestanten im gegenseitigen Verurteilungs- und Dämonisierungsmodus gegenüberstanden, wäre eine vertiefende Untersuchung wert. An dieser Stelle kann es nur bei schlaglichtartigen Anmerkungen dazu bleiben. Charles Taylor diagnostiziert eine stetig wachsende »Ordnungswut«[105] im Westen, die er »für die Zerstörung des verzauberten Kosmos früherer Zeiten«[106] verantwortlich macht.

Auffällig bleibt, daß Hexenverfolgung überhaupt kein Thema im ostkirchlichen Byzantinischen Reich gewesen ist. Der Münsteraner Byzantinist Michael Grünbart erinnerte unlängst im Rahmen der Ringvorlesung

103 Ebd., S. 774.

104 Luhmann, *Politik*, 1996, S. 34.

105 Taylor, *Zeitalter*, 2012, S. 115.

106 Ebd.

»Verfolgung um Gottes willen« an die Strategien, mit denen oströmische Kaiser häretische Strömungen bekämpften: »Die Herrscher sahen sich stets für die heilige Ökumene verantwortlich. Gewalt vermieden sie möglichst.«[107] Vielmehr wären sie bestrebt gewesen, einen theologischen Kompromiß herbeizuführen, um Einigung zu erzielen. »Uneinsichtige Häretiker wurden häufig als Bestrafung ins Exil verbannt oder in andere Teile des Reichs zwangsversetzt.«[108] Ketzer seien im oströmischen Reich nur in wenigen Ausnahmefällen wie dem des bogomilischen Mönches Basileios zum Tode verurteilt worden.

Für Diarmaid MacCulloch »besteht durchaus eine Korrelation zwischen den europäischen Kirchen (...), die ein effektives, weitgehend unangefochtenes Disziplinarsystem entwickelten, und der Häufigkeit von Hexenverfolgungen.«[109] Auf dem Boden des Kirchenstaates, in Italien, sind kaum Hexen verfolgt worden; ähnlich in Spanien, wo die berüchtigte staatliche Inquisition Hexenverfolgungen ausdrücklich ablehnte, sondern eher Jagd auf Häretiker gemacht hat.

Im Zuge der »Konfessionalisierung« hat der Primat des Bewertungs- und Verurteilungsmodus auch das katholische ethische Denken infiziert und seinen Niederschlag in einer verschärften »Moraltheologie« gefunden. Nach dem Konzil von Trient arbeitete man auch im »ge-

107 Michael Grünbart: *»Hüter der Orthodoxie«*. Byzantinist Grünbart über Häresiebekämpfung im byzantinischen Mittelalter, April 2013, Internetdokument.

108 Ebd.

109 MacCulloch, *Reformation*, 2008, S. 743.

genreformatorischen« Rom an einer nachhaltigen Besserungsagenda und der Durchsetzung von Disziplin.

Daß hier keinesfalls nur ein Reflex auf die reformatorische Zucht- und Reinheitsagenda[110] in den Blick zu nehmen ist, sondern auch an die von der italienischen Hofkultur ausgehende literarische Bewegung der Renaissance-Moralistik angeknüpft werden konnte, sei hier fairerweise angemerkt. Aber ähnlich wie bei dem französischen Strang der »Moralisten« fällt der eher deskriptive, phänomenologische, nur mäßig analytische Zugriff der Bewegungen ins Auge; der Verzicht, eine normative Ethik bereitzustellen.

Bei der Vielfalt der Disziplinierungsbemühungen »von oben«, primär durch die mit der *Gegenreformation* betrauten Jesuiten, fällt auf, daß neben durchaus filigranen Ausführungen zur Beichte und Ehetheologie (bei Thomas Sanchez SJ) auch nachhaltig wirksame Grundlagen der Naturrechtslehre und des Völkerrechts (bei Francisco Suárez SJ) eine Frucht der katholischen Moralisierungsoffensive gewesen sind. Wie es dem überwiegenden Teil der etatistischen Besserungsvorgaben erging, denen nicht der dialektische Sprung ins kulturelle Gedächtnis des Westens gelang, zeigt Peter Hersche in seinem zweibändigen Opus Magnum *Muße und Verschwendung. Europäische Gesellschaft und Kultur im Barockzeitalter*.

Hersche hat dort auf 1200 Seiten die nachtridentinischen Disziplinierungsversuche »von oben« als weitgehend gescheitert entlarvt: »Daß der gegenreformato-

110 Vgl. Burghartz, *Reinheit*, 1999

rische Katholizismus disziplinierende Absichten hatte, ist unbestritten (...). Eine andere Frage ist die nach der *Realisierung* dieses Programms. Und hier gibt es eben Hunderte, ja Tausende von (gegenteiligen, Anm. Verf.) Hinweisen, (...) so daß man sich fragen muß, was von den guten Absichten überhaupt noch übrig blieb.«[111] In *Muße und Verschwendung* kommt eine ebenso flächendeckende wie lokal differenzierte katholische Widerständigkeit und Resistenz gegen Homogenisierung, Disziplinierung, Reglementierung und Moralisierung in den Blick, die von der konfessionsübergreifenden »Sozialdisziplinierungsthese« nicht viel übrig läßt: »Die Sozialdisziplinierung, wenn sie denn stattfand, war eine Angelegenheit des protestantischen, insbesondere calvinistischen Europa. Für den Katholizismus muß sie, abgesehen von einem Teil Frankreichs und den Minderheitenkatholizismen, sowie einzelnen elitären Gruppen verneint werden.«[112]

Die Fülle des von Hersche aufbereiteten Materials ist überbordend. Einige Beispiele zum kaum domestizierbaren »Leben ohne Plan«[113], zur Dialektik des Katholischen:

> »Die praktische Undurchführbarkeit der durch Hardliner wie Carlo Borromeo und Sixtus V. ins Werk gesetzten Diskriminierungskampagnen gegen Geburtenverhütung und Abtreibung veranlaßten Gregor XIV.

111 Peter Hersche: *Muße und Verschwendung. Europäische Gesellschaft und Kultur im Barockzeitalter*, 2 Bde., Freiburg 2006, S. 62.

112 Ebd., S. 62

113 Ebd., S. 748 ff.

schon zweieinhalb Jahre später, sie durch Fallenlassen der Strafandrohung faktisch wieder aufzuheben.«[114]

> »Ein Problem für die Moraltheologen war, daß die von ihnen geschriebenen Traktate, (...) noch mehr aber die Beichtspiegel für die Gläubigen und selbstverständlich die Gespräche im Beichtstuhl die sexuelle Phantasie der Menschen erst recht anregten. (...) Der theologische Diskurs um die Sexualität war also sehr ambivalent. Von den Normen her war aber die katholische Sexualethik im 17. und 18. Jahrhundert nicht sonderlich repressiv; in der Bestrafung von geringeren Vergehen verfuhr man bei Eheleuten milde.«[115]

Der spanische Jesuit Thomas Sanchez, der im Jahr 1605 seine dreibändige Ehetheologie veröffentlichte, »legte bei den Freiheiten, die er den Eheleuten bei der seiner Ansicht nach legitimen Lust gewährte, aber auch der Nachsicht, mit der er außereheliche Sexualität beurteilte, eine Liberalität zu Tage, von der das 19. Jahrhundert dann nur noch träumen konnte. Ähnliche Positionen vertraten andere sogenannte laxistische Theologen, etwa Caramuel.«[116]

> »Relativ einhellig sind die von neueren Untersuchungen kaum widerlegten, sondern meist bestätigten Urteile über die Mittelmeerländer. Fremde beurteilten Italien als sexuell sehr liberales Land; heimische Ehe-

114 Ebd., S. 730.

115 Ebd., S. 731.

116 Ebd., S. 730.

> frauen zeigten sich in aller Öffentlichkeit mit ihren ›cicisbei‹ (Gesellschaftern); (…) Spanien (…) galt ebenfalls als Land, dessen Einwohner ihre sexuellen Triebe recht frei ausleben konnten, ohne strenge kirchliche Sanktionen befürchten zu müssen.«[117]

> »Bei einem Vergleich in einer gemischtkonfessionellen deutschen Region wurde aber festgestellt, daß die evangelischen Pastoren bei Taufen Unehelicher häufiger abwertende und kritische Bemerkungen ins Kirchenbuch schrieben, während katholische Pfarrer – wie aufgrund anderer Quellen gezeigt werden konnte – entsprechende Zusätze eher unterließen. (…) In Spanien und Portugal waren uneheliche Kinder in der Gesellschaft wenig diskriminiert, zumal dort sogar die Königshäuser ihre illegitimen Sprößlinge gut unterbrachten, selbst in höchsten kirchlichen Stellungen.«[118]

Manch vertrackte Kasuistik, die nach und nach auch ins katholische Arsenal der Verfehlungen aufgenommen wurde, verdankte sich sogar erst der anbrandenden Aufklärung, die mit ihren Hygiene- und Reinheitsobsessionen beim Staffellauf in die Moderne »neue Kategorien der Unsittlichkeit und entsprechende Delikte«[119] einführte: »Erinnert sei an den von der Aufklärung publizistisch – und zwar ausschließlich von französischen und deutschen protestantischen Autoren – geführten

117 Ebd., S. 732.
118 Ebd., S. 742.
119 Ebd., S. 745.

Feldzug gegen die Onanie, die damals geradezu zu einer Obsession wurde.«[120]

Hersche resümiert im Hinblick auf den nachtridentinischen katholischen Feldzug gegen die Unkeuschheit:

> »Zwischen dem gescheiterten Disziplinierungsversuch des 16. Jahrhunderts und dem erfolgreicheren des 19. Jahrhunderts erscheint so im katholischen Europa die Epoche des Barock mit ihrem Abschluß im ›galanten Zeitalter‹ als verhältnismäßig goldene Zeit einer relativ großen sexuellen Freizügigkeit. Sich darauf zurückzubesinnen, könnte auch die heutige Situation etwas entkrampfen helfen.«[121]

Obwohl die doktrinären Verschärfungen *top down* demnach weitgehend ins Leere liefen und *bottom up* das Dogmatisch-Normative in seinem Übertretungspotential verstärkt beansprucht wurde, also in gewisser Weise ein vorreformatorisches Setting fortbestand, war die Katholische Kirche nach Trient dennoch nicht mehr dieselbe:

Weil die Fähigkeit zu prinzipieller Orientierung zugunsten von juridisch hochkomplexen, moralischen Be- und Verurteilungen in den Hintergrund geraten ist, kommt in der Außenperspektive – nicht zu Unrecht – das Bild einer partikularen Moralinstitution in den Blick, eine »doktrinäre und moralistische Verhärtung«[122], die seltsam kontrastiert mit dem sehr viel weiteren, »katholischen«, allumfassenden Selbstverständnis.

120 Ebd., S. 745.

121 Ebd., S. 746.

122 Mario Perniola: *Vom Katholischen Fühlen,* Berlin 2013, S. 18.

Dieser Rollentausch zwischen Vordergrund und Hintergrund zeigt an, warum sich die Katholische Kirche im modernen Diskurs um »das gute Leben« weitgehend selbst marginalisiert hat, obwohl sie im westlichen Zusammenhang auch heute noch das beste kulturelle Gedächtnis, die komplexeste Anthropologie und ein vielfältiges Wissen um eine menschliche Praxis *dafür* anzubieten hat, dieses Licht aber unter den moralischen Scheffel stellt.

An zwei Bemerkungen von Papst Franziskus lassen sich die beiden Optionen ausbuchstabieren. Nach seiner Wahl gab es im Hinblick auf die Haltung der Kirche zu Homosexualität zwei Aussagen. Die prinzipielle ist mittlerweile in Vergessenheit geraten: Die ablehnende Haltung der Kirche in dieser Frage habe keine moralische, »keine religiöse, sondern eine anthropologische Grundlage«[123]. Die moralische, weil auf Bewertung abhebende, Entschuldung mitführende Aussage ist weltweit bejubelt worden: »Wer bin ich, darüber zu richten.«[124]

Papst Franziskus hat sich, allem Anschein nach, gegen die klassische normativ-prinzipielle Überforderung in Kombination mit einer barmherzigen Praxis und für eine »normative Pastoral« entschieden; in *systemischer* Ahnungslosigkeit, daß Barmherzigkeit als Doktrin eine überfordernde, unnachsichtige Praxis zur Folge haben wird.

123 Franziskus: *Über Himmel und Erde. Jorge Bergoglio im Gespräch mit dem Rabbiner Abraham Skorka. Das persönliche Credo des neuen Papstes,* e-book, 2013, S. 125 ff.

124 Caecilia Smekal: »Tore für Priesterinnen zu, kein Urteil über Schwule«, in: *Kurier* vom 29. Juli 2013, Internetdokument.

## *Marginalie 7: Kritik der teuflischen Vernunft – Der Ausstieg aus dem »guten Leben«*

Die protestantische Theologie hat von Anfang an ihren Standort jenseits der philosophischen Frage nach dem »guten Leben« bezogen und sich mit der Liquidierung des scholastischen Tugendbegriffs ganz dem biblischen Befund – *sola scriptura* – verschrieben; der Suche nach der Quelle, die nicht mehr kontaminiert sein sollte durch vorchristliche Verunreinigungen. Philosophisch-theologische Konzessionen an eine *conditio humana* – wie in der Papstkirche durch Thomas von Aquin – sollten dabei nicht gemacht werden.

Alle Zu- und Rückgriffe auf aristotelische, nominalistische, humanistische Denkformen dienten in der Folge allein dem Ziel, in den intellektuell-dogmatischen Auseinandersetzungen mit dem konfessionellen Gegner nicht ins Hintertreffen zu geraten: Melanchthons Expertisen waren ja der Form nach durch und durch scholastische und Calvins systematische Bemühungen atmeten den Geist der Stoa und Patristik. Auf Luthers Prägung durch die nominalistische Variante der Scholastik ist ebenso hinzuweisen. Obwohl der Reformator alles daran setzte, den zeitgenössischen Ockhamismus in Rückbesinnung auf Augustinus – mitunter sogar mit Verweis auf Platon[125] – zu überwinden, konnte er noch in späten Jahren zugeben: »Ockham, mein lieber Meister, war der größte Dialektiker.«[126]

125 Vgl. Kurt Flasch: *Das philosophische Denken im Mittelalter. Von Augustin zu Machiavelli*, Stuttgart 2013, S. 684.

126 Martin Luther: *Tischreden*, in: WA, 516, 2544a.

Daß aus der antiken Welt mehr als intellektuelle Kategorien, sondern Werte, Inhalte, ein menschheitliches Wissen zur Integration und Bereicherung des frühneuzeitlichen Christenmenschen bereitstanden; diese mögliche (auch humanistische) Einsicht kollidierte mit der inhaltlichen Engführung der theologischen Reformationsagenda: Erlösung pur. Heilsgewißheit. Rechtfertigung allein durch Glauben, ohne Zuhilfenahme einer wie auch immer gearteten Tradition. Die strikte Funktionalisierung des intellektuellen, erkenntnistheoretischen Arsenals, die Abweisung aller möglichen, dort inhärenten normativen Impulse sollte das Wort der Schrift umso heller erstrahlen lassen, die nun jeder – als sein eigener Papst – auszulegen aufgerufen war. Kollidierte der biblische Befund mit Klüngeleien des Verstandes, so griff Luthers Ressentiment und seine Verwerfung der teuflischen Vernunft: »Die Vernunft ist die höchste Hur, die der Teufel hat.«[127] »Wer (…) ein Christ sein will, der (…) steche seiner Vernunft die Augen aus.«[128]

In Luthers Kampfschrift *An den christlichen Adel deutscher Nation. Von des christlichen Standes Besserung* wird ein detailliertes Programm zu einer antiphilosophischen Reformation auch der Universitäten entwickelt: Sie seien zu papstgesteuerten *gymnasia graecae gloriae* verkommen, wo der »blinde heidnische Meister Aristoteles regiert«[129]. Dessen Werke *Über die Seele (de Anima), Physik, Metaphysik* und *Ethik* müßten vollständig beseitigt werden. »Nur die *Logik,* die *Rhetorik* und die *Poetik*

127 Luther, TR, in: WA, 51, 126

128 Luther, GA, 5, 452.

129 Bei Voegelin, *Luther,* 2011, S. 27f.

sollten, in pädagogisch verkürzter Form, den Studenten zugänglich bleiben.«[130] Auch müßten generell Zugangsbeschränkungen zu den Universitäten erlassen werden. Das Übel, daß jeder auf die Universität geschickt würde »und ein jeder will einen Doktor haben« gehöre abgeschafft: »Ich habe große Sorge, die hohen Schulen seien große Pforten der Hölle, so sie nicht emsiglich die heilige Schrift üben...«[131].

Eine nicht funktional im Dienste der Bibelauslegung stehende Vernunft war für Luther in hohem Maße verdächtig, die gute Absicht der Vernunft war nachweispflichtig; auf eine Weise, die den katholischen Zugriff auf Aristoteles geradezu weitherzig erschienen ließ: Die Philosophie – im Westen traditionell als *ancilla theologiae,* als Magd der Theologie in einer dienenden Rolle – wurde vom Reformator der Versklavung anempfohlen.

Daß mit diesem lutherischen Ansatz der verschärften Entrechtung und Funktionalisierung der Philosophie der Keim zu ihrem späteren Aufstieg im Humanismus des 17. Jahrhunderts und im Deutschen Idealismus gelegt war, ist eine ironische philosophiegeschichtliche Pointe. Es war schließlich Kant, der die Ernte einfahren durfte und die Instrumentalisierung der Vernunft, die mit der Reformation ihren Anfang nahm, in eine reine Prozessualisierung überführte und sie damit zu ihrem definitiven methodisch-normativen Schlußpunkt gebracht hat; nachdem »die Schrift allein« und der darauf gegründete christliche Glaube bereits in weiten Kreisen ausgespielt hatten.

130 Flasch, *Denken,* 2013, S. 684

131 Bei Voegelin, *Luther,* 2011, S. 28.

Die praktische Vernunft will seit Kant nicht mehr Diener verobjektivierter *Inhalte* sein, sondern stellt durch eine verobjektivierende *Methode*, die des kategorischen Imperativs, lediglich den sozialtechnischen Modus für sittliche Übereinkünfte bereit. Tendenz: veränderlich. Moral nach Kant bedeutet, »daß Moral nur mit Hilfe der Form ihrer Regeln bestimmt werden kann, und nicht von einem Ziel her, dem diese Regeln dienen mögen. Daher unternimmt er (Kant, Anm. Verf.) den Versuch, den Inhalt moralischer Regeln ihrer Form zu entnehmen.«[132]

Luthers biblizistischer Furor gegen die Vernunft mag soteriologisch und nicht erkenntnistheoretisch begründet gewesen und durch die Bemühungen Melanchthons und seiner Nachfolger um eine protestantische Scholastik auch abgemildert worden sein; die Attitüde des antiphilosophischen, antiintellektuellen Reformators wurde nichtsdestotrotz ebenso traditionsbildend wie die spezifisch protestantische philologische Gelehrsamkeit – und sie ist bis heute in allen Frei-, Pfingst- und evangelikalen Kirchen nachweisbar.

Eric Voegelin entläßt Luther nicht aus der Verantwortung, wenn er schreibt:

> »In der Antiphilosophie Luthers spüren wir das Element zivilisatorischer Zerstörung (...). Es ist dies der erste bedeutende Fall eines politischen Denkers, der eine neue Gesellschaftsordnung durch die partielle Zerstörung der bestehenden zivilisatorischen Ordnung schaffen wollte, und dann entsetzt war, daß radikalere

132 Alasdair MacIntyre: *Geschichte der Ethik im Überblick. Vom Zeitalter Homers bis zum 20. Jahrhunderts,* Weinheim 1995, S. 244.

Männer das Werk der Zerstörung weit über die Grenzen hinaustrugen, die er sich selbst gesetzt hatte.«[133]

Der Philosophiehistoriker Kurt Flasch kommt in seiner Darstellung Luthers vor dem Hintergrund mittelalterlichen Denkens zu der Erkenntnis, daß der Reformator keinesfalls zur geistigen Avantgarde des frühneuzeitlichen intellektuellen, theologischen oder politischen Personals zu zählen ist; »Luther verlöre sofort, wenn man ihn mit mittelalterlichen Autoren auch nur mittleren Ranges vergliche.«[134] Was aber an der Fähigkeit zur massiven Durchsetzung und auch Paradigmatisierung seiner sehr persönlichen spirituellen Agenda nichts änderte. Der Kulturwissenschaftler Egon Friedell sah einen »heiligen Grobian« am Werk.

### *Marginalie 8: Der mit dem Augustinus tanzt…*

Die protestantische Theologie der Gegenwart steht vor dem Problem, daß fast alle historischen und systematischen Vorannahmen für Luthers Rechtfertigungstheologie beschädigt, stark entwertet oder sogar weggefallen sind. Für den evangelischen Theologen Hans-Martin Barth ist es daher »eher erstaunlich, daß nach so langer Zeit immer noch die wesentlichen Aspekte reformatorischer Theologie vertreten werden.«[135]

133 Voegelin, *Luther*, 2011, S. 28.

134 Flasch, *Denken*, 2013, S. 681.

135 Hans-Martin Barth: *Die Theologie Martin Luthers. Eine kritische Würdigung*, Gütersloh 2009, S. 515.

Wenn also heute das Lied von der »Kirche der Freiheit« angestimmt wird, ohne markieren zu können oder zu wollen, wovon und auf welcher Grundlage eigentlich »befreit« worden ist, dann besteht dringender Aufklärungsbedarf. In den Blick käme, daß sich der Augustinermönch, bei allem was ihn umtrieb und was er beabsichtigte, in einem – Jahrhunderte überbrückenden – intimen Zwiegespräch mit seinem Ordensgründer befunden hat. Und daß gerade aus dieser Zwiesprache die Legitimität und Kraft seines reformatorischen Anliegens erwachsen konnte.

»Die Reformation war nicht die geschichtlich notwendige Lösung einer konkreten Krise«[136], resümiert der evangelische Theologe Jörg Lauster den Forschungsstand. Sein Kollege Volker Leppin formuliert ähnlich: »Nichts führte zwangsläufig auf die Reformation zu. (...) Wer um 1500 in Deutschland lebte, bewegte sich in einer Welt, die nicht von einlinigen Entwicklungen geprägt war, sondern von einer Vielfalt von Möglichkeiten.«[137] Schon Jacob Burckhardt wußte: »Der Katholizismus war im Lebenlassen äußerst tolerant gewesen und hatte die Gesinnung der Leute auf sich beruhen lassen; das große Ganze konnte viel aushalten.«[138]

Daß Luther die mittelalterliche Welt aus ihrem Dornröschenschlaf erweckt oder von geistlicher und materieller Despotie befreit hätte, ist eine fromme Legende. Luther hatte keinesfalls eine abbruchreife mittelalterliche

136 Jörg Lauster: *Die Verzauberung der Welt. Eine Kulturgeschichte des Christentums,* München 2014, S. 297.

137 Volker Leppin: *Die Reformation,* Darmstadt 2013, S. 1.

138 Burckhardt, *Bilder,* 1997, S. 501.

Westkirche unter Beschuß genommen: »Nein, die alte Kirche war ungemein stark. Nur die Sprengkraft einer Idee konnte eine derartige Macht erschüttern, und im Fall der Reformation war diese Idee eine Neuformulierung der augustinischen Gnadenlehre.«[139]

Der autoritative Stellenwert aller theologischen Vorgaben des Augustinus für die Westkirche ist also gar nicht zu überschätzen. Und wer, wie Luther, äußerst kenntnisreich auf dieses geistige Depot zugreifen und Augustinus gewissermaßen zum Sprechen bringen konnte, der war ernst zu nehmen und konnte nicht einfach ignoriert werden. Aber »wieso konnte eine neue Darstellung des augustinischen Denkens gerade in diesem historischen Moment eine so ungeheure Wirkung entfalten? Es ist ja keineswegs so, daß Augustinus jemals in Vergessenheit geraten war. Seine Sicht auf Erlösung und Prädestination hatte häufig im Zentrum der christlichen Lehre gestanden.«[140]

Aber eben nicht allein: Theologisch mindestens ebenso wichtig war die Lehre des Augustinus von den Sakramenten und der Kirche. Und eben dort zeigten sich ja die Probleme mit der Disziplin, der »Moral« und den Mißbräuchen, die Luther nicht zu Unrecht ins Visier nahm. Die real existierenden Störungen in Bezug auf die augustinischen Vorgaben zur Kirche zu attackieren, indem die augustinischen Vorgaben zur Erlösung neu in den Blick genommen wurden, das war das theologische Erfolgsrezept Luthers. Das machte ihn zur frühneuzeitli-

139 MacCulloch, *Reformation*, 2008, S. 160.

140 Ebd.

chen Wiedergeburt des Bischofs von Hippo oder zutreffender: zu seiner Nemesis.

Luthers Hinweis, daß er sein »befreiendes« Rechtfertigungsverständnis bereits in der Augustinus-Streitschrift gegen die Pelegianer *De spiritu et littera* vorgefunden hat, ist verbürgt und erweist das zentrale Reformationsdogma (einer schenkenden bzw. geschenkten Gerechtigkeit) als die Neuformulierung und Aktualisierung der augustinischen Gnadenlehre.[141] »Die Befreiung lag in der Erkenntnis, daß Gott seinen richtenden Zorn bei jenen Menschen ablege, die er zu den Auserwählten erkoren habe. Sie erhielten das Geschenk des Glaubens ohne irgendeinen Bezug zu ihrem sündigen Tun. Es stehe ganz im Belieben Gottes, dieses Geschenk zu gewähren – also jemand als gerechtfertigt zu erklären: Das sei göttliche Gnade.«[142]

Demnach: mit Augustinus gegen Augustinus. Charles Taylor erinnert daran, daß die »am Reformationsgeschehen beteiligten Parteien – aber ganz besonders die Protestanten – einen hyperaugustinischen Standpunkt vertraten, demzufolge nur eine kleine Minderheit erlöst werden würde.«[143] Die Reformation war »im Kern betrachtet der endgültige Sieg der augustinischen Gnadenlehre über die augustinische Kirchenlehre«.[144] Geht man diesem Diktum des Theologiehistorikers Benjamin Breckinridge Warfield weiter nach, ist ein Pyrrhussieg auszumachen: Es ist keine gewagte These zu behaupten, daß Luthers Kampf gegen eine verzerrte zeitgenössische

141 Vgl. Hacker, *Ich*, 2009, S. 301 f.

142 MacCulloch, *Reformation*, 2008, S. 172.

143 Taylor, *Zeitalter*, 2012, S. 184.

144 Bei MacCulloch, *Reformation*, 2008, S. 161.

Realität der augustinischen Lehre von der Kirche und ihren Sakramenten nur mit und um den Preis einer ebenso verzerrten Lesart der augustinischen Gnadenlehre erfolgreich geführt werden konnte.

Daß der Entzerrung beider Pole durch das Konzil von Trient, dem in Gestalt des Dekretes zur Rechtfertigung »eine meisterhafte Modernisierung scholastischer Gnadenlehren«[145] und die ebenso kritische wie nachhaltige Reformatierung und Reintegration des gesamten augustinischen Erbes in die römisch-katholische Kirche gelang, keine entsprechende Bewegung und Entwicklung auf Seiten der evangelischen Kirchen und Gemeinschaften gegenüberstand, daß auf Trient nie eine – die eigene augustinische Position entzerrende – Antwort gefunden wurde, und, nimmt man die heutige Situation, auch keine Antwort auf das Zweite Vatikanum, darüber aufzuklären wäre es an der Zeit.

Natürlich war und ist es für eine stark institutionalisierte Katholische Kirche leichter, eine soteriologische Optik nachzujustieren und disziplinarisch-moralisch nachzurüsten, als vom atomisierten und moralisch aufgeladenen »alleine selber glauben Wollen« den Rückweg in die Sakramentalität, die Einheit und Tradition aller jemals Christusgläubigen zu wagen. Die Ekklesiologie – die Lehre von der Kirche – ist der blinde Fleck im reformatorischen Horizont. Er wird so schnell nicht ins evangelische Bewußtsein treten.

Erasmus von Rotterdam hat sich bei all seiner Kritik, die im Einzelfall auch viel scharfsinniger war als die Lu-

145 Lauster, *Verzauberung*, 2014, S. 326.

thers, in letzter Konsequenz nicht vom Diktum des Augustinus losgesagt: »Ich würde nicht einmal dem Evangelium trauen, wenn mich die Autorität der Kirche nicht dazu bewegen würde.«[146] Der Weg zu dieser anderen Seite des Augustinus ist mittlerweile sehr weit geworden. Denn die Verneinung des ganzen Augustinus ist ebenso verdrängt wie fixiert und damit auf Dauer gestellt.

Werfen wir einen Blick auf die von Luther entfachte »augustinische Revolution«[147], seinen »hyperaugustinischen Ansatz«[148]; denn die beiden zentralen Punkte von Augustinus' Gnadenlehre tauchen in erneuerter, zumeist radikalisierter Form wieder auf. Erstens die negative Anthropologie: Der ohnehin schon stark pessimistische Befund des Bischofs von Hippo über die Verfaßtheit des Menschen nach dem Sündenfall – mit der Erbsünde als einer ebenso genetischen wie juridischen Größe – wurde durch die reformatorische Lehre vom vollständigen Verlust der Gottesebenbildlichkeit noch einmal verdüstert. Luthers gesteigerte Heilsangst forderte nun Wege zur absoluten Heilsgewißheit.

Zweitens die Prädestination und der unfreie Wille: Die Lehre von der doppelten Prädestination und der Unfähigkeit des menschlichen Willens zum Guten waren Forcierungen des späten Augustinus gewesen, die die lateinische Kirche, bei aller Liebe zu ihrem Kirchenvater, nicht in ihre Tradition aufzunehmen bereit war und

146 Augustinus: »Contra epistolam Manichaei quam vocant fundamenti«, V, 6: PL 42; in: Benedikt XVI.: *Nachsynodales Apostolisches Schreiben Verbum Domine*, Vatikanstadt 2010, S. 176.

147 MacCulloch, *Reformation*, 2008, S. 165.

148 Taylor, *Zeitalter*, 2012, S. 184.

nur aus Respekt vor Augustinus nicht offiziell verdammt hatte. Bei Luther und vor allem bei Calvin fielen sie auf fruchtbaren Boden: Unser Heil oder Unheil ist vorherbestimmt. Der freie Wille des Menschen: es gibt ihn nicht. Die Reformatoren reaktivierten damit Positionen, »an deren Abschwächung ein Jahrtausend gearbeitet hatte.«[149]

Was die Unfreiheit des menschlichen Willens angeht, lehrte Luther: »Ich bekenne fürwahr in Bezug auf mich: Wenn es irgendwie geschehen könnte, möchte ich nicht, daß mir ein freier Wille gegeben werde, oder daß etwas in meiner Hand gelassen würde, womit ich nach dem Heil streben könnte.«[150] Der Wille des Menschen sei wie ein Pferd: »Wenn Gott drauf sitzt, will und geht er, wohin Gott will. Wenn Satan drauf sitzt, will und geht er, wohin Satan will. Und es steht nicht in der Fähigkeit des menschlichen Willens, zu einem der beiden Reiter zu laufen (...) sondern die (beiden) Reiter streiten darum, wer sich in Bezug auf ihn durchsetzt und ihn in Besitz nimmt.«[151]

Die Frage, ob man wohl »vom Teufel geritten« sei, ist fortan im deutschen Sprach- und Denkraum etabliert und sie wird die Gretchenfrage der reformatorischen Variante der Inquisition sein: Das selbstgewiß Unduldsame, nach »kurzem Prozeß« Rufende, Anti-Institutionelle im protestantischen Verfolgungsfuror – auch im innerreformatorischen – hat in der behaupteten Vergeblichkeit wahrer Buße und der Unfähigkeit des menschlichen

149 Flasch, *Denken*, 2013, S. 686

150 Luther, WA, 18, 783.

151 Luther, WA, 18, 635.

Willens zur Umkehr ihren Glutkern. Die Nähe zum Progrom ist ihm eingeschrieben, ebenso die Ferne zu objektivierenden Verfahren. Egon Friedell nimmt deshalb, im Blick auf die Unmenschlichkeiten im *konfessionellen Zeitalter*, folgende Differenzierung vor: Daß die Protestanten »die Vorkämpfer der Freiheit, die Katholiken die Diener der Finsternis gewesen seien, beruht auf einer liberalen Geschichtsfälschung. Ja der Protestantismus konnte sogar mit viel besserem Gewissen Verirrte vernichten, denn er glaubte an die Prädestination«.[152]

In Luthers Rede von der »Reiterei« ist der Mensch ein Schlachtfeld oder Turnierplatz, auf dem überirdische Mächte um ihn ringen und versuchen, sich seiner zu bemächtigen. Das hochproblematische, jegliche Selbstwirksamkeit negierende Menschenbild Luthers konvergiert dabei mit einem mindestens ebenso fragwürdigen, nachgerade unchristlichen Gottesbild; denn dem Teufel kommt hier die Rolle eines ebenbürtigen Gegenspielers Gottes zu, eines »bösen Gegengottes«[153]. Luthers Versuche, diesen metaphysischen Dualismus mit seinem Verständnis von der Alleinwirksamkeit Gottes zu entschärfen, beheben das Problem nicht; im Gegenteil: Gott, genauer: die Person des Gott-Vaters, ist für ihn auch der Ursprung des Teufels. »Wenn Gott also alles bewegt und bewirkt, bewegt und wirkt er auch notwendigerweise im Satan.«[154]

152 Egon Friedell: *Kulturgeschichte der Neuzeit. Die Krisis der Europäischen Seele von der Schwarzen Pest bis zum Ersten Weltkrieg*, Zürich 2011, S. 366.

153 Vgl. Wolfgang Behnk: *Contra Liberum Arbitrium Pro Gratia Dei. Willenslehre und Christuszeugnis bei Luther und ihre Interpretation durch die neuere Lutherforschung. Eine systematisch-theologigeschichtliche Untersuchung*, Frankfurt am Main 1982, S. 340.

154 Luther, WA, 18, 709.

Ein sadistischer Gott – kaum der des Augustinus – steht uns vor Augen, wenn Luther behauptet: »Er schlingt einen hinein und hat eine solche Lust daran, daß er aus seinem Eifer und Zorn dazu getrieben wird, die Bösen zu verzehren. Fängt das einmal an, dann hört er nicht mehr auf.«[155] »Und wirst Du sündigen, so wird er dich auffressen.«[156] »Denn Gott ist ein Feuer, das verzehret, frisset und eifert.«[157]

Wem hier nicht der christliche Gott in den Sinn kommt sondern eher Goyas »Saturn«, der seine Kinder frißt, der fragt sich durchaus: Ist man von diesem Gott nur geritten oder nicht, zutreffender formuliert, besessen?

Von all diesen Augustinus überdehnenden, systematisch-theologisch konstitutiven Elementen würde man sich natürlich heute gerne weitgehend verabschieden. Bis auf die Prädestination, die in den Vereinigten Staaten bis in die Gegenwart hinein quicklebendig ist. Aber wie will man eigentlich ohne juridische Vorannahmen zu einem westlichen Verständnis von Rechtfertigung kommen? Dafür müßte man schon wie orthodoxe Christen denken und empfinden, die die entsprechenden Paulus-Passagen niemals juridisch rezipiert haben; auch weil die östliche Theologie kein diesbezügliches Verständnis von einer »Erbsünde« entwickelt hat, sie niemals *mit dem Augustinus tanzte.* Fehlt aber der juridische Charakter im Rechtfertigungsgeschehen, ist der Ansatz Luthers, sich mit diesem Verständnis der Rettung aus der Heilsangst zu vergewissern, nicht mehr nachvollziehbar.

155 Luther, WA 28, 559.

156 Luther, WA 28, 578.

157 Luther, WA 28, 584.

Die westliche Konzentration auf den Begriff »Rechtfertigung« zeitigt, auch im Blick auf den Schriftbefund, deutlich mehr Frage- als Ausrufezeichen. Denn »theologisch gesehen ist ›Rechtfertigung‹ ein Kunstbegriff; dies gilt sowohl für den im profanen Griechisch seltenen und auch im Neuen Testament nur zweimal auftauchenden Begriff ›dikaiosis‹ als auch für dessen lateinisches Äquivalent ›iustificatio‹.«[158] Für die Übersetzung der *Confessio Augustana* ins Neugriechische hatten die Reformatoren sogar einen eigenen Begriff für Rechtfertigung geschaffen. Ein Vorgehen, das in Konstantinopel nicht eben Vertrauen stiftete, weder in die Reformationsagenda noch in ihre Protagonisten.

In seinem Buch *Das Evangelium von der Rechtfertigung des Gottlosen als Zentrum des christlichen Glaubens* gelingt Eberhard Jüngel – ganz im Geiste Luthers – das Kunststück, von diesem Wenigen bei Paulus *alles* abhängig zu machen und nichts gelten zu lassen, was hier relativierend oder historisierend den »dialektischen Rechtfertigungsbetrieb« (Peterson) stören könnte. Die aufklärerischen Versuche Karl Barths, in der Rechtfertigungslehre eine »erst mit Augustinus einsetzende spezifische Angelegenheit der abendländischen Christenheit (mit ihrem besonderen Interesse am Phänomen des Rechts – sowohl in der römischen als auch der germanischen Lebenswelt)«[159] zu erkennen, referiert Jüngel lediglich notgedrungen, um Barth dann seiner Skrupel zu überführen, die der Schweizer eben nicht vollständig ablegen

158 Barth, *Theologie*, 2009, S. 254.

159 Bei Eberhard Jüngel: *Das Evangelium von der Rechtfertigung des Gottlosen als Zentrum des christlichen Glaubens*, Tübingen 1998, S. 18.

konnte. Ganz im Gegensatz zu Barths Freund Erik Peterson, der die Rechtfertigungslehre fachmännisch zu entsorgen bereit war.

Anstatt die Sicht der östlichen Christenheit »mit ihrem sehr viel mehr am Gegensatz von Vergänglichkeit und Unvergänglichkeit bzw. Leben und Tod als am Gegensatz von Schuld und Gnade orientierten Interesse«[160] in ihrer Systematik kontrastiv zu entfalten, und anstatt die vorreformatorische katholische Gnadentheologie – wo Rechtfertigung als *ein* anthropologischer Aspekt unter mehreren ein dogmatisches Schattendasein führte – auch als eine jahrhundertelange legitime Absetzbewegung von Augustinus zu würdigen, weidet sich Jüngel lieber an den Inkonsistenzen des Schweizers.

Wenn Karl Barth dennoch sehr hellsichtig feststellte, Rechtfertigung sei »zur geradezu brennenden Frage (...) im Westen erst durch die *Reformation*, und genauer gesagt: in dem bohrenden deutschen Geist eben *Luthers* geworden«[161], wird dieser Befund von Eberhard Jüngel gegen »*deutsche* Bestreiter des besonderen Wertes der Rechtfertigungslehre«[162] – allen voran: Fichte – in Stellung gebracht. Jüngel verkennt, daß Barths Wort vom »bohrenden deutschen Geist« die fatale Neigung zum Tunnelblick freilegt, der erst in der Verabsolutierung einer reinen Systematik zu sich kommt und dem Jüngel selbst unterliegt. Rechtfertigung kann sehr wohl – wie bei Luther – ein treudeutsches anthropologisches Narkotikum sein; in Luthers *Warnung an seine lieben Deut-*

160 Ebd.

161 Ebd., Kursives im Original.

162 Ebd. S. 26, Kursives im Original.

*schen* wird es dem nationalen Kollektiv ausdrücklich ans Herz gelegt[163]; ebenso kann sie – wie bei Fichte – als ein Produkt spezifisch jüdischen Geistes (antisemitisch) gelesen werden. *Anything goes*: Rechtfertigung ist kontingent und nur im Reformationskosmos konstitutiv. Der christliche Osten beweist es.

Daß hier möglicherweise auch ein sehr persönliches Anliegen Luthers nach Rechtfertigung verlangte, ist ohnehin tabu. Den historisierenden Einwänden Karl Barths begegnet Jüngel nicht gerade mit dem Florett, wenn er rhetorisch fragt: »Kann die Rechtfertigungslehre im Ernst unter die ›jeweils herrschenden Anliegen‹ gezählt werden? Wer das täte, der hätte von der ›ganz besonderen Funktion‹, die diesem (Rechtfertigungs-)Artikel doch auch nach Barth zukommen soll, schlechterdings gar nichts verstanden.«[164]

Eine ganz besondere Funktion hat die Rechtfertigungslehre auch schlechterdings für Jüngel selbst; im Ernst ist sie sein herrschendes Anliegen, ihr gilt sein hermeneutisches Interesse, denn in ihrem Horizont krümmt sich der Denkraum ins Dialektische. Dialektisch ist es, wenn Jesus nur bei Paulus ganz er selbst ist; wiederum Luther Paulus weit besser versteht, als dieser sich selbst, wenn er schreibt: »Die Summe dieses Briefes (des Römerbriefes, Anm. Verf.) ist: zu zerstören, auszurotten und zu vernichten alle Weisheit und Gerechtigkeit des Fleisches (...) und einzupflanzen, aufzurichten und großzumachen die Sünde.«[165] – Was immer die Kosten

163 Vgl. Luther WA, 30, 3, 276-230

164 Ebd., S. 20, Kursives im Original.

165 Luther, WA, 56, 157.

dieser gigantomanischen Herrschaft der Sünde *ad maiorem Dei gloriam* sein mögen. Und dialektisch verfährt auch Jüngel, wenn er verfügt, »*wogegen* sich das forensische Verständnis der Rechtfertigung richtet und *wie es nicht* verstanden werden darf – auch dann nicht, wenn Melanchthon es so verstanden haben sollte.«[166] Für Jüngel »muß (...) die Dialektik der christlichen Existenz ohne Abstriche herausgestellt werden.«[167] Notfalls auch gegen die Reformatoren.

Eberhard Jüngel ist ein ins »Rechtfertigungsgeschehen« Eingeweihter, der bei jeder anthropologischen oder theologischen Fragestellung den Generalschlüssel *Rechtfertigung* hervorholt, um ihn wie einen Dietrich zu benutzen. Und wenn sich Begriffe sträuben, wie *Gotteskindschaft, Nachfolge, imitatio Christi,* das *fiat* Mariens, ihr *Brautverhältnis,* werden sie so lange bearbeitet, bis von der (reziproken) Verhältnisfähigkeit, die sie aussagen, nichts mehr übrig ist und sie im Licht einer Rechtfertigung betrachtet werden können, die, weil sie alles erleuchten soll, gar nichts mehr erhellen kann.

Die »Abstriche«, die ein ostkirchlicher Blick an dieser »westlichen Angelegenheit« machen würde, könnten durchaus bereichernd sein, nachdem der Status einer vorreformatorischen relativen Unschuld – das Fehlen einer ausgefeilten mittelalterlichen Rechtfertigungstheologie – wohl nicht wiederzugewinnen ist. Zielführender als die innerwestliche ökumenische Arbeit am Mythos Rechtfertigung, als »gemeinsame Erklärungen«

166 Jüngel, *Evangelium,* 1998, S. 175, Kursives im Original.

167 Ebd., S. 187.

und Konvergenzübungen wäre daher eine Renaissance oder Neuentdeckung der spirituell avancierten, ebenso erfahrungsbezogenen wie apophatischen Theologie des Ostens:

Für die Ostkirche war die biblische Rede von der »Gerechtigkeit Gottes« immer nur eine von mehreren Möglichkeiten, das erlösende Handeln Gottes zu betrachten. Und so wenig man dort den Sündenfall als einen Rechtsbruch mit satisfaktorischen Konsequenzen begriff, vielmehr ein Irregehen des Menschen, eine Art Krankheit diagnostizierte – »die Verdunkelung und Entstellung der Gottesebenbildlichkeit«[168] – so wenig diente auch die Menschwerdung des Logos der stellvertretenden Begleichung einer unendlichen Schuld; sie markierte vielmehr einen primär therapeutischen Eingriff Gottes, »für uns Menschen und zu unserem Heil« (Großes Credo), der eine immer auch physisch verstandene Umwandlung der Natur des Menschen und der ganzen Schöpfung in Gang setzt. Das Wort des Irenäus von Lyon »Gott ist Mensch geworden, damit der Mensch vergöttlicht werde.« ist nicht im Westen, sondern im Osten kanonisch geworden.

Die orthodoxe *Theosis,* die Lehre von der Vergöttlichung des Menschen, zielt auf die Mitarbeit des Menschen an seiner Erlösung, darauf, daß er sich von den »ungeschaffenen Energien Gottes« (Gregorios Palamas) vollkommen erfassen läßt und mit diesen Energien – nicht mit dem Wesen Gottes – eins wird.

Die Kanonisierung dieser von Palamas vertretenen Distinktion zwischen Wesen und Energie Gottes, die oft

168 Kallis, *Fragen,* 2003, S. 84.

auch mit der theologischen Legitimierung mystischer Erfahrungen, der *hesychastischen Gottesschau,* verbunden ist, wird nicht nur als letzte große dogmatische Entscheidung innerhalb des byzantinischen Christentums aufgefaßt, sondern steht in ihrer Bedeutung für die orthodoxe Theologie der Gegenwart »ebenbürtig neben dem trinitarischen Dogma« oder gilt als dessen »konsequente Auslegung und Ausführung«[169]. Palamas ist damit »für die orthodoxe Tradition nicht nur der *Schlußstein* des dogmatischen Lehrgebäudes, sondern auch der *Prüfstein* der Rechtgläubigkeit in Auseinandersetzung mit der abendländischen Theologie, ja sogar die *conditio sine qua non* aller Theologie überhaupt.«[170]

Es ist ein Spezifikum der ostkirchlichen Tradition, die göttliche Gnade und die menschliche Freiheit nicht voneinander zu trennen, sondern, analog zum *fiat* Mariens, die in der Ostkirche als Gottesgebärerin verehrt wird, als ein in durchaus physischen Kategorien verstandenes mystisches Geschehen zu begreifen: als *Syn-en-ergeia*; ein Zusammenwirken, das auch ein konkretes Zusammen-Werken meint. (Im griechischen »en-ergeia« steckt auch »ergon«, das Werk.) Ähnlich beim Begriff *Metanoia,* der nicht nur den Beginn einer geistigen Wende markiert, sondern eine »Umsinnung« meint, die das Leben des Menschen mit allen Sinnen neu gestaltet. »Sie ist ein ständiger Exodus aus uns selbst, eine Kraft, die die Umwandlung unserer Natur bewirkt. (...) Dieser Begriff der Reue entspricht der apophatischen Einstellung Gott

169 Reinhard Flogaus: *Theosis bei Palamas und Luther. Ein Beitrag zum ökumenischen Gespräch,* Göttingen 1997, S. 51.

170 Ebd., S. 53, Kursives im Original.

gegenüber; je mehr man sich mit Gott vereinigt, umso besser erkennt man seine Unerkennbarkeit: Je vollkommener man wird, umso besser erkennt man seine Unvollkommenheit.«[171] Kallistos Ware bekräftigt: »(…) daß zwischen Gott und Mensch Einung geschehen kann, aber keine Verschmelzung. Wir bestätigen auf das wörtlichste und nachdrücklichste, daß ›Gottes Leben unser Leben‹ ist, verwerfen aber zugleich allen Pantheismus. Wir bestätigen Gottes Nähe und verkünden zugleich seine Andersheit.«[172]

Für den früheren evangelischen Theologen Karl Christian Felmy, der nach seiner Konversion von der evangelischen zur orthodoxen Kirche eine Art Botschafter der Orthodoxie im Westen geworden ist, gehört der Wunsch nach apophatischer Gotteserkenntnis als Teilhabe am göttlichen Logos zur konfessionellen DNA der orthodoxen Tradition[173]. Einer Gotteserkenntnis, die nicht aus der philosophischen oder juridischen Spekulation, sondern aus der Meditation der Heilsgeschichte und der Gebetserfahrung erwächst, auch aus dem liturgisch anamnetischen und epikletischen (dem erinnernden und den Geist herabrufenden) Gebet der Kirche.

Zwar kennt auch der katholische Westen mit Dionysios Areopagita über Meister Eckhart, Nikolaus von Kues, Johannes vom Kreuz und Teresa von Ávila u. a. die *cognito dei experimentalis,* die Erkenntnis Gottes

171 Lossky, *Theologie,* 1961, S. 260 f.

172 Kallistos Ware: *Der Aufstieg zu Gott. Glaube und Leben nach ostkirchlicher Überlieferung,* Freiburg 1983, S. 171.

173 Vgl. Karl Christian Felmy: *Einführung in die orthodoxe Theologie der Gegenwart,* Berlin 2014, S. 27 ff.

auf dem Weg der Erfahrung, sie bleibt aber dort ein – wenngleich in seiner Tiefe beeindruckendes – theologisches Randphänomen, während der Osten mit Verve behauptet, »daß es keine Theologie außerhalb der Erfahrung gibt, und daß man, will man zu dieser Erfahrung gelangen, ein neuer, gewandelter Mensch werden muß.«[174]

Das ostkirchliche theologische Erinnern des verlorenen Paradieses ist demnach ein schmerzhafter Blick auf die *Archē* des Sündenfalls, nicht auf eine augustinische Erbsünde. Es ist ein Denken »danach«, buchstäbliches Nach-Denken; ein ahnungsvolles Wissenwollen, wie der Mensch eigentlich gemeint ist, und es wagt deshalb den barmherzigen Blick in die Abgründe der individuellen Schuld und der dort geschlagenen Wunden, die sichtbar und offen bleiben; sichtbar und offen bleiben müssen, damit sie mit den erlösenden Wundmalen des Herrn überblendet werden können. Diese Art der Wundbehandlung macht nichts ungeschehen, aber sie verwandelt alles, im »wortlosen Seufzen« des Heiligen Geistes (Römer 8, 25-27), in das orthodoxe Christen gleichsam einstimmen dürfen und dadurch an der Wundheilung, der Erlösung gnadenhalber mitarbeiten können. Genau das meint *Theosis,* der Begriff für die Vergöttlichung des Menschen.

Im ostkirchlichen konfessionellen Kontrastprogramm lebt die Anstiftung zur christlichen Nachfolge primär aus dem wortlosen Blick auf das Verlorene und der unaussprechlichen Schau des Verheißenen; sie lebt aus dem

174 Lossky, *Theologie,* 1961, S. 51.

Schmerz eines »Nicht-mehr« und zeitgleichen »Noch-nicht«; einem angstfreien Schmerz im Bewußtsein, der Luthers Rechtfertigung nicht kennt und auch nicht braucht. Es ist ein erfahrungsbezogenes, therapeutisches Christentum für spirituell Erwachsene, die alt genug sind, sich den Leib des Herrn wie unmündige Kinder mit dem Löffel reichen zu lassen.

### *Marginalie 9: Lost in Translation – Die Schrift als Wille und Vorstellung*

*Sola scriptura*, die Schrift allein. Sie ist nicht vom Himmel gefallen, sondern hat sich historisch-kritisch als ein Produkt der Kirche erwiesen. Mit welchem Recht wurde dieser kanonerschaffenden und damit traditionsbildenden Institution eigentlich das Vorrecht zur dogmatisierenden Auslegung eben dieses Kanons bestritten und es stattdessen zur hierarchiefreien individuellen Aneignung in die Hände aller gelegt? Eine Frage, mit der einer der besten theologischen Köpfe des 20. Jahrhunderts, Erik Peterson, sich selbst und Karl Barth jahrelang quälte, bevor er – ohne darauf eine theologisch zufriedenstellende Antwort erlangt zu haben – zur Katholischen Kirche konvertierte: »Man kann (...) nicht, wie es allgemein geschieht, das Neue Testament als Niederschlag der kirchlichen Tradition betrachten und nachher doch wieder gegen die kirchliche Tradition ausspielen.«[175] »Weder die rechtliche Legitimierung

175 Erik Peterson: »Die Kirche«, in: ders.: *Ausgewählte Schriften, Bd. 1, Theologische Traktate*, Würzburg 1994, S. 255.

(dogmatische Entscheidungen zu treffen, Anm. Verf.) noch die pneumatische Freiheit« dürfen fehlen. »Erst die Verbindung dieser beiden Kennzeichen macht die Kirche zur apostolischen Kirche und somit zur Kirche überhaupt.«[176]

Ferner bezweifelte Peterson, »daß die Reformatoren das Neue Testament richtig ausgelegt haben«[177] und monierte uneingestandene Aporien bei der Kanonisierung und Dogmatisierung Lutherischer Lesarten, die oft genug dem biblischen Befund entgegenstehen. Die Frage der Juden an Jesus »Mit welcher Vollmacht tust du das?« habe in Bezug auf Luther offenbar kein Gewicht mehr, »weil – so laute die allgemeine Doktrin – der Professor aus Wittenberg kraft seiner professoralen Autorität zum Prophet eines neuen Glaubens werden konnte«.[178]

Die Schrift als Wille und Vorstellung? Schon »Luthers Bibelübersetzung ist ›parteiisch‹ – sie entspricht sozusagen perfekt seiner Theologie. Hat er sich für seinen theologischen Ansatz somit die Argumentationsbasis selbst geschaffen?«[179] fragt der evangelische Theologe Hans-Martin Barth und führt weiter aus: »Wären seine Vorreden zum Alten und Neuen Testament (...) sowie seine Randbemerkungen in unseren heutigen Bibelausgaben mit abgedruckt, dürfte sich dieser Verdacht noch verstärken.«[180] Martin Brecht vermutet sogar, daß es nicht zuletzt die Randglossen waren, die Luthers Bibelüber-

176 Ebd., S. 252.

177 Bei Nichtweiß, *Peterson*, 1994, S. 214.

178 Ebd.

179 Bei Barth, *Theologie*, 2009, S. 159.

180 Ebd.

setzung »zum wirksamsten seiner Werke machten«.[181] Für Paul Hacker läßt sich »vielfach aufweisen, daß er (Luther, Anm. Verf.) sehr willkürlich mit Schriftstellen verfuhr, wenn es darum ging, seine eigenen Erfahrungen als Norm zu erweisen.«[182]

Diarmaid MacCulloch verweist auf Luthers »spezielle Begabung, die Bibel nach Belieben für seine Zwecke zu gebrauchen«[183] und sieht hier eine »Liebe zur Schrift«, die nicht vor Vereinnahmung und Verfälschung zurückschreckte: »Wo immer er zum Beispiel auf das griechische oder hebräische Äquivalent für ›Leben‹ stieß, erweiterte er es in der deutschen Übersetzung zu ›ewiges Leben‹. Aus ›Erbarmen‹ wurde ›Gnade‹ und der ›Retter Israels‹ wurde zum ›Erlöser‹.«[184] Das ganze alte Testament geriet unter seiner Feder zu einem christologischen Präludium. Aus fast jedem biblischen Plural machte Luther – im Geist des *pro me* – einen Singular.[185]

»Als Luther eine entscheidende Belegstelle aus Römer 3 übersetzte, ergänzte er ohne mit der Wimper zu zucken ein Wort, nämlich ›allein‹: ›So halten wir nun dafür, daß der Mensch gerecht wird ohne des Gesetzes Werke, allein durch den Glauben‹.«[186] Fridolin Stier übersetzt die Passage wie folgt: »Ins Rechte gebracht wird der Mensch durch Glauben, abseits von Gesetzeswerken.«[187]

181 Martin Brecht: *Martin Luther, Bd. 3: Die Erhaltung der Kirche: 1532–1546,* Stuttgart 2013, S. 104.

182 Hacker, *Ich,* 2009, S. 170.

183 MacCulloch, *Reformation,* 2008, S. 205.

184 Ebd., S. 190.

185 Vgl. Hacker, *Ich,* 2009, S. 81.

186 MacCulloch, *Reformation* 2008, S. 190.

187 Fridolin Stier (Übers.): *Das Neue Testament,* München 1989, S. 332.

Die Einwände Erik Petersons gegen Luthers Lesart nehmen den Römerbriefschreiber selbst, nehmen Paulus gegen den heilsängstlichsten unter seinen Exegeten in Schutz: »Luthers Zusatz des ›allein‹ (…) und der Versuch, diesen Vers zur Grundlage eines ›geschlossenen Systems‹ zu machen, wären nur dann berechtigt gewesen, wenn dieser Satz des Paulus eine *prinzipielle* Aussage darstellte. Tatsächlich sei er aber nur eine gegen die Juden gerichtete *polemische* Aussage.«[188] Paulus geht es hier ganz eindeutig um die Werke im Sinne des jüdischen Gesetzes und ganz konkret um die Beschneidung, nicht um Werke im Sinne der Nächstenliebe oder der guten Taten.

Auch die Lehre Luthers von der bleibenden Sündhaftigkeit des Gerechtfertigten, *simul iustus et peccator*, ist beim Apostel Paulus (Röm 7,14-25) nur über ein exegetisches Mißverständnis zu gewinnen[189], oder eben das Resultat einer Voreingenommenheit, die alle theologischen Themen unter dem Aspekt des Gerechtfertigtseins und der subjektiven Heilsgewißheit verhandelt. Das »Großmachen der Sünde«[190] soll den Menschen klein und Gott groß machen, und solche Entmächtigung des Menschen dient zugleich der eigenen Heilsgewißheit. Für Luther ist es »sicherer, Gott zu viel zu geben als dem Menschen«[191] »Wird Gott aber noch in seiner Gottheit gedacht, wenn er im Horizont der subjektiven Gewißheitsfrage thematisiert

188 Bei Nichtweiß, *Peterson*, 1994, S. 635, Kursives im Original.

189 Vgl. Barth, *Theologie*, 2009, S. 290.

190 Luther, WA, 56, 157.

191 Luther, WA, 40, 1, 131.

wird?«, fragt sich der evangelische Theologe Walter Schöpsdau.[192]

Die zeitgenössische Lesart des *simul iustus et peccator,* die evangelische Christen wohl da abholen will, wo sie gerade stehen, ihnen, wie es der evangelische Theologe Wilhelm Christe formuliert, »geradezu den Schlüssel für ihr eigenes Selbstverständnis darzureichen scheint, insofern sie ihr Christsein als gebrochen, unvollkommen, ja halbherzig erfahren und spüren, wie sehr sie noch in die ›Welt‹ mit ihren lebenszerstörenden Mechanismen und Zwängen verstrickt sind«[193], diese Lesart banalisiert und verharmlost das exegetische Mißverständnis Luthers bzw. das Bestreben des Reformators, seinen anthropologischen Pessimismus aus der Schrift zu destillieren und die eigene Erfahrung für alle Menschen maßstäblich zu machen.

Im Gegensatz zu einem vornehmlich an der Tatsünde orientierten Sündenverständnis, das wiederzuentdecken sowohl der EKD wie anderen reinen Glaubens- und Gesinnungs-Protagonisten (auch Islamisten) zu wünschen wäre, begreift Luther bereits die Neigung zur Sünde, die Konkupiszenz, konträr zum überwiegenden Strom der theologischen Tradition »ganzmenschlich (...), d. h. nicht nur als sinnliches, sondern auch die geistige Personmitte des Menschen umgreifendes böses Streben«[194], das freilich, ebenso wie die böse Tat, die daraus folgt, von

192 Walter Schöpsdau: *Säkularisierung als Folge religiöser Verinnerlichung. Die Säkularisierungstheorie von Charles Taylor,* Internetdokument.

193 Wilhelm Christe: *Gerechte Sünder. Eine Untersuchung zu Martin Luthers »simul iustus et peccator«,* Leipzig 2014, S. 14.

194 Ebd.

Gott »nicht angerechnet wird«, sofern man an sein Gerechtfertigtsein glaubt.

Diese vorgebliche Vertiefung des Sündenbegriffs ist im Kern dystopisch; nicht mehr auf die *imitatio Christi,* auf Nachfolge setzend und sie ist doppelt inflationierend: Denn Luthers Drang, überall die Sünde am Werk zu sehen, entwertet sowohl die Sünde, als auch die göttliche Gnade. Dem Diktum Dietrich Bonhoeffers von der »billigen Gnade als System«[195] ist wenig hinzuzufügen. Für Bonhoeffer ist und bleibt der Christ zur Nachfolge gerufen.

Auch Erik Peterson legt den Finger in dieselbe Wunde: Das *simul iustus et peccator* »entwirkliche die christliche Existenz, da hier weder die Sünde, noch die Realität des erlösten Menschen ernstgenommen werde. Ohne die Forderung der Nachfolge werde der Glaube an die Erlösung zu einer idealen Angelegenheit. Peterson pochte demgegenüber auf die Wirklichkeit einer Kirche, die aus der Welt ausgezogen *ist* und im Widerspruch zu ihr steht, zugleich aber in sich vielfältige Möglichkeiten birgt, daß ihre Glieder als Einzelne konkret in der Wirklichkeit des ›neuen Äons‹ leben.«[196] Peterson warnte vor einem durch das *sola fide* in Gang gesetzten, dialektisch verstandenen »Rechtfertigungsbetrieb (...), der nur ab und zu unterbrochen wird von jenen pietistischen Konvulsionen, die das notwendig Mechanische des Rechtfertigungsvorganges durch begleitende innere Vorgänge zu beleben suchen«.[197]

195 Dietrich Bonhoeffer: *Nachfolge,* München 1937, S. 13.

196 Bei Nichtweiß, *Peterson,* 1994, S. 167, Kursives im Original.

197 Ebd., S. 654.

*Sola fide*, der Glaube allein: Dieser Dreh- und Angelpunkt seiner Theologie findet sich nicht in der Schrift, sondern allein in Luthers Vorstellung; in einer verabsolutierend engeführten Paulusrezeption, die alle biblischen Befunde, die sich nicht ins *sola-fide*-Konzept fügten, ignorierte, denunzierte oder herabstufte. Hebräerbrief und Jakobusbrief wurden an das Ende des Neuen Testaments verschoben. Den Hebräerbrief, mit seinem etwas anderen Zugang zum Glauben, verdächtigte Luther sogar, gefälscht zu sein; der Brief des Jakobus mit den Worten »So seht ihr nun, daß der Mensch durch Werke gerecht wird, nicht durch Glauben allein.« (Jak 2,24) und der Zuspitzung »der Glaube ohne Werke ist tot« (Jak 2,17) wurde zu einem »belanglosen« Brief, einer »strohernen Epistel« degradiert; das Buch Esther wegen vergleichbarer Andeutungen gehaßt.[198]

Betrachtet man Luthers theologische »Behauptungswut«[199] mit der Überdehnung des Glaubens als eine Notwehrmaßnahme zur Extraktion seiner Befreiungstheologie gegen die mißbräuchliche Ablaßpraxis, so ist festzustellen, daß dieser Ansatz seine Legitimität als alleiniger Schlüssel zur Rechtfertigung bereits im Juli 1562 verloren hatte, als jeglicher Handel mit Ablässen verboten worden war.

Bibel- oder auch Credo-Passagen, die dennoch vom Gericht sprechen, wurden einfach ignoriert. Luthers Auslegung des Apostolischen Glaubensbekenntnisses in seinem *Kleinen Katechismus* verzichtete ganz auf Christi

198 Vgl. MacCulloch, *Reformation*, 2008, S. 190.

199 Flasch, *Denken*, 2013, S. 687.

Wiederkommen in Herrlichkeit, »zu richten die Lebenden und die Toten«. Die paulinische Vorstellung eines »Gerichts nach den Werken« (2 Kor 5,10) fiel nachhaltigem und auch ansteckendem Beschweigen anheim. Das Jüngste Gericht: mittlerweile nicht nur für die meisten Protestanten »ein bloßes ›Sprachgeschehen‹«.[200]

Daß Luthers Verdrängung des Gerichts und der Richterrolle Christi eine Entwicklung hin zum konfessionsübergreifenden postmodernen Kuschelgott-Glauben anstieß, sei hier lediglich angemerkt. Den Unterschied zur Reformationszeit macht – der Teufel. Mit ihm war Luther ausweislich vieler Selbstzeugnisse auf Du und Du. Und im Kampf mit diesem Widersacher war alles erlaubt, war selbst jede Sünde willkommen; denn genau das war die neue Lehre: Taten erwirken weder Heil noch Unheil, sofern der Gläubige in der Lage ist, ganz fest an sein Heil und Gerettetsein zu glauben, es zu statuieren. »Die Sünde wird für den, der sich aufs Statuieren versteht, nicht nur belanglos für sein Heil – sie wird als Akt des Statuierens sogar positivwertig«[201]; weshalb Luther freimütig formulierte: »Könnte ich doch etwas ganz Ungeheures an Sünde anstellen, bloß um den Teufel zum besten zu haben, damit er einsehe, daß ich keine Sünde anerkenne und mir keiner Sünde bewußt bin!«[202] (»Etwas ganz Ungeheures anstellen«, ohne eine Sünde anzuerkennen, hört sich tatsächlich ganz modern an; von der Nähe des Teufels ist daher auch beim »IS« auszugehen.)

200 Hacker, *Ich*, 2009, S. 300.

201 Ebd., S. 267.

202 Martin Luther: *Briefe*, in: WA, 5, 518 ff.

Im berühmten Luther-Wort an Hieronymus Weller »Sündige kräftig!« kulminiert also – ebenso wie im *simul iustus et peccator* – kein schmerzhaft empfundenes Wissen um die *conditio humana,* sondern ein ebenso dualistisches wie triumphalisches Bewußtsein des eigenen Gerettetseins, das jede antithetische Steilvorlage des Paulus noch zu übertreffen und zu verschärfen trachtet; auch auf die Gefahr hin, dann weniger aus einer vertrauensvollen Gottesbeziehung zu leben, sondern sich im steten Austausch und Handel mit dem Teufel seine »Rechtfertigung« zu ertrotzen: »(...) diese Versuchung ist dir notwendiger als Essen und Trinken«[203], schärft Luther seinem Briefpartner Weller ein. Aus der Mentalität, »den Teufel zum besten zu haben«, als Vertragspartner im Teufelspakt, ließen sich bald auch literarische Funken schlagen. (Die einschlägigen Werke zweier Protestanten werden uns noch unter *Blumen des Bösen, Granatsplitter des Guten* beschäftigen.)

Luthers *solus Christus,* sein Blick auf »Christus allein« ist ein flackernder Tunnelblick vorbei an der ängstigenden »Majestät« des Vater-Gottes, die Luther – ausweislich seines Galaterkommentars – »fürchtet«, vor der er »flieht« und die ihm »unerträglich« ist. Warum?

In der Gottheit einen lichten und einen dunklen Anteil wahrzunehmen, wie Luther es tut, ist seit der »Satisfaktionstheorie« Anselm von Canterburys eine westkirchliche (gleichwohl nie dogmatisierte) Tradition, ein Sondergut, das aus der Sicht der Orthodoxie zutreffender als Gefahrengut zu deklarieren wäre; wo-

203 Luther, BR, in: WA, 5, 518 ff.; bei Hacker, *Ich*, 2009, S. 266.

bei hier in erster Linie die vulgärtheologische Lesart Anselms zu kritisieren ist. Aber gerade sie ist es, die sich mentalitätsbildend bis heute erhalten hat: Da gibt es einen durch die Sünde des Menschen beleidigten Gott-Vater, der auf Rache sinnt, Genugtuung fordert und einen Gottes-Sohn, der sich *deswegen* ans Kreuz nageln läßt. Ein guter und ein böser Gott. Der hochformalisierten theologischen Konstruktion Anselms, die zum Zweck der Christianisierung der Germanen deren Denkfiguren und deren Verfassungsrecht adaptierte und die auch Verwendung fand im mittelalterlichen interreligiösen Dialog mit Muslimen und Juden, wird damit Unrecht getan; aber sie lieferte eben Bilder, die zu Mißverständnissen einluden und denen sich auch Luther bei seiner Rezeption der Lehre Anselms nicht entziehen konnte.

Luther flieht Gott-Vater und hält sich lieber ausschließlich an Christus und seine Heilstat *pro me.* »Eile zur Krippe.«[204] »Umfasse diese Menschheit, sonst nichts.«[205] Luthers »antispekulative Grundhaltung«[206], so konkretionsgesättigte Formulierungen ihr auch zu verdanken sind, kann ihre Herkunft aus der Heilsangst nie verleugnen; und an diesem wunden Punkt will sich Luther der Spekulation auch gar nicht enthalten. Seine Unterscheidung zwischen *deus absonditus* und *deus relevatus* – zwischen verborgenem und offenbarem Gott – sind theologische Winkelzüge, um die verdammende Unberechenbarkeit des einen, des verborgenen Vater-

204 Luther, WA, 40, 1, 79, 12.

205 Luther, WA, 40, 1, 77, 9.

206 Barth, *Theologie*, 2009, S. 218.

Gottes, gegen den anderen, sich in Christus als Erlöser und Retter offenbarenden Logos auszuspielen.

Luthers Blick auf die Gottheit ist ein spaltender, funktionaler, der sich an Christus klammert, weil er nur in ihm seinen »gnädigen Gott«, seine Heilsgewißheit bekommt, die auch eine ertrotzte ist: »Weil Luther (...) die gnadenhafte Tröstung nicht mehr abwarten, sondern sie in einer verzweifelten Flucht vor Gott, vor dem er zittert, durch einen gewaltsamen Denkakt erzwingen will, darum ist dieser Trost ertrotzt und soll ein Trotz trösten.«[207] Wenn Luther seine *Deutsche Messe* ohne das Große Gloria und die Präfation konzipiert, ist das auch eine liturgisch verankerte Verneinung, Gott um seiner »großen Herrlichkeit« willen zu danken und zu ehren.

Daß Luthers *solus Christus* kaum noch den trinitarischen Gott des Bekenntnisses von Nicäa meint, ist für die meisten protestantischen Theologen von heute ohne Belang. Sie sehen hier ohnehin eine Hellenisierung des Christentums am Werk und nicht die »Christianisierung des Hellenismus«[208]. Vereinzelte kritische Stimmen, die bei Luther eine »theologisch verengte trinitarische Perspektive«[209] konstatieren, äußern sich vorzugsweise nach ihrer Emeritierung.

Der katholische Theologe Yves Congar erkennt in seiner dogmatischen Analyse von Luthers Christologie sogar nestorianische und monophysitische häretische Anteile: »Denn die Person Christi soll ja nach seiner (Luthers, Anm. Verf.) Anweisung zunächst unter Absehung

207 Hacker, *Ich*, 2009, S. 281.

208 Wilken, *Geist*, 2004, S. 15.

209 Barth, *Theologie*, 2009, S. 76.

von der Gottheit allein in ihrer Menschheit betrachtet werden: Das ist nestorianisch. Im nächsten Augenblick aber wird diese Menschheit als Hülle der göttlichen Majestät – allerdings nur der sündenvergebenden Gottheit – angesehen: Das ist monophysitisch.«[210]

Unstrittig dürfte sein, daß sich aus Luthers Christozentik à la longue ein uneingestandener »Christomonismus« entwickelt hat, der – eine These der hier vorliegenden Untersuchung – zu einer Vater- und Ursprungsvergessenheit nicht nur innerhalb des Protestantismus sondern der westlichen Gesellschaften überhaupt geführt hat; camoufliert und ins Recht gesetzt als selbstbezüglich »mündiger Aufstand« gegen Ursprünge, Autoritäten und Väter aller Art. *Auf dem Weg zur vaterlosen Gesellschaft* befindet sich der Westen also schon sehr viel länger, als es das Buch von Alexander Mitscherlich nahelegt.

Daß in Luthers christozentrischer Optik auch die dritte Person der Trinität unterbelichtet bleibt, ist naheliegend: Der Heilige Geist war, nachdem ihn sich die Schwärmer und Wiedertäufer auf die Fahne geschrieben hatten, für den Reformator ohnehin eine verdächtige Größe innerhalb der Dreifaltigkeit; »ein gedritts«, zu dem Luther Zeit seines Lebens nur einen defizitären theologischen Zugang gefunden hat.[211] Hier ist Luther nicht viel vorzuwerfen, gab es im westkirchlichen Verständnis des Heiligen Geistes – spätestens nach der einseitigen Einfügung des »*filioque*« ins Große Credo – ohnehin eine Überbetonung funktionaler Aspekte inner-

210 Bei Hacker, *Ich*, 2009, S. 287.

211 Vgl. Barth, *Theologie*, 2009, S. 218 ff.

halb der innertrinitarischen Relationen und von daher kaum ein eigenständiges, ansprechbares Person-Sein des Heiligen Geistes auf Augenhöhe mit den beiden anderen göttlichen Hypostasen.

Der lateinische Westen konnte sich nie zu einer ausgefeilten Pneumatologie durchringen, einer Lehre vom Heiligen Geist, der, nach Johannes 3,8 »weht, wo er will«. Vielmehr wurde hier das von Augustinus geprägte Bild vom Geist als »Band der Liebe« zwischen dem Vater und dem Sohn kanonisch. Es bleibt auffallend a-personal, undifferenziert und läßt mit seinen funktional einbindenden, adhäsiven Konnotationen wenig Raum für die Freiheit und Unberechenbarkeit des johanneischen Parakleten, für den *Herbeigerufenen,* Beistand, Anwalt und Tröster; die dritte Hypostase, von der es – ohne *filioque* – im griechischen Urtext des Symbols von Nicäa heißt, daß sie »Herr ist und lebendig macht«, »aus dem Vater hervorgeht und mit dem Vater und dem Sohn angebetet und verherrlicht wird« und »durch die Propheten« spricht.

Aus der Sicht der Orthodoxie verliert sich der Westen, in der Folge des *filioque,* in elaborierten systematisch-theologischen Spekulationen zum Verhältnis des innertrinitarischen Lebens zur heilsökonomischen Offenbarung Gottes; eine Gleichung, die möglichst aufgehen soll, in Hegels *Phänomenologie des Geistes* sogar in Philosophie aufgegangen ist, während der christliche Osten hier zum Schweigen rät:

> »Die orthodoxe Theologie hört aber bei diesem *Entsprechungsverhältnis* zwischen ökonomischer und im-

> manenter Trinität nicht auf. Ihr liegt es nämlich am Herzen, immer wieder zu betonen, daß die immanente Trinität durch das heilsökonomische Wirken der drei göttlichen Hypostasen nicht ausgeschöpft werden kann. Auch in ihrer Weltimmanenz bleibt die Trinität welttranszendent, sie bleibt ein *Mysterion*, das niemals bis ans Ende konzeptualisiert werden kann.«[212]

Daß die (ikonische) Taube im Westen im Käfig sitzt, ihr (systematisch) die Flügel gestutzt wurden, ist für einige katholische »Pneumatologen« seit längerem evident und ein Grund zur Selbstkritik: Gisbert Greshake verweist beispielhaft auf Yves Congar:

> »Congar hat in zahlreichen Veröffentlichungen im einzelnen theologiegeschichtlich die These belegt, daß mindestens ab dem 2. Jahrtausend die westlich-römische Ekklesiologie ›christomonistisch‹ und damit nicht nur juridisch-klerikal, sondern auch zentralistisch enggeführt wurde, damit ein erhebliches pneumatologisches Defizit aufweist und so ihren trinitarischen Grund in Frage stellt. Fast völlig außer acht bleibt in dieser Konzeption (...) der Heilige Geist. Es ist gerade die Vernachlässigung der Pneumatologie, die dazu führte, die Ekklesiologie vornehmlich in institutionell-hierarchischer Perspektive zu sehen.«[213]

212 Assaad Elias Kattan: *Das Verhältnis von Heilsökonomie und Immanenztheologie. Zu den erkenntnistheoretischen Grundsätzen der Trinitätslehre,* Freiburg 2011, Internetdokument, S. 263, Kursives im Original.

213 Gisbert Greshake: *Der Dreiene Gott. Eine trinitarische Theologie,* Freiburg 2007, S. 386 f.

Die nicht nur von orthodoxen Theologen konstatierte »Geistvergessenheit des lateinischen Christentums« (Yves Congar) ist durch Luther also nicht neu begründet, sondern nurmehr weiter vertieft worden. Die Versuche einer Neuentdeckung des Heiligen Geistes im Protestantismus nehmen allenfalls »seine innere Wirksamkeit im gläubigen Menschen ins Visier«[214], während gleichzeitig auf das Heftigste bestritten wird, die Institution Kirche als charismatisches Werk des Geistes aufzufassen. Der Heilige Geist darf also keinesfalls »wehen, wo er will«; womöglich (ekklesiologisch) *pro nobis*, sondern allein: *pro me*. Mag *von der babylonischen Gefangenschaft der Kirche* (Luther) manche Verdunkelung der Gottesbeziehung herrühren, die reformatorische Gefangenschaft von Sohn und Geist unter der Knute des selbstbezüglichen *pro me* sollte ebenso nachdenklich stimmen.

Die reformatorische Forderung nach Gewißheit in der Verlorenheit und auch die *sola*-Zuspitzungen lassen systematisch wenig Elastizität erkennen und könnten, wenn man denn systematisch-theologisch zu denken bereit ist, den Protestantismus als sehr viel doktrinärer ausweisen, als man es zugeben will – auch als einer (funktionalen) Rationalität überaus bedürftig; muß doch die Notwendigkeit der *sola*-Zuspitzungen immer wieder neu *vernünftig* ausgewiesen werden.

Der protestantischen Position, daß mit dem *sola-fide*-Prinzip eine als notwendig erachtete Fokussierung, eine Konzentration und Verwesentlichung des Glaubens ein-

214 Ebd., S. 387.

getreten ist, die den Aspekt der Fülle und Vielschichtigkeit gewissermaßen in der Reduktion zugänglich macht, hält Leo Scheffczyk den systematischen Hinweis entgegen, daß die Ausschließlichkeit der *sola*-Thesen immer Gefahr läuft, ihr integratives Potential nur zu behaupten; daß der protestantische Denkansatz »seine Konzentration und seine auf letzte Einheit zielende Kraft (doch nur) unter Einbeziehung und unter Offenlassen eines Widerspruchs gewinnt, d. h. daß er den Ausgleich zwischen den vielfältigen Elementen gerade nicht findet, sondern ihn in Worten oder als Verheißung nur postuliert und aus diesem Postulat lebt«.[215]

## *Marginalie 10: Jenseits des Schriftprinzips*

Die sogenannte *Bibel in gerechter Sprache* aus dem Jahr 2006 hat viel Spott und Kritik auf sich gezogen: Als »Bibel in selbstgerechter Sprache« wurde sie verballhornt, als totalitärer, moralistischer Zugriff auf eine disparate Überlieferungslandschaft kritisiert. Eine »theologische Bankrotterklärung«[216] diagnostizierte der evangelische Theologe Ingolf Ulrich Dalferth in der *Neuen Zürcher Zeitung*; eine »gesinnungsterroristische Gerechtigkeitsbibel«[217] der klassische Philologe Johan Schloemann für die *Süddeutsche Zeitung*. Der Tübinger

215 Leo Scheffczyk: *Katholische Glaubenswelt. Wahrheit und Gestalt,* Aschaffenburg 1977, S. 64.

216 Ingolf Ulrich Dalferth: »Der Ewige und die Ewige«, in: *Neue Zürcher Zeitung* vom 18./19. November 2006, S. 65.

217 Johan Schloemann: » ›Geht nicht fremd! Verletzt keine Lebenspartnerschaft!‹«, in: *Süddeutsche Zeitung* vom 23. Dezember 2006

Alttestamentler Walter Groß bescheinigte dem Übersetzerkreis »ideologische Verbiesterung«, die zu »katastrophalen Ergebnissen« und »religionsgeschichtlichen Absurditäten« geführt habe.[218] Der damalige EKD-Vorsitzende Wolfgang Huber kritisierte im *Tagesspiegel*: »Daß eine Übersetzung immer auch Interpretation enthält, wird hier umgedreht: Die Interpretation wird als Übersetzung ausgegeben. Das ist ein Verstoß gegen das reformatorische Schriftprinzip.«[219]

Das »reformatorische Schriftprinzip« dürfte allerdings kaum geeignet sein, wie eine Monstranz feierlich erhoben zu werden. Vielmehr sollte sich herumgesprochen haben, daß die paradiesische Zeit einer ebenso unschuldig-rein wie mündig gedachten protestantischen Aneignung des Wortes lange vorbei ist. Mehr noch – sie hat es nie gegeben. Der biblische Textkorpus existiert nur jenseits des Schriftprinzips. Denn was hier im 17. Jahrhundert – inspiriert von Luthers Diktum zur Heiligen Schrift als »*principium primum*« – mittels eines ganzen Arsenals aristotelischer Kategorien als nicht hinterfragbares Axiom lutherischer Theologie dogmatisch festgeschrieben worden ist (die Verbalinspiration der Bibel inklusive), um die katholische und orthodoxe Lehre von der Schrift als Ergebnis der Tradition der Kirche abzuweisen, dieses »reformatorische Schriftprinzip« hat die selbstentfachte, später rein philologische Behandlung des Kanons nicht gut überstanden.

218 Walter Groß: » ›Bibel in gerechter Sprache‹ – in richtiger und angemessener Sprache?«, in: *Theologische Quartalschrift* 186/4 (2006), S. 343 ff.

219 Wolfgang Huber: »Seelsorge ist auch für Terroristen da«, in: *Der Tagesspiegel* vom 11. Februar 2007

Dem Ex-EKD-Vorsitzenden sollte die Anerkennung der Vorgängigkeit der Tradition und damit die faktische Rehabilitierung des orthodoxen und katholischen Schriftverständnisses in den Erkenntnissen der historisch-kritischen Bibelforschung geläufig sein, die von einer »Krise des Schriftprinzips« ausgeht. Biblizismus und historisch kritische Exegese markieren also die beiden Seiten der einen Medaille *sola scriptura* – zwei Formen der *Arbeit am* (protestantischen) *Mythos.* Und weil sich Verbalinspiration und Philologie gegenseitig aufheben – in ihren Gewißheiten aufheben – bleibt diese Medaille ein konfessionelles Muster ohne Wert; nicht konvertierbar in die härtere Währung einer erfahrungsbezogenen christlichen Spiritualität. Die »Krise des Schriftprinzips« ist auch die Krise einer falsch verstandenen Freiheit: »Manchmal hat uns die Freiheit Luthers ermutigt,« so die Übersetzerinnen und Übersetzer der *Bibel in Gerechter Sprache,* hier und da ein Wort einzufügen, »das da nicht steht«; wohl in der Gewißheit einer »Pointe (...), um die es geht.«[220] Mit seinem »Dolmetschen« der heiligen Schrift ins frühe Neuhochdeutsche ist ja bereits Martin Luther *auch* eine Bibel in »rechtfertigender Sprache« aus der Feder geflossen.

Weit entfernt von der sehr viel größeren Texttreue der sechsbändigen sogenannten *Complutensischen Polyglotte,* einem unter dem spanischen Kardinal Jiménez de Cisneros vorangetriebenen mehrsprachigen Bibelübersetzungswerk, das die besten Texte in Hebräisch, Griechisch und Lateinisch sowie einige Teile in Aramäisch enthalten sollte. Allein für die Zusammenstellung des

220 *Bibel in gerechter Sprache* (hrsg. v. Ulrike Bail et al.), Gütersloh 2006, S. 12.

Monumentalwerkes benötigten die Gelehrten zehn Jahre. Die eigentlichen Druckarbeiten dauerten weitere vier Jahre. Am 10. Juli 1517, nur vier Monate vor dem Tod des Kardinals, waren die sechs Bände fertiggestellt.

### *Marginalie 11: Fixierte Adoleszenz – Der Glaube im Zeitalter seiner reformatorischen Produzierbarkeit*

»Wir Menschen müssen nichts tun, wir müssen nur glauben.« Diese angeblich heute noch befreiende Rede von der Rechtfertigung allein durch Glauben wird zu einem Placebo für eine Krankheit, von deren Existenz man gar nichts mehr wissen will. »Denn wir können auch nichts tun, weil wir wegen der Erbsünde so vollständig verderbt sind«; weil wir »keine Freiheit zum Guten« haben und weil über unser Heil oder Unheil bereits höheren Ortes »vor-entschieden« ist. Diese zugrunde liegenden systematisch-theologischen Vorannahmen mit der negativen Anthropologie werden dem Vergessen anempfohlen. Auch auf die Gefahr hin, daß dann nur noch isolierte theologische Seifenblasen gen Himmel steigen. In der »Kirche der Freiheit« muß man einfach »nur glauben«; an »den Glauben glauben«.[221]

Ebenso unterbelichtet bleibt: Die reformatorische »Freiheit des Christenmenschen« war jahrhundertelang lediglich die Freiheit der Fürsten und Territorialherren, die ihre Konfession frei wählen konnten. Unter dem Stichwort *cuius regio, eius religio* (wessen Gebiet,

221 Max Scheler: *Vom Ewigen des Menschen,* Bern 1954, S. 241.

dessen Religion) wurde der christliche Glaube zu einer *top-down*-Bekenntnisvorgabe Weniger gegenüber Vielen. Mit Luthers Kampfschrift, adressiert *An den christlichen Adel deutscher Nation. Von des christlichen Standes Besserung,* ist deshalb nicht nur eine antiphilosophische Traditionslinie innerhalb des Protestantismus begründet worden, sondern auch eine obrigkeitsstaatliche, die sich vom »landesherrlichen Kirchenregiment« die geistliche und sittliche »Besserung des christlichen Standes« erhoffte. Luther verpfändete die Religion an die Fürsten. Aus dem Gegensatz von Staat und Kirche im Mittelalter wurde die Staatskirche der Neuzeit.

Eine Entwicklung, die Nietzsche wie folgt kommentiert:

> »Vergessen wir es zuletzt nicht, was eine Kirche ist, und zwar im Gegensatz zu jedem ›Staate‹: eine Kirche ist vor allem ein Herrschafts-Gebilde, das den geistigeren Menschen den obersten Rang sichert und an die Macht der Geistigkeit soweit glaubt, um sich alle gröberen Gewaltmittel zu verbieten, – damit allein ist die Kirche unter allen Umständen eine vornehmere Institution als der Staat.«[222]

Die evangelische Theologie ist mit einer Position, die die eigenen dogmatischen, augustinischen Prämissen nicht mehr in ihrer Tiefendimension anerkennen will – stattdessen subjektive Heilsgewißheit beschwört – jenseits des orientierenden Denkens angekommen. Und sie

222 Nietzsche, FRÖ, in: KSA 2005, Bd. 3, Fünftes Buch, 358, S. 606.

ist dadurch heute nur noch eingeschränkt in der Lage, nichtfunktionale Impulse für ein christliches Leben zu artikulieren; da an der »Basis« das freiheitspathosgesättigte protestantische Paradigma einer nichthistorischen, nichtphilosophischen, nichtdogmatischen, nichtsymbolistischen, nichtmystischen, nichtsakramentalen, nichtliturgischen aber hochmoralischen Mentalität tief verwurzelt und identitätsbildend geworden ist; und das evangelische Christsein Gefahr läuft, sich im funktionalen »Mitreden«, »sich einmischen«, »engagieren« und »partizipieren« zu erschöpfen; in konfessioneller Selbstzufriedenheit ohne tieferes Verständnis für die geistigen Grundlagen der ökumenischen Gesprächspartner im Westen wie im Osten.

Der Protestantismus hat sich nie lösen können vom Aggregatzustand der Überhitzung und Dramatisierung moralischer Kommunikation nach außen (die Luther so sehr liebte) und der selbstzentrierenden Angst ums Seelenheil nach innen (die Luther so bedrängte). Eine Art Psychoanalyse der Reformatoren und der Urszene der Reformationsbewegung zuzulassen, würde bedeuten, heute vollumfänglich Verantwortung für die Folgen tragen zu wollen und nicht mehr allein die guten Absichten und den guten Glauben eines ebenso gottesfürchtigen wie hetzenden, verurteilenden und verteufelnden Berserkers und seiner Nachfolger im milden Licht des modernen Freiheitspathos zu baden.

Es dürfte deshalb die »größte Beschwer« des Reformationsjubiläums sein, den Antisemitismus Luthers nicht mehr einem irgendwie zeitgeistig-kollektiven Irregehen zuschlagen zu können. Zuletzt hat der Historiker und

Sprachwissenschaftler Dietz Bering daran erinnert, daß »Luthers Sprachfuror« gegen die Juden eine »von niemandem erreichte (...), Destruktionskraft«[223] entfaltete. »Luther war seit dem Ende der 1530er Jahre Antisemit und nicht bloßer Judenfeind.«[224] Mit Rekurs auf Johannes Heil zeigt Bering: »Es ist kaum möglich, dem Reformator noch einen Platz in diesem Rahmen (des) Antijudaismus«[225] zuzuweisen; da selbst im theologischen Konzept des Antijudaismus die Vernichtung der Juden ausgeschlossen war: »Christliche Theologie baute stets auf den Fortbestand des Judentums auf (die Bekehrung der Juden als Indiz der anbrechenden Endzeit nach Röm 11), schuf also einen eschatologischen Vorbehalt im eigenen Interesse, aber auch eine Gewähr physischer Unversehrtheit der Juden.«[226]

Luthers Aufrufe zur physischen Gewalt und zum Schwert gegen die »Teufelskinder« suspendierten diesen Vorbehalt, wohl auch, weil hier eine ganz persönliche und doppelte Agenda des Reformators berührt war: Dieser Kampf war ein Ringen um die jenseitige Welt und gleichzeitig ein Kampf um das Deutungsmonopol über den Alten Bund, das ihm die Juden, so lange sie existierten, wohlbegründet und kenntnisreich streitig machen konnten. Daß beim ebenso eschatologischen Kampf um das neutestamentarische Narrativ der Papst zwar als ebenso teuflische Macht denunziert wurde, von Gewaltaufrufen gegen ihn aber fast vollständig abgesehen wur-

223 Dietz Bering: *War Luther Antisemit? Das deutsch-jüdische Verhältnis als Tragödie der Nähe,* Berlin 2014, S. 161.

224 Ebd., S. 160.

225 Ebd.

226 Johannes Heil: »Antijudaismus und Antisemitismus, Begriffe als Bedeutungsträger«, in: *Jahrbuch für Antisemitismusforschung,* 6, 1997, S. 92, 106.

de, ist bemerkenswert. Dies könnte damit zusammenhängen, daß er theologisch als nicht satisfaktionsfähig imaginiert wurde, der jüdische Stachel im Textkorpus von Luthers fragwürdigen AT-Lesarten hingegen nie aufhörte zu schmerzen.

Welcher Rabbiner hätte sich wohl bei der Frage, warum nun der »Glaube allein« im Zentrum des gottgefälligen Lebens stehen sollte, mit einer Basta-Politik *avant la lettre* zufrieden gegeben? »Wenn euer Papist sich viel Beschwer machen will mit dem Wort ›sola - allein‹, so sag ihm flugs also: Doktor Martinus Luther will´s so haben, und spricht: Papist und Esel sei ein Ding. Sic volo, sic iubeo, sit pro ratione voluntas. Denn wir wollen nicht der Papisten Schüler noch Jünger, sondern ihre Meister und Richter sein.«[227]

*Der feiste Doktor* (Lyndal Roper) als Meister und Richter. Luther ist sich gewiß, daß er sogar befugt sei, die Engel zu richten, daß die eigene Lehre die Gotteslehre sei und sein Gericht das Gottesgericht: »Ich will meine Lehre ungerichtet haben von jedermann, auch von allen Engeln. Denn da ich ihr gewiß bin, will ich durch sie euer und auch der Engel, wie St. Paulus spricht (Kor 6,3), Richter sein, daß, wer meine Lehre nicht annimmt, daß er nicht möge selig werden. Denn sie ist Gottes und nicht mein; darum ist mein Gericht auch Gottes, und nicht mein.«[228]

Daß Luther ein von außen kaum anfragbares selbstgewisses religiöses Genie war, ist schon immer ein Problem

227 Luther, WA, 30, 2, 635.

228 Luther, WA, 10, 2, 107.

gewesen. Die Identifikation mit ihm – als ein solches – perpetuiert also Denkblockaden, die selbst bei ausgewiesenen Luther-Biographen anno 2012 zu Buche schlagen: Herbert Jaumanns Rezension von Heinz Schillings epischem Zugriff auf den Reformator verweist auf blinde Flecken und fehlende Distanz gerade bei entscheidenden biographischen Stationen Luthers, die auch theologisch folgenreich waren. Bei seiner Schilderung der »Wormser Selbstbehauptung des als Mönch auftretenden Häretikers vor Karl V., der sich bei den Wahrheitsbehauptungen seiner Wort- und Gnadentheologie (...) einzig auf sein Gewissen, das heißt auf göttliche Sendung beruft und nicht auf den Befund einer gelehrten Exegese etwa in einer geregelten Disputation«[229], arbeitet Schilling lieber weiter am Mythos vom protestantischen Gewissen statt an der Infragestellung lutherischer Aporien:

> »Luther wie auch noch sein Biograf behandeln diese Behauptung (›Hier stehe ich...‹) wie einen Wahrheitsbeweis in der Sache – der sie aber natürlich nicht war. (...) Schilling verzichtet darauf, die Frage aufzuwerfen, um was für eine heillose Hermeneutik es sich dabei handelt, so wie er auch später darauf verzichtet, dieselbe Frage in einer verschärften und daher noch interessanteren Version deutlich zu machen, nämlich wenn es nach Luthers Rückkehr von der Wartburg, 1522 und danach, (...) in Wittenberg und anderswo um die Auseinandersetzung mit Vertretern der eigenen Sache um ›die Deutungshoheit im eigenen Lager‹ geht (zunächst

229 Herbert Jaumann: »Der Rebell ohne Hammer«, Rezension des Buches von Heinz Schilling: *Martin Luther. Rebell in einer Zeit des Umbruchs*, Internetdokument.

mit Karlstadt, Thomas Müntzer), die sich bei ihren Exegesen auch alle auf die göttliche Eingebung berufen und den jeweiligen Gegner, wie Luther selbst es tat, zur Stimme des Teufels erklären.«[230]

Auch daß Schilling das wohl heißeste Eisen der Lutherforschung nicht anfassen will und verdrängte aber dennoch quellengestützte Lesarten für Luthers Klostereintritt als »irritierenden Versuch«[231] konfessioneller »Verleumdung«[232] ohne Argumente in einer Fußnote abheftet, zeigt wenig wissenschaftliche Distanz zu seinem überlebensgroßen Forschungsgegenstand:

Die Predigt Luthers aus dem Jahr 1529: »Ego fui ego monachus (ich selbst bin ein Mönch gewesen), der mit ernst from wolt sein. Sed (aber) je tieffer ich hin ein gangen bin, yhe ein grosser bub et homicida fui (und Menschentöter bin ich gewesen)«[233], sie verdient durchaus größere Beachtung, ebenso die von Veit Dietrich aufgezeichnete Tischrede Luthers: »Singulari Dei consilio factus sum monachus, ne me caperent. Alioqui essem facillime captus. Sic autem non poterant, quia (nach dem außerordentlichen Ratschluß Gottes bin ich zum Mönch gemacht, damit sie mich nicht gefangennehmen. Sonst wäre ich sehr leicht gefangen worden. So aber konnten sie es nicht, weil) es nahm sich der gantz orden mein an.«[234]

230 Ebd.

231 Heinz Schilling: *Martin Luther. Rebell in einer Zeit des Umbruchs*, München 2014, S. 641.

232 Ebd., S. 16.

233 Luther, WA, W, 29, 50, 18.

234 Luther, TR, in: WA, 1, 134, 32.

Daß die *Weimarer Ausgabe* mit einer kirchenrechtlichen Abhandlung Luthers zum Kirchenasyl beginnt, ist Schilling keine Zeile wert, obwohl selbst die Herausgeber konzidieren, hier eine Schrift zu überliefern, »wie wir sie sonst von Luther nicht kennen, und die bisher dem Blick aller Forscher über ihn entgangen«[235] war: »Tractatulus Doctoris Martini Luttherii, Ordinarii Universitatis Wittenbergensis, De his qui ad Ecclesias confugiunt, tam iudicibus secularibus quam Ecclesie Rectoribus et Monasteriorum Prelatis perutilis«. (Eine kurze Abhandlung Doktor Martin Luthers, Ordinarius der Universität Wittenberg: Über diejenigen, die in die Kirchen fliehen, sehr nützlich für weltliche Richter, kirchliche Führer und Prälaten der Klöster)[236]

In diesem 1517 anonym und 1520 unter Luthers Namen veröffentlichten Traktat über das kirchliche Asylrecht wird daran erinnert, daß auch nach mosaischer Gesetzgebung nicht des Todes schuldig ist, wer jemanden, ohne ihm feind gewesen zu sein, aus Versehen, vorsatzlos, tötet. Die Frage, ob die Abhandlung – im gleichen Jahr wie die 95 Thesen erstmals gedruckt – auch zum Zweck einer sehr persönlichen Rechtfertigung publiziert worden ist, wird wohl auch mit fünfhundert Jahren Abstand nicht öffentlich verhandelt werden, ist sie doch – wie Schilling schreibt – in der Lage zu »irritieren«.

Die »quasi-normative Autorität«, die Luther »im Protestantismus zukam, und für die sich in anderen christlichen Konfessionen kaum einschlägige Parallelen finden lassen«[237], wäre also erneut anzufragen. Keinem Papst,

235 Luther, WA,W 1, 1.

236 Luther, WA W 1, 3; 4. Mose 35,11; 5. Mose 19,4; Josua 20.

237 Thomas Kaufmann bei Barth, *Theologie*, 2009, S. 36.

keinem Bischof, keinem Kirchenlehrer ist im lateinischen oder orthodoxen Kontext jemals die Gnade widerfahren, daß die negativen oder auch katastrophalen Folgen ihrer Tätigkeit und Amtsführung, ihre persönlichen Unzulänglichkeiten und Limitierungen mit so etwas wie ihrem Anliegen, ihrer guten Absicht und ihrem guten Glauben verrechnet worden wären oder werden. Im reformatorischen Kosmos hingegen gab es von Anfang an diese Unschuldsvermutung und die Generalabsolution mit der Relativierung selbst der schlimmsten Irrtümer, Exzesse und Zerstörungen bei der Durchsetzung der Reformation. Warum?

Die beschämende Antwort könnte lauten, daß Identifikation und Nachfolge primär in der Aktualisierung und Wiederholung einer Gesinnung und (Grund-) Haltung des Protestes gelebt werden und es deshalb einfach nicht möglich ist, die Entmythologisierung der Reformatoren, und hier besonders Luthers, tatsächlich ins Werk zu setzen.

Es war und ist der *Glaube allein,* an die gute Absicht, der »Glaube an den Glauben«[238], der »Trotzglaube«[239], der auch heute noch rechtfertigt. Identifikation und Nachfolge: Sie findet statt in einer umgekehrten, gleichsam konvertierten Fürsprache und Fürbitte seiner Anhängerinnen und Anhänger, die eine Art Heiligenlitanei anstimmen, um ein »Vorbild an Standhaftigkeit« (Schneider), einen »sturen Kopf« zu verehren, »einen Frauenfreund«; ein »Vorbild für uns heute, aus dem Glauben heraus, Standpunkte zu finden« (Käßmann),

238 Scheler, *Ewiges*, 1954, S. 241.

239 Hacker, *Ich*, 2009, S. 281.

mit der »klaren Botschaft: Mischt euch ein!« (Steinmeier). Gerade die sogenannte »Luther-Botschafterin« Margot Käßmann wird nicht müde, noch aus jedem kleingeistigen Pochen auf dem Eigenen bei Luther, Funken einer »Befreiung« für Viele zu schlagen. In einem Interview mit den einschlägigen Gewaltaufrufen Luthers gegen innerkonfessionelle Gegner konfrontiert, bekennt sie rundheraus: »Ich finde ihn gleichzeitig aber unwahrscheinlich faszinierend.«[240] Sie wirft damit Fragen auf nach ihrer persönlichen Integrität und Befangenheit und nach der wohl Zeit und Raum enthobenen Erotik der Macht.

Der gesinnungsethisch grundierte, hagiographische Zugang der in die EKD-Gremienwelt eingebetteten evangelischen Protagonisten und »Experten« von heute steht in irritierendem Mißverhältnis zum kritischen Zugriff von Karl Barth und Erik Peterson, die sich die Frage, »ob und inwiefern Luther denn mit ›göttlicher Autorität‹ geredet habe«[241], samt ihren theologischen Implikationen ernsthaft gestellt haben – vor hundert Jahren.

Zur Ausblendung des Empirischen durch Gesinnung resümiert Norbert Bischof:

> »Ein Moralist kann sich nicht irren. Er kann sich nur entrüsten – über die Halsstarrigkeit, die anderen die Teilhabe an seiner Glaubenssicherheit verwehrt. Ihm ist Wahrheit nicht eine Herausforderung der Vernunft, sondern der Rechtschaffenheit. Daher begreift er gar

240 Margot Käßmann: Interview in: *Idea-Spektrum*, Nr. 24/2012, 13.06.2012

241 Nichtweiß, *Peterson*, 1994, S. 510.

> nicht, was der Empirist will, und er vermag dessen Haltung nur als Kundgabe unzuverlässiger Gesinnung zu deuten.«[242]

Die evangelische Theologin Sabine Bobert diagnostiziert dieses Phänomen einer hochmoralischen, unanfragbaren Selbstzufriedenheit wie folgt:

> »Der Protestantismus droht, sofern er das eigene historische Bedingt-Sein seiner Spiritualität nicht reflektiert, im Gestus der Selbstbefreiung und Atomisierung zu erstarren. Im pastoralpsychologischen Bild der Pubertät formuliert: Wer ewig pubertiert, wird nie erwachsen. Autonomie bewährt sich nicht im Protest. Autonomie gebiert sich aus dem Protest, doch sie bewährt sich in Kommunität, in neuer, frei gewählter Selbstvernetzung und Hingabe sowie in reflektierter Aneignung des zuvor vehement abgelehnten ›elterlichen Erbes‹.«[243]

Die Angst, Identität zu verlieren, scheint im Fall der Identifikation mit dem jüngsten aller christlichen Bekenntnisse also besonders naheliegend, weil hier – wenn Bobert recht hat – gewissermaßen ein fixiertes pubertäres Stadium des Christentums vorliegt und in einer adoleszenten Phase Fragen nach Identität und

242 Norbert Bischof: *Moral. Ihre Natur, ihre Dynamik und ihr Schatten,* Wien et al. 2012, S. 22.

243 Sabine Bobert: »Autonom spirituell sein. Protestantische Spiritualität zwischen Atomisierung und Stellvertretung«; in: *Spiritualität. Baustein oder Stolperstein für die Kirche?* – Eine Tagung zum Spannungsfeld von Aszetik und Kybernetik im interkonfessionellen Gespräch, Universität Zürich 9./10. Juli 2007 (unveröffentlichtes Tagungspapier), S. 6 f.

nach Mündigkeit immer virulent sind. Angst ist also nicht ganz unbegründet, sie ist aber eben auch – aus der Sicht der Orthodoxie – ganz westlich.

### *Marginalie 12: Back to Black – Das »Großmachen der Sünde« in der »Kirche der Angst«*

Die reformatorische Agenda als eine verschärft eschatologische zu erkennen – auf Du und Du mit der Imagination einer drohenden Apokalypse, eines Endgerichts – ist nur die Rückseite der Medaille. Die Vorderseite jeder Endzeitrede ist der abgründige *Anfang* des Menschen und der Fluch, die ur-böse Tat zu wiederholen. Die Reformatoren hielten sich viel darauf zugute, die absolute Schlechtigkeit und Verderbtheit des Menschen im Stammbuch des Christentums neuerlich festgeschrieben zu haben, und sie beriefen sich dabei auf Augustinus. Insbesondere der Augustinermönch tat alles, um den lateinischen Blick auf die Erbsünde, die sich in der vorreformatorischen Scholastik als Überblendung von zwei einander ergänzenden distinkten Perspektiven entfaltete, zugunsten der Optik seines Ordensgründers zu verschieben.[244] Sowohl Anselm von Canterbury als auch Thomas von Aquin verstanden das *peccatum originale,* die Ursünde, »als das Fehlen der ursprünglich von der Schöpfung her im Menschen angelegten Gerechtigkeit«[245] und lieferten damit eine »ontologi-

244 Vgl. Bernard Sesboüé: »Die theologische Erklärung der Erbsünde«, in: *Concilium,* 40. Jahrgang, März 2004, S. 7.

245 Ebd.

sche Definition, die sich auf die formale Seite der Erbsünde bezieht«[246], während bei Petrus Lombardus, der Augustins Lehre von der Konkupiszenz, der menschlichen Neigung zum Bösen, aufgreift, ein eher existentielles, materielles Verständnis der Sünde entsteht, das durch die Taufe nicht beseitigt wird.

Ein typisch katholisches geistiges Setting tritt hier zutage: Ein elliptisches Denken, das um zwei Brennpunkte kreist; hier: ums Formal- wie ums Materialprinzip der Erbsünde; ein komplementäres Denken des *et-et*, eines Sowohl-als-auch, das versucht, das Beste der augustinischen Gnadenlehre zu retten, ohne einer hyperaugustinischen *Logik des Schreckens* (Kurt Flasch) zu verfallen und das »im Augenblick der Reformation problematisch zu werden«[247] begann, als Luther erkannte, daß »die katholische Kirche Augustins erhebende Gnadenlehre *weitgehend,* seine Lehre von der Erbsünde *zum Teil* und seine Theologie von Prädestination und Verdammnis *großenteils nicht* rezipiert«[248] hatte, mit guten Gründen nicht rezipieren *wollte.* Wenn der Reformator hingegen ganz auf das »Großmachen der Sünde«[249] setzt, den Menschen klein machen will, denn »es ist sicherer, Gott zu viel zu geben als dem Menschen«[250], dann taugt dies weder zur anthropologischen, noch zur systematisch-theologischen Startsequenz einer »Kirche der Freiheit«,

246 Ebd.

247 Ebd.

248 Willibald Sandler: »Augustinus – Lehrer der Gnade und Logiker des Schreckens? Ein nötiger Schnitt in der Rezeption von ›An Simplician‹ aus der Perspektive der dramatischen Theorie«, 4. April 2011, Internetdokument; Kursives v. Verfasser.

249 Luther, WA, 56, 157.

250 Luther, WA 40, 1, 131.

eher zum *ground zero* einer »Church of Fear« (Christoph Schlingensief) – tief verfangen in Schicksal, nicht in Schuld[251]. Luther ist weniger der Dolmetscher des Apostels Paulus, sondern beerbt vor allem die Theologie des Augustinus, inklusive ihrer »Tendenz, mit atemberaubender Folgerichtigkeit von wunderbaren Einsichten zu schaudererregenden Konsequenzen zu gelangen.«[252]

Fest steht auch, daß Luthers Radikalisierung der augustinischen Gnadenlehre die Kluft zwischen Ost- und Westkirche weiter vertieft hat, daß aber bereits der Bischof von Hippo selbst mit der altkirchlichen Überlieferung gebrochen hatte, die »in der Zeit vor Augustinus die Vorstellung von einer auf der gesamten Menschheit lastenden Erbsünde im eigentlichen Sinne noch nicht gekannt hat, sondern mit Nachdruck den Standpunkt vertrat, daß die Menschheit sich in einer Situation der Trennung von Gott, der ›Verderbtheit‹ im Hinblick auf ihre Berufung und einer grundlegenden Erlösungsbedürftigkeit befindet.«[253]

Die ostkirchliche Theologie sieht – dieser Tradition folgend – nicht die Sünde Adams genetisch auf seine Nachkommen übergehen, sondern die Folge der Sünde, den Tod: Der griechische Ausdruck *eph' hô* im Brief des Apostels Paulus an die Römer (5,12) ist im Horizont der patristischen *native speakers* stets konsekutiv verstanden worden, während sich Augustinus – des Griechischen unkundig – einen Übersetzungsfehler in der lateinischen *Vulgata* zu Eigen machte, in der *eph' hô* (»weil«) mit *in*

251 Vgl. Niklas Luhmann: *Die Religion der Gesellschaft,* Frankfurt am Main 2002, S. 99.

252 Sandler, Augustinus.

253 Sesboüé, Erklärung, 2004, S. 5.

*quo* (»in ihm«) wiedergegeben wurde. Äußert sich Paulus im griechischen Original wie folgt: »So wie durch einen Menschen die Sünde in die Welt hinein kam und durch die Sünde der Tod, so gelangte auch zu allen Menschen der Tod, *weil alle sündigten*«, so lautet die Passage in der *Vulgata:* »Durch einen Menschen ist die Sünde in die Welt gekommen und durch die Sünde der Tod und ist so auf alle Menschen übergegangen: *in ihm haben alle gesündigt.*« Für Augustinus haben *in Adam* alle Menschen gesündigt und sind daher dem Tod verfallen; bei Paulus hingegen wird nicht die Sünde übertragen, sondern der Tod. Der Grund dafür ist nicht die Sünde Adams, sondern der Umstand, daß alle sündigten.

*Lost in translation*: Ein folgenreicheres Mißverständnis und wirkmächtigeres Narrativ wird sich in der Geschichte des Christentums und der westlichen Zivilisation nicht finden lassen. Paul Ricœur schreibt: »Man wird nie ganz ermessen können, welchen Schaden die buchstäbliche, (...) die ›historische‹ Interpretation des Adamsmythos der Christenheit zugefügt hat; sie verstrickt sie in das Bekenntnis einer absurden Geschichte und in pseudo-rationale Spekulationen über die quasi-biologische Übermittlung einer quasi-juridischen Schuld der Fehltat eines *andern* Menschen (...), während das eigentliche Symbol jedoch stets über jede reduzierende Kritik hinaus zu denken gibt.«[254]

Luther, der hervorragend Griechisch sprach und die Paulusstelle zutreffend mit »dieweil« übersetzt hatte,

254 Paul Ricœur: »Die Erbsünde – eine Bedeutungsstudie«, in: ders.: *Der Konflikt der Interpretationen, Bd. 2, Hermeneutik und Psychoanalyse*, München 1974, S. 159.

war dem Gravitationsfeld dieses »eigentlichen Symbols«, dieser schwarzen Sonne im abendländischen Christentum, geradezu hilflos ausgeliefert; sah keinerlei Reform- sondern eher Vertiefungsbedarf. Zu elementar berührte ihn das die Jahrhunderte durcheilende Spektrum und das spezifische Gewicht der Erwägungen des Seelenverwandten; zu kohärent, zu paßgenau trafen dessen Worte hier als *Teilchen und Welle* auf ihn selbst: Luther riskierte den Sonnenbrand. Denn niemand im Westen hatte je ausführlicher über die Schöpfung und den Sündenfall nachgedacht, über die Zeit, die Geschichte, niemand das menschliche Herz aber auch die gesellschaftlichen Verhältnisse tiefgründiger bedacht und intensiver über die Gnade Gottes in Christus reflektiert als Augustinus, der all diese disparaten, prekären, fragilen Elemente in einem gewaltsamen Denkakt zusammenzwingt; »in einem rational schlüssigen Paket (...), das den Menschen in unübertroffener Weise mit sich selbst konfrontiert.«[255] Luther folgte seinem Ordensgründer: *Back to Black.*

»Die Innerlichkeit und Ausweglosigkeit eines existentiellen Schuldbewußtseins wird mit einer historisierenden Erklärung gekoppelt. (...) Durch diese Überspitzung hat Augustinus ein Doppeltes erreicht. Er hat eine Unheilserfahrung aufgegriffen, von der alle Religionen durchdrungen sind. Zugleich hat er die christliche Tradition durch das Band der Erbsündentheorie von allen anderen Religionen weggerückt.«[256] Präziser: Er hat die

255 Hermann Häring: »Unheil der Welt – Unheil der Menschen?« in: *Concilium*, 40. Jahrgang, März 2004, S. 43, 50.

256 Ebd.

*westliche* christliche Tradition von allen anderen Religionen weggerückt, nicht die ostkirchliche.

Gleichwohl – auch wenn die Erbsündenlehre des Augustinus im Licht der östlichen Kirchenväter stets als angstbesetzte Engführung und Verkürzung des Heilshandelns Gottes erscheint: Das angemaßte »Heilshandeln« des abendländischen Menschen ist hier grundgelegt worden; die Geburt des Westens aus dem Geist der Erbsünde. Vorsprung durch Verzweifeln; durch die Angst ums ewige Heil. »Am Probierstein ›Erbsünde‹ haben sich die argumentativen (...) Diskurse gerieben und geschärft.«[257]

À la longue wird dieses verschärfte westliche *mea culpa* eine Vielzahl rationaler, kritischer Impulse auf die Zeitschiene setzen; Inquisitionen, sprich: *Untersuchungen*, Forschungen und Infragestellungen aller Art und auf allen möglichen Gebieten, um aus der nachgeahmten Gottesperspektive zu Urteilen über den Menschen und über die Schöpfung zu gelangen. Nicht die selige Schau, sondern der kritische Blick in den Abgrund; nicht die Morgenröte der (liebesfähigen) Person, sondern die Dämmerung des (selbstsüchtigen) Egos sind auf diese Weise zur Matrix des Westens geworden. Nicht eine verwandelnde Wirklichkeit wurde paradigmatisch, sondern eine zu verwandelnde Realität. Nicht die Ikone wurde bildmächtig, sondern die Zentralperspektive: der hierarchisierende Tunnelblick.

Es ist dies eine Optik, die vergessen machen will, daß »das Licht aus dem Osten kommt«: *ex oriente lux*. Des-*orientiert* wendet sich der Blick nun nach Westen. Und

257 Gonsalv K. Mainberger: »Die Erbsünde als ›kulturelle Matrix‹ heute (1)«, in: *Concilium*, 40. Jahrgang, März 2004, S. 71, 74.

man sieht zu, daß man in dieser Richtung weiter kommt. *Go west.* Schnell, ehe der Tag sich neigt.

Aus dieser Eigentümlichkeit des westlichen Blickes, konfrontiert zu sein mit dem Untergang (der Sonne), sich darin emblematisch erkennend als Abendland, ist Geschichte als Entwicklung, Beschleunigung und Überholvorgang erwachsen: das Vermögen, Untergänge (gen Westen) hinauszuschieben, zurückzustellen, zu verzögern, zu vertagen, zu verlegen, zu prolongieren, zu terminieren. Die Angst vor der einbrechenden Dunkelheit macht erfinderisch und läßt womöglich auch tiefer blicken.

Daß spätestens bei dem Vertiefungsvorhaben Luthers eine angemaßte Gottes- in eine Richter-Optik kippt, in eine regelrechte Hermeneutik des Verdachts überführt wird, bei ihm die Stimme des teuflischen Widersachers als Ankläger des Menschen eher Gehör findet, als die des göttlichen Parakleten, des Anwalts und Trösters, ist als Kollateralschaden einer uneingestandenen Selbst-Recht-Fertigung durch Selbstkritik wohl hinzunehmen.

Im von der Erbsünde berührten, ja kontaminierten Westen findet – wendet man es physikalisch – eine Art »Doppelspaltexperiment« statt: Die schwarze Sonne des Augustinus emittiert nach der Reformation zwei relationale konfessionelle Perspektiven, die sich in ihren parallel verlaufenden Fortschrittsbewegungen vorzugsweise als Teilchen bzw. als Welle begreifen – auf (Schöpfungs-) Materie aufsetzend die Katholische Kirche, die deshalb an Taten und Werken festhält, während die protestantischen Kirchen – zeitgeistwellenaffin – den inneren Menschen beschwören, seine Absichten und Gesinnungen durchforsten.

Die römische Kirche wird – zugespitzt im Barock – primär auf die sinnliche Erfahrbarkeit ihrer Perspektive setzen, dabei alle Register einer *augmented reality avant la lettre* ziehen, während im Calvinismus – Luther überbietend – eine »unsichtbare Kirche« Kurs nimmt, auf ein Licht am Ende des Tunnels. Ob hier das Neue Jerusalem heimleuchtet oder lediglich eine Reflexion der schwarzen Sonne noch tiefer in die Irre führt und in die Angst, ist noch nicht entschieden und wird womöglich *die* konfessionelle Frage aller Fragen sein.

Eine materiell wie institutionell um einiges erleichterte »unsichtbare Kirche« scheint – auf den ersten Blick – in der Lage zu sein, in Raum und Zeit schneller fortzuschreiten als der mit »veräußerlichtem« Übergepäck reisende konfessionelle Counterpart. Der Preis für einen Lastwechsel in die Innerlichkeit ist indes stets mit Verzögerung zu entrichten. Er fängt gerade erst an, vollständig zu Buche schlagen.

Im reformatorischen Tunnelblick konvergiert die werkaverse dystopische Optik Luthers mit der aktivistisch-utopischen Perspektive Calvins: *Back to Black* konvergiert mit *Back to the Future.* Die Evokation der eschatologischen Situation des frühen Christentums wird angereichert durch »die Injektion der israelitischen Idee des auserwählten Volkes.«[258] Calvins Theokratie in Genf, gereinigt von Luthers unsystematischen ad-hoc-Interventionen und katholisierenden Rückfällen, war deshalb kein Betriebsunfall, sondern erwies sich als systematisierende, methodisierende, ungemein variationsfähige

258 Voegelin, *Luther*, 2011, S. 81.

*export form of Protestantism.* Die reformierte Stadt sollte in einem reformierten (puritanischen) Staat aufgehen. *Die Tyrannei der Tugend* (Volker Reinhardt) in Genf – selbstbezogen, selbstverordnet und selbstgerecht – war die Blaupause für die Zivilreligion der Gegenwart. Diese kann und will niemanden mehr entlassen aus den Sündenfällen von heute, denn ihre Signatur ist: Gnadenlosigkeit.

Mittlerweile haben sich die meisten ernstzunehmenden evangelischen Theologen von der negativen anthropologischen Prämisse ihres Kirchenvaters emanzipiert, haben Luthers verschärfte Coverversion der augustinischen Erbsünde verabschiedet, ohne jedoch von der Bewirtschaftung der dadurch weitgehend delegitimierten dogmatischen Konsequenzen – *sola fide,* Rechtfertigungslehre u. a. – ebenso Abstand zu nehmen. Daß in der ostkirchlichen Theologie eine optimistischere anthropologische Alternative für alle Christen zum Greifen nahe wäre, bleibt ohnehin unerkannt. Vielmehr gehört es für die zeitgenössische westliche Theologie zum guten Ton, dem christlichen Osten eine »Hellenisierung des Christentums« vorzuwerfen und ihn für diesen Sündenfall mit Verachtung zu strafen.

Der neuentdeckten Freiheit mit der Neigung, sich anthropologisch eher von den beiden nichtchristlichen Offenbarungsreligionen »bereichern« zu lassen, sich im Zweifelsfall die jüdische Lesart der Paradiesgeschichte zu eigen zu machen, den Neuen Bund im älteren aufgehen zu lassen oder im allerjüngsten (muslimischen), liegt diese Verachtung ostkirchlicher Theologie ebenso zu Grunde wie ein fördermittelinduzierter frommer Wunsch: *Pia desideria,* ein »herzliches Verlangen nach gottgefälliger Besserung der wahren evangelischen Kirche«; so der Titel einer bereits 1675 erschienenen Schrift von Philipp Jakob Spener: »Besser«, »herrlicher«, »seliger« wünschte sich Spener seinerzeit die evangelische Kirche[259]; gendergerechter, klimagerechter, »bunter« wollen sie die Gremienvertreter der EKD.[260] Fromme Wünsche, die ungewollt auf eine buchstäblich unsichtbare Kirche hinarbeiten.

Luthers Vorstellung einer radikalisierten Erbsünde findet sich nur noch in freikirchlichen, evangelikalen Gemeinschaften, die, nicht ohne Berechtigung, in der aktuellen Selbstverortung der protestantischen Theologie innerhalb der jüdischen Tradition sämtliche doktrinären Dominosteine fallen sehen: *Paradigm lost* (Niklas Luhmann).

Ein evangelischer Alttestamentler wie Frank Crüsemann, dem kein protestantisches Proprium bis auf *sola scriptura* (als *sola thora*) mehr heilig ist, gilt in diesen Kreisen bereits als messianischer Jude.

Der theologische Rückbau der überzogenen anthropologischen Negativität ist das Eine, die damit verknüpfte *Logik des Schreckens* (Kurt Flasch) loszuwerden – sich dem Gravitationsfeld der schwarzen Sonne auch als einer kritischen Denkform in Bezug auf menschliche Fehlbarkeit und Irrtumsanfälligkeit zu entziehen – das Andere: Es ist schlechterdings unmöglich. Die Erbsünde geht, der Verdacht bleibt. Präziser: Die Erbsünde geht – woanders hin; wandert aus, migriert, besiedelt und kolonisiert

259 Philipp Jakob Spener: *Pia Desideria*. Deutsch-Lateinische Studienausgabe, hrsg. v. Beate Köster, Gießen et al. 2005, S. 2 u. 42.

260 Heinrich Bedford-Strohm: »Kirche muss aus ihren Millieus heraus«, 13. Juni 2017, Internetdokument.

das Denken in Bezug auf alle möglichen Narrative und Geschichten, die dazu taugen, in ihrer je eigenen negativen Dimension noch weiter vergrößert zu werden.

Wer also den Gedanken einer Ursünde ebenso wie den Gedanken an das Jüngste Gericht als abgetan und irrelevant betrachtet, sollte bedenken, daß »die Forumsituation menschlicher Existenz nicht aufgehoben«[261] ist; die Verabschiedung einer absoluten Sünde, eines absoluten Gerichts semantische Lücken im menschheitsgeschichtlichen Erklärungszusammenhang gerissen hat, die nunmehr aufzufüllen sind mit Sündenfällen und Jüngsten Gerichten aller Art – Projektionsflächen für die Arbeit an einem zivilreligiösen Glauben, der einer Überhöhung und Verabsolutierung von Schuldzusammenhängen ebenso bedarf, wie der unnachsichtigen Verfolgung ihrer Leugnung oder Relativierung.

### *Marginalie 13: »Evil, be thou my good.« – Die Banalisierung des Bösen in der Erinnerungskultur*

*Trigger warning*: Die folgenden Zeilen könnten verletzen, verstören, als relativierend aufgefaßt werden, obwohl sie lediglich auf Strukturähnlichkeiten hinweisen wollen und dabei auch vor Ironie und Sarkasmus nicht zurückschrecken.

Es kann in dieser Randbemerkung nicht ansatzweise erwogen werden, wie Millionen Tote dem zweiten Tod, dem Vergessen, am besten entrissen werden; ob auf-

261 Ulrich H. J. Körtner: *Reformatorische Theologie im 21. Jahrhundert,* Zürich 2010, S. 34.

grund der »Unverzeihbarkeit des Unverzeihlichen« (Vladimir Jankélévitch) überhaupt ein Gedicht geschrieben, Theologie betrieben werden darf; oder ob nun erst Recht die Zeit des Gedichts gekommen ist, die Zeit für Theologie, die Zeit für Vergebung; denn »das Vergeben verzeiht nur das Unverzeihbare«, so Jacques Derrida. »Man kann oder sollte nur dort vergeben (…), wo es Unverzeihbares gibt. (…) Was soviel bedeutet, daß das Vergeben sich als gerade Unmögliches ankündigen muß. Es kann nur möglich werden, wenn es das Un-mögliche tut.«[262]

Es sollen hier Zweifel angemeldet werden, daß das Gutgemeinte, das geschieht, gut ist; vielmehr wird es als Gedächtnisverlust durch *Erinnerungskultur,* als Verunmöglichung von Vergebung, als Banalisierung des Bösen und als Theokratisierung der Zivilgesellschaft zu kennzeichnen sein. Der Glaube an Gott ist abhanden gekommen. Er sollte nicht durch einen Glauben an den Teufel in Menschengestalt ersetzt werden.

»O glückliche Schuld, welch großen Erlöser hast du gefunden!« Die augustinische Denkfigur der *felix culpa* aus dem Exsultet der Osternacht, in der die Verfehlung des erbsündlichen Menschen von der Gnade des Auferstandenen umfangen wird, hat es nicht leicht: Ihr ist der Erlöser abhanden gekommen; er wird nicht mehr geglaubt und die Suche nach ihm ist eingestellt. Was hingegen bleibt und noch lange bleiben wird, ist der Suchmodus nach Verfehlungen. Je größer, desto besser. Und womöglich zeigt sich hinter besonders großen Sünden

262 Jacques Derrida: »Das Jahrhundert der Vergebung. Verzeihen ohne Macht – unbedingt und jenseits der Souveränität«, (Interview mit Michel Wieviorka), in: *Lettre International,* 48, 2000, S. 10, 11.

ja doch wieder ein großer Erlöser. Eventuell aber auch nicht, sondern nur der sündige Mensch als Richter seinesgleichen. Dann wird, dann kann es nur noch gnadenlos zugehen.

Kant verwarf die Erbsünde, hielt sich aber noch weitgehend an Augustinus, wenn er von einem »Hang« zum Bösen spricht, der den Menschen immer wieder in die Falle einer Wahl falscher Maximen geraten läßt. Das Böse wird bei Kant »nicht als Zufallsprodukt einer freiheitlichen Entscheidung unter ungünstigen Randbedingungen gedeutet, sondern als Ausdruck einer unüberwindlichen Verfallenheit des Daseins. Jede einzelne Schuld-Last ist der Verantwortung des Freiheitssubjekts zuzurechnen; sie wäre vermeidbar (gewesen), die Verschuldung des Daseins aber nicht.«[263]

Weil Kant die Sphären von empirischem Geschehen und der an raum-zeitliche Beschränkungen nicht gebundenen reinen Vernunft strikt getrennt dachte, »kapituliert« Kant im Grunde »vor der Frage, wie mit der nun einmal aufgehäuften Schuld-Last umzugehen sei.«[264] Er hat dem Verlöschen der zuvorkommenden Gnade nach dem »Tod Gottes« nichts entgegenzusetzen und ist auch nicht in der Lage, so etwas wie Verzeihen zu konzeptionalisieren.

Das westliche anthropologische Selbstverständnis *ex negativo*, das in der Reformation unwiderruflich aktualisiert und verschärft re-etabliert wurde, hat – säkularisiert – neben dem inhärenten selbstkritischen Impuls bei der

263 Klaus-Michael Kodalle: *Verzeihung denken. Die verkannte Grundlage humaner Verhältnisse*, München 2013, S. 10 f.

264 Ebd.

Fahndung nach Urbösem eine absolut gesetzte Reinheit der Erkenntnis, der Urteilskraft, der Absichten zur Voraussetzung, die – an zeitenthobenen Utopien, an paradiesischen Ur-Zuständen oder einem idealen Eschaton maßnehmend – Gefahr läuft, eine schuldverstrickende, ambivalente, relative Gegenwart zu verdammen, zu verketzern oder zu verleugnen.

Sie sind uns einfach ans Herz gewachsen, die Sündenfälle der Menschheit; die völlige Verderbnis der Spezies, die sich seit Menschengedenken zu aktualisieren scheint, als Generika des *peccatum originale.*

Ohne Anspruch auf Vollständigkeit wären dem mythologischen »Fehltritt« von Eden hinzuzufügen: Die Unterdrückung der Frau durch den Mann, vulgo das Patriarchat. Die Sklaverei. Die Kreuzzüge. Die Inquisition. Die Konfessionskriege des Reformationszeitalters. Die Hexenverfolgungen. Die koloniale bzw. die nationalsozialistische Vergangenheit. Die Judenvernichtung im Holocaust. Der Rassismus. Das Waldsterben. Die Klimakatastrophe durch menschengemachte $CO_2$-Emissionen. Der Irak-Krieg. Die industrialisierte Massentierhaltung. Die Homophobie. Die Islamophobie. In der Frankfurter Paulskirche wurde zuletzt – einen Meilenstein der Differenzierung setzend – die Quelle aller Schlechtigkeit ausgemacht: Der *Haß* (Carolin Emcke).

»Gehe zurück nach der Badstraße« scheint eine »Ereigniskarte« im Monopoly menschlicher Möglichkeiten zu sein. Und auch wenn Gott nicht würfelt (so Einstein); der Mensch tut es – und legt von Zeit zu Zeit den Rückwärtsgang hin zum Schlechten ein. Wohl kein Zufall: nur in der deutschen Ausgabe von Monopoly changiert dieser allererste Straßenname zwischen einem Ort des Purgatoriums, der Reinigung, und einem »Tatort«, der *badness.*

Das »Großmachen der Sünde« ist seit Luther das Kerngeschäft des lateinischen Westens und es erweist sich im Land der Reformation aus vielerlei Gründen als besonders lukrativ. Daß sich dabei primär eine Mischung aus lutherischen und calvinistischen Lesarten der augustinischen Erbsünde durchgesetzt hat, läßt sich für die meisten der oben angeführten semantischen Transformationen der Ursünde aufzeigen; mit dem größten Erkenntnisgewinn wohl bei der Transformation des Holocaust in eine negative Ursprungserzählung, die im Zeichen eines bannen wollenden »Nie wieder!« zu memorieren ist. Wieder und wieder.

*Credo in unum Holocaustum.* Vergleichen verboten! Der *Historikerstreit* von 1986/87 hat sich – in der Rückschau – als eine Art Reformation deutscher Geschichtsbetrachtung erwiesen. Fortan gilt, daß die Berufenen und Befähigten, die Fachhistoriker, ihr Deutungsmonopol über diese Geschichte einbüßen: Experten, die frei forschen und womöglich historische Vergleiche mit dem Archipel Gulag, mit dem Genozid an den Armeniern und anderem übergroß Schrecklichen anstellen.

Habermas hatte – in schöner Parallele zu Luther – die historisierende, per se relativierende (Ablaß-) Praxis eines jeden Historikers bestritten und auf einer Ursünde gepocht, die durch keinen Historikerpapst ermäßigt oder vergeben werden kann. Der Sieg von Habermas im *Historikerstreit* war deshalb nicht nur die »befreiende« Selbstinvestitur eines einzelnen Soziologieprofessors zum Historiker – allein durch Glauben; vielmehr wird ein allgemeines Historikersein eines jeden Nichthistorikers postuliert: Im Zeichen des »Nie wieder!« kann nun jeder und jede nach Gusto und Gewissen entscheiden, ob »Jungkonservative« (Habermas) nicht vielmehr Altnazis sind, ob mit Björn Höcke bereits ein Joseph Goebbels zurückgekehrt ist, ob in einem brennenden Asylantenheim ein KZ-Hochofen lodert oder ob im Pegida-Aufmarsch die Vorstufe eines Reichsparteitages stattfindet. Domherren können nun gewiß sein: Löschen sie das Licht an ihrem Dom, haben sie dem »Lichtdom« Albert Speers den Stecker gezogen. Uneingestandene Vergleiche allerorten, demokratisiert, der Fachwelt enthoben. Überblendungen, Parallelisierungen durch jedermann; angeleitet von politischen Propheten.

Nimmt man das Selbstbild der »Nie-Wieder!«-Aktivisten und ihrer medialen Antifa-Alliierten zum Nennwert, so ist an ein Diktum von Karl Marx zu erinnern, wonach alle historischen Ereignisse zweimal geschehen: das erste Mal als Tragödie, das zweite Mal als Farce.

Das »Nie-wieder!«-Mantra aus der »Wehret-den-Anfängen!«-Ortsgruppe ist dabei doppelt inflationierend: Der Drang, überall neue Nazis am Werk zu sehen, entwertet und banalisiert das Böse des real gewordenen Holocaust, banalisiert die historischen Nazis ebenso wie das heutige Engagement der Gutwilligen, das gegen allerkleinste Münze an persönlichem Risiko zu haben ist. Das Diktum Dietrich Bonhoeffers von der »billigen Gnade als System«[265]

265 Bonhoeffer, *Nachfolge*, 1937, S. 13.

im Protestantismus läßt sich bruchlos auf die Erinnerungskultur übertragen.

Der Reinheit der Abendmahlsgesellschaft unter Calvin entspricht nun die Reinheit der Paulskirchengemeinde unter Habermas, entspricht die Reinheit des Bundestagsplenums unter Richard von Weizsäcker, entspricht die Reinheit einer Antifa-Kundgebung unter Claudia Roth. *Sola memoria*: Allein die Erinnerung rechtfertigt im Anerkennungskosmos der Vereinten Nationen, die in den Artikeln 53, 77 und 107 ihrer UN-Charta ein gutes Gedächtnis bewahren und ihren drittgrößten Beitragszahler, Deutschland, und seine Weltkriegsverbündeten bis heute als einen »Feindstaat« führen. Woran zu *erinnern* ist. »Jedes UN-Land hat das Recht, in den unter die Klausel fallenden Ländern militärisch einzugreifen – auch ohne weiteres UN-Mandat. Ein hellblauer Freibrief für eine Invasion Deutschlands?«, fragt Chris Melzer für die *dpa*. Der Ägyptologe Jan Assmann formuliert das Weltlich-Überweltliche des deutschen Vergehens in einem *Focus*-Interview wie folgt: »Wir haben es ja mit einer Passionsgeschichte zu tun. (...) Das ist der Stoff, aus dem Religionen sind. (Deutschland ist) Tatort und Täter. Wenn wir das wirklich im Sinne einer Passionsgeschichte nehmen, dann ist Deutschland eine Via Dolorosa mit den Gedenkstätten der Todeslager als Leidensstationen.«[266]

Daß die deutsche Zivilgesellschaft zunehmend die Züge einer Zivilreligion trägt, daß die Gedenk- und Erinnerungskultur mit subkutanen theologischen Ar-

266 Jan Assmann: »Eine neue Weltreligion?« (Interview mit Michael Klonovsky), in: *Focus* Nr. 16 vom 14. April 2001, Internetdokument.

tefakten operiert, bleibt weitgehend tabuisiert: Als neues Eschaton fungiert die »im Rahmen veranstalteter Öffentlichkeit«[267] publizistisch aufbereitete ideale Erinnerungssituation, eine Variation der »idealen Sprechsituation« wie sie von Jürgen Habermas in der *Theorie des kommunikativen Handelns* – zutreffender: *Theologie* des kommunikativen Handelns – entwickelt worden ist. Ein rechtfertigendes Erlösungs-Setting, in dem die Erinnernden, »die Diskursteilnehmer *unterstellen müssen,* daß unter den unausweichlichen Kommunikationsvoraussetzungen der argumentativen Rede nur der zwanglose Zwang des besseren Arguments zum Zuge kommt«[268], mithin darauf zu achten ist, daß »nur Meinungen (Erinnerungen), die bestimmte Kriterien erfüllen, zu eigentlichen öffentlichen Meinungen (Erinnerungen) werden. Nicht jede Meinung (Erinnerung) eignet sich dazu.«[269]

Da die Sakralität des gesellschaftlichen Guten als Vorderseite des »zwanglosen Zwangs« fungiert, kommt bei aller Radikalität der Durchsetzung die Rückseite der hypertrophen Moral nicht mehr in den Blick: »ein beispielloser Verfall der Sitten«[270], über den zu schweigen ist.

267 Jürgen Habermas: *Faktizität und Geltung. Beiträge zur Diskurstheorie des Rechts und des demokratischen Rechtsstaats,* Frankfurt am Main 1992, S. 443.

268 Jürgen Habermas: »Die Verschlingung von Mythos und Aufklärung. Bemerkung zur Dialektik der Aufklärung – nach einer erneuten Lektüre«, in: Karl Heinz Bohrer (Hrsg.): *Mythos und Moderne,* Frankfurt am Main 1983, S. 429, Kursives im Original.

269 Alessandro Pinzani: »Strukturwandel der Weltöffentlichkeit?«, in: Jean-Christophe Merle (Hrsg): *Globale Gerechtigkeit – Global Justice,* Stuttgart-Bad Cannstatt 2005, S. 280. Klammerzusätze durch den Verfasser.

270 Arnold Gehlen: *Moral und Hypermoral. Eine pluralistische Ethik,* Frankfurt am Main 2016, S. 170.

Kein Mißklang darf das vorgeblich interesselose, reine Erinnern stören. »Diversity« der Erinnerungen ist unerwünscht. Vielmehr soll »Singularity« den Vielen ganz fraglos werden, wenn (uneingestanden) kultisch anamnetisch gesprochen wird, ohne eine Vollmacht zur Epiklese zu haben oder zur Sündenvergebung. Denn allenfalls kann der *Heilige Zeitgeist* durch Habermas herabgerufen werden. Die *Theologie* des kommunikativen Handels wäre als solche auszuweisen; der Priestertrug eines Jürgen Habermas und seiner medialen Meßdiener namhaft zu machen.

Der Philosoph Klaus-Michael Kodalle hat dem vorgeblich »religiös unmusikalischen« Diskursprediger »die Unnachsichtigkeit des moralischen Blicks«[271] vorgehalten; eine Abschottung »gegen die philosophische Würdigung und Verortung von Verzeihung und Reue.«[272] Denn Habermas bekennt, »daß in der säkularisierten Welt die religiös insinuierte Gewissensregung der Reue nicht mehr als vernünftig gilt«[273]; ihr gibt er den Abschied; wie schon der Satan in Miltons *Paradise Lost:* »Farewell remorse: all good to me is lost; Evil be thou my good«; »Böses, sei Du mein Gutes!«

Vernunft, *Faktizität und Geltung* werden nun von einer Gnadenlosigkeit beansprucht, die noch im Jahr 1990 auf der innerdeutschen Grenze als Strafe für Auschwitz bestanden hat und im Jahr 2015 aus demselben Grund ein

271 Kodalle, *Verzeihung*, 2013, S. 114.

272 Ebd., S. 117.

273 Jürgen Habermas: »Zu Max Horkheimers Satz: ›Einen unbedingten Sinn zu retten ohne Gott, ist eitel‹ «, in: ders, *Texte und Kontexte*, Frankfurt am Main 1991, S. 110, 112.

Deutschland ohne Grenzen favorisiert. In beiden Fällen gilt der 1990er Befund von Rudolf Augstein, der den Satz des Günter Grass »Der Ort des Schreckens schließt einen zukünftigen deutschen Einheitsstaat aus.« wie folgt kommentierte: »Das ist keine politische Betrachtungsweise. Das ist Religion.«[274]

Im Kern der deutschen Erinnerungskultur vollzieht sich mithin ein reformatorisches Rechtfertigungsgeschehen ohne Gott: die Möglichkeit der luziden Selbstrechtfertigung durch hypermoralistische Bußfertigkeit, durch »Sündenstolz« bis hin zum Selbsthaß. Dem Gott des Erbarmens baute man Kathedralen. *Der Gott des Gemetzels* fordert Stelenfelder – und bekommt sie: einen »Ort, zu dem man gerne hingeht.« (Gerhard Schröder)

Eine Matrix, die – ebenso borniert, wie betoniert – darauf hinausläuft, die Unheilsgeschichte von Millionen als eine Heilsgeschichte für Wenige zu etablieren: für die kleine Schar der Erwählten, sich erinnernden und *deshalb* gerechtfertigten Nachkommen von Sünderinnen und Sündern. Es sind moderne Geißler und Flagellanten, die sich an den »ethisch-moralisch hoch aufgeladenen Inseln«[275], den »authentischen« Orten der NS-Verbrechen, einfinden und dort Abbitte leisten.

»An den deutschen Gedenkorten bleiben die Unschuldigen unter sich. Hier präsentiert sich eine Erin-

274 Günter Grass (et al. im Fernsehgespräch): *Deutschland, einig Vaterland?* Streit ums »Einig Vaterland«: 1960–1990. Eine Diskussion mit Günter Grass und Rudolf Augstein, 14. Februar 1990, Internetdokument.

275 Heidemarie Uhl: »Schuldgedächtnis und Erinnerungsbegehren. Thesen zur europäischen Erinnerungskultur«, in: Lucia Scherzberg (Hrsg.): *»Doppelte Vergangenheitsbewältigung« und die Singularität des Holocaust,* Saarbrücken 2012, S. 193, 211 f.

nerungsgemeinschaft, die auf ein geliehenes Selbstbild rekurriert und die sich der spezifischen deutschen Ambivalenz des Holocaust-Gedenkens durch Identifikation mit den Opfern zu entledigen sucht.«[276] Daß die deutsche Erinnerungskultur auch eine Art Exportschlager zu werden verspricht, ist die bittere Pointe einer »Doppelbewegung von Attraktion und Abscheu.«[277] Der geschichtliche Schatten »kann vom Odium zum Asset werden, vom Schandmal zum Alleinstellungsmerkmal, vom ›Stigma zum Standortfaktor‹. Der *dark tourism* tritt auf der ›Berliner Geschichtsmeile‹ so anziehungskräftig in Erscheinung wie in der historischen Pilgerfahrt auf den Obersalzberg (...) und hat als KZ-Tourismus neue Phänomene wie das ›Auschwitz-Selfie‹ und das ›KZ-Souvenir‹ hervorgebracht.«[278]

Die Mitinitiatorin des Stelenfeldes, Edith Renate Ursula »Lea« Rosh, konnte nur mit Mühe davon abgebracht werden, ihr eigenes »KZ-Souvenir«, den von ihr gefundenen Zahn eines NS-Opfers, in einer der Stelen einarbeiten zu lassen und erwies sich in dieser bodenlosen Überidentifikation mit den Opfern als unlöslich verbunden mit Formen überkommener christlicher Reliquienverehrung und einer Heilserwartung, die sich von den Opfern des Holocaust – »möglicherweise unbewußt – rettende Fürsprache und Wunderwirkung erhofft.«[279]

276 Ulrike Jureit/Christian Schneider: *Gefühlte Opfer. Illusionen der Vergangenheitsbewältigung*, Stuttgart 2010, S. 50.

277 Martin Sabrow: »Abschied von der Aufklärung. Über das Erlösungsversprechen unserer Erinnerungskultur«, in: *Merkur* 813, Februar 2017, S. 5, 13.

278 Ebd., Kursives im Original.

279 Jureit/Schneider, *Opfer*, 2010, S. 49.

Daß die deutsche Erinnerungskultur Gefahr läuft, Geschichte zu annihilieren, statt zu erinnern, sich damit als Gestalt des Vergessens erweist, hat Karl Heinz Bohrer im Jahr 2001 zu bedenken gegeben. Bohrer erkennt in der Verweigerung der hermeneutischen Perspektivität aller Erfahrung einen dramatischen Verlust der Fernerinnerung zugunsten eines politisch gewollten Kurzzeitgedächtnisses. Erinnerungskultur wäre mithin – folgt man Bohrer – ein »paradoxale(s) Verfahren, Erinnerungslosigkeit herzustellen, indem man eine unmittelbare Naherinnerung anhält und auf ewig stellt. Die auf den Nationalsozialismus konzentrierte Geschichtserinnerung bedeutete (...) eine radikale Reduktion der Nationalgeschichte. Die Erhebung des Holocaust zum eigentlich archimedischen Punkt der deutschen Geschichte radikalisiert diese Reduktion noch einmal so sehr, daß der dabei unterschwellig wirkende (...) Gedanke zum Vorschein kommt, erst durch eine reinigende Selbstvernichtung wieder neu erstehen zu können. Mit dem Holocaust, so die Idee, hat sich die deutsche Nation selbst moralisch vernichtet. Also kann ihre moralische Wiederauferstehung nur mittels eines negativen Gründungsmythos geschehen, der von der deutschen Geschichte nichts übrig läßt als diese einzige, sie auslöschende neue Gedächtnisquelle.«[280] Die Deutschen tun alles, um eine Wiederholung des Holocaust auszuschließen. »Sie tun dies aber nur mit einer gleichzeitigen Selbstverachtung, ja Selbstvernichtung, indem die ursprüngliche Sünde, die Tat unter Aufopferung des Lebens nicht vermieden

280 Karl Heinz Bohrer: *Ekstasen der Zeit. Augenblick, Gegenwart, Erinnerung*, München, Wien 2003, S. 26.

zu haben, symbolisch aufgewogen werden soll. (...) Sie setzen Moralismus an die Stelle der Geschichte, wollen Geschichte aufheben, um den Folgen zu entkommen.«[281]

Das Scharfstellen auf die zwölf braunen Jahre geht zivil-liturgisch oft einher mit Rekurs auf das Diktum des osteuropäischen Chassidismus, dem berühmten Satz, »der inzwischen weltweit zur leider billigen Münze vieler Festtagsredner und Broschüren verkommen ist: ›Das Exil wird länger und länger des Vergessens wegen, aber im *Erinnern* liegt das Geheimnis der Erlösung.‹ «[282]. Die böse Pointe indes ist diese: Den Tröstungen einer Gedächtniszivilisation par excellence, der jüdischen, fehlt in der Usurpation durch eine gedächtnislose Erinnerungskultur par excellence, der deutschen, der historische Resonanzraum; sie sind stimmloser Übergriff und Unterwerfung in einem.

> »Das Gedächtnis der Deutschen auf den Holocaust zu fokussieren, nimmt ihnen die Kraft des Gedächtnisses als Ganzes und also auch die Kraft, den Holocaust in ihr nationales Selbstverständnis aufzunehmen. Denn Gedächtnis liegt nur dort vor, wo es ein Gedächtnis von vielem gibt. Gedächtnis, das nur einem einzigen gilt, verdient den Namen nicht. (...) Es wäre kein Gedächtnis, wenn die dafür notwendige ruhige, weitschweifende Reflexivität fehlt.«[283]

281 Ebd., S. 27.

282 Karl Erich Grözinger: »Gedenken, Erinnern und Fest als Wege zur Erlösung des Menschen und zur Transzendenzerfahrung im Judentum«, in: Hendrik Adriaanse/Bernhard Casper (Hrsg.): *Alltag und Transzendenz. Studien zur religiösen Erfahrung in der gegenwärtigen Gesellschaft*, Freiburg und München 1992, S. 19, Kursives im Original.

283 Bohrer, *Ekstasen*, 2003, S. 27.

Daß ein historisches Gedächtnis womöglich erst dann entsteht, wenn bestimmte Erinnerungen dem Vergessen anempfohlen werden, ist geschichtlich für den europäischen Kulturkreis vielfach belegt. Cicero verordnete dem römischen Senat nach dem Mord an Caesar: »Alle Erinnerung an die mörderische Zwietracht solle ewigem Vergessen übergeben werden«[284]. In Artikel II des Westfälischen Friedens von 1648 wird »*oblivio perpetua et amnestia*« zugesichert: »immerwährendes Vergeben und Vergessen« am Ende des 30jährigen Krieges. Ein Gedanke, der auch tief im Selbstverständnis der Französischen Republik verankert ist als *oubli du passé.* Ein Recht auf Vergessen, das paradoxerweise die Erinnerung schärft:

Denn wie schon von einer jüdischen, so kann auch von einer französischen Zivilisation der Erinnerung gesprochen werden. Weil das Revolutionspathos in der Binnenperspektive durch das Wissen um *la grande terreur* ermäßigt, zivilisiert, abgeblendet wird und auf diese Weise eine größere Tiefenschärfe des historischen Gedächtnisses entsteht, in der neben *laïcité,* als *der* Errungenschaft der Revolution von 1789, auch das sehr viel ältere Selbstverständnis Frankreichs in den Blick gerät, seit der Bekehrung Chlodwigs im Jahr 498 die »älteste Tochter der römischen Kirche« zu sein.

Zusammenhänge, die im Land der Erinnerungskultur nicht zur Kenntnis genommen werden, die aber virulent werden, wenn in Paris Millionen (sic!) auf die Straße gehen, um gegen die »Ehe für alle« zu demonstrieren und

284 Bei Arnulf Baring: »Aufarbeitung – eine deutsche Spezialität?«, in: *Frankfurter Allgemeine* Zeitung vom 25. Juli 1998, S. 6.

man in der Regenbogen-Republik diesseits des Rheins einem ungebändigten Noch-nicht-gleichgeschaltet-Sein ins Auge blicken muß.

Die Asymmetrie des Holocausts hat die Möglichkeit eines *oubli du passé* versperrt: Wechselseitigem Vergeben und Vergessen fehlt jede Grundlage. Was aber, wenn durch den »großmachenden«, verabsolutierenden Modus der Erinnerungskultur das gutgemeinte Ziel *à la longue* verfehlt wird und sich das historische Gedenken der Shoah in einen ebenso ubiquitären wie ortlosen Auschwitz-Mythos verflüchtigt? Der Judaist James Edward Young legt den Finger noch tiefer in die Wunde: »Mag sein, daß der Impuls, Ereignisse wie den Holocaust zu monumentalisieren, im Grunde dem gegensätzlichen und gleichermaßen starken Wunsch entspricht, sie zu vergessen.«[285]

Die deutsche Erinnerungskultur zu europäisieren, ja zu globalisieren, ist die *hidden agenda* des nun auch »Zerknirschung« und »Sündenstolz« feilbietenden Exportweltmeisters; der bei der Ausfuhr dieser hochsensiblen Handelsgüter selbstverständlich vor Protektionismus warnt: vor der unzeitgemäßen Abschottung in nationale Narrative mit womöglich positiveren Konnotationen.

Den Holocaust zu »einer Metapher für die verschiedensten Leidenserfahrungen und -geschichten« zu machen, z. B. »*American Holocaust* als Begriff für den Ge-

285 James Edward Young: »Die Textur der Erinnerung – Holocaust-Gedenkstätten«, in: Hanno Loewy (Hrsg.): *Holocaust: Die Grenzen des Verstehens. Eine Debatte über die Besetzung der Geschichte*, Reinbek bei Hamburg 1992, S. 221.

nozid an den Indianern«[286] zu etablieren, hat Empathie zur Voraussetzung. Und auch wenn *Die dunklen Seiten der Empathie* (Fritz Breithaupt) bereits am Horizont aszendieren; die »moralisch-ethische Bedeutung des Schuldgedächtnisses«[287], des »Bekenntnisdiskurses«[288] steht und fällt mit dieser Bereitschaft zum fiktiven »Miterleben«, zur »co-experience«[289].

Die österreichische Historikerin Heidemarie Uhl verweist beispielhaft auf die einführenden Worte des Regisseurs Rex Bloomstein zu seinem Film über das KZ, die Gedenkstätte und den Ort Mauthausen: »This is a film about us – about you and about me«.[290] Uhl schlußfolgert:

> »Das Erinnerungsgebot an das, was ›wir‹ den ›anderen‹ angetan haben, stellt an jeden von uns die Frage nach dem eigenen Verhalten, nach einer imaginierten potentiellen Täterschaft eines jeden, der nicht von vorneherein durch die rassistischen Kategorien des NS-Staates als Opfer definiert war (...). Das Neue am Schuldgedächtnis ist die Entpolitisierung und Anthropologisierung der Kategorie Schuld. Damit verbinden sich auch neue Imaginationen über die Gesellschaft, die jenseits von nationalen, politisch-ideologischen

286 Lucia Scherzberg: »Schlusswort«, in: dies. (Hrsg.): *»Doppelte Vergangenheitsbewältigung« und die Singularität des Holocaust*, Saarbrücken 2012, S. 396.

287 Uhl, Schuldgedächtnis, 2012, S. 207.

288 Vgl. Oliver Marchart: »Das historisch-politische Gedächtnis. Für eine politische Theorie kollektiver Erinnerung«, in: Christian Gerbel et al. (Hrsg.): *Transformationen gesellschaftlicher Erinnerung. Studien zur »Gedächtnisgeschichte« der Zweiten Republik*, Wien 2005, S. 21-49.

289 Fritz Breithaupt: *Die dunklen Seiten der Empathie*, Berlin 2017, S. 15.

290 Bei Uhl, Schuldgedächtnis, 2012, S. 207.

und sozialen Kategorien angesiedelt ist, also jenseits von jenen Denkfiguren der Moderne, die das historisch Imaginäre der Nachkriegsmythen bestimmen.«[291]

Dieses »Neue am Schuldgedächtnis«, die »imaginierte (...) Täterschaft«, ist jedoch alles andere als neu: »Könnte ich doch etwas ganz Ungeheures an Sünde anstellen, bloß um den Teufel zum besten zu haben, damit er einsehe, daß ich keine Sünde anerkenne und mir keiner Sünde bewußt bin!«[292] liest man in einer Flaschenpost von 1530.

Uhl hätte einfach mal bei Luther und bei Augustinus nachschlagen können und wäre bereits bei diesen – »jenseits von Denkfiguren der Moderne« – auf historisierende, imaginierte, anthropologische Kategorien der Schuld gestoßen. Ist dies der Rückfall in die Vormoderne? In bester Absicht?

Fünfhundert Jahre nach dem rechtfertigenden Reset der Augustinischen Erbsündenlehre durch Luther taucht die Schuldverfallenheit eines jeden Menschen im Projekt des globalen Exports der deutschen Erinnerungskultur erneut auf. »Zukünftige HistorikerInnen werden ihr Forschungsinteresse womöglich darauf richten, mit welcher Selbstverständlichkeit sich die Denkfigur Gedächtnis im Symbolhaushalt spätmoderner Gesellschaften verankert hat, auf die rasche Akzeptanz, die dieses Paradigma gewonnen und die Intensität, mit der das Erinnerungsgebot (...) das gesellschaftlich Imaginä-

291 Ebd.

292 Martin Luther: *Briefe,* in: WA, 5, 518 ff.; Hacker, Ich, 2009, S. 266.

re durchdrungen hat.«[293] Stets die Möglichkeit bereithaltend, Deutschland und die Deutschen als die Stammeltern des Urbösen kennzeichnen zu können, wenn es politisch opportun ist. Denn »die Entwicklung des europäischen Gedächtnisses läßt sich – mit der Terminologie des Soziologen M. Rainer Lepsius – als Kampf um die Durchsetzung der Internalisierung des Nationalsozialismus als normativem Bezugspunkt der politischen Kultur beschreiben.«[294] »Begriffe wie ›Tätergesellschaft‹ zählen mittlerweile zum geläufigen Wortschatz des Vergangenheitsdiskurses, vielfach bereits ohne Anführungszeichen verwendet«.[295]

In Zukunft wird es vermehrt Menschen in Deutschland geben, die in diesem »Vergangenheitsdiskurs« die große Wahlfreiheit haben (und natürlich auch den Doppelpaß): Sie können sich zur »Tätergesellschaft« bekennen oder eben *nicht* daran glauben, das Credo der Zivilreligion verweigern. Spricht man mit Lehrern hinter vorgehaltener Hand, berichten diese über sich häufende Widerstände von Schülern mit Migrationshintergrund, an Besuchen von Konzentrationslagern teilzunehmen: »Weil das nicht meine Geschichte ist«, »nicht meine Identität berührt«.

Ein böses Erwachen für die Gegner jeder Leitkultur, wenn ihrer *Leidkultur* so ostentative Verachtung entgegenschlägt. Aber anstatt das hehre Ziel zu hinterfragen, bleibt es beim Prinzip Hoffnung. Mit ihm lassen sich Taschen, Hörsäle und Seiten füllen. Zum Beispiel in der

293 Uhl, Schuldgedächtnis, 2012, S. 202.

294 Ebd., S. 207.

295 Ebd., S. 210.

*Frankfurter Allgemeinen Zeitung* vom 7. Juli 2017 durch Navid Kermani. Unter dem Titel *Auschwitz morgen – Die Zukunft der Erinnerung* setzt der deutsch-iranische Orientalist ganz auf den pädagogischen Eros und darauf, daß die (deutsche) Sprache, der man auch als Migrant nicht entkommt, die Identifikation mit der deutschen Schuld dauerhaft ermöglichen soll.[296] Es ist dies die Wiederbeschwörung einer deutschen »Kulturnation«. *Dunkle Zeichen*: Denn daß dieses Erbe mit Politik auf Kriegsfuß steht und mit Moral verheiratet ist, versteht sich von selbst. Kermanis Manifest transportiert mithin ein implizites Muß; das notorische: »Es kann nicht sein, daß ...«.

Doch. Es kann anders sein und es wird massenhaft anders kommen, als Kermani sich *Die Zukunft der Erinnerung – Auschwitz morgen* erträumt. Das Schuld-Narrativ wird nicht in der Lage sein, für die neuen »Menschen in Deutschland«, die Flüchtlinge und Migranten, identitätsstiftend zu wirken. Der Weg in eine Parallelgesellschaft ohne Auschwitz als dem negativen Absoluten wird millionenfach der sehr viel naheliegendere sein. Übermorgen.

Lothar Probst vom »Institut für kulturwissenschaftliche Deutschlandstudien« an der Universität Bremen und Winfried Thaa, Professor für Vergleichende Regierungslehre an der Universität Trier, sehen den Export des Schuldgedächtnisses kritisch:

»Wir halten es für problematisch, den innenpolitischen Raum Europas auf ein Ereignis mit suprahi-

296 Navid Kermani: »Auschwitz morgen – Die Zukunft der Erinnerung«, in: *Frankfurter Allgemeine Zeitung* vom 7. Juli 2017, S. 9, 11.

storischem Geltungsanspruch zu gründen, weil das die denkbar stärkste Moralisierung des politischen Raumes nach sich zieht. (...) Wer die politische Integration Europas auf die negative Rückbindung an den Holocaust gründet, setzt eine Mechanik des Ein- und Ausschlusses in Gang, die zu Schwarzweißbildern verleitet, den Gegner dämonisiert und moralisches Verurteilen an die Stelle des wägenden politischen Urteils setzt. (...) Es scheint darum zu gehen, durch Rekurs auf den Holocaust eine quasireligiöse Verankerung des Politischen zu finden.«[297]

Die Banalisierung des Bösen in der Erinnerungskultur: Sie entfaltet sich in der Entpolitisierung durch eine vorgeblich politische Klasse, in der Re-Mythologisierung durch passionierte Entmythologisierer, in der Theokratisierung durch »religiös Unmusikalische«, die, gerechtfertigt durch »Erinnern« und »Engagement«, Anklage erheben dürfen; und die nun, nach dem Ableben der Tätergeneration, einfach die Perspektive wechseln: Der »Flucht in die absolute Richterposition«[298] folgt nun – via Empathie – der Sprung ins Opferimago. Das Vorbild: Der Gott der Christen, dem beides *ungetrennt und umvermischt* zu eigen war – wahrer Mensch und wahrer Gott. Warum sollten die »religiös Unmusikalischen« nach dem »Tod Gottes« nicht auch dieses Erbe antreten können? *Ungetrennt und umvermischt* perfor-

297 Lothar Probst/Winfried Thaa: »Welche Zivilreligion braucht Europa? Die Erinnerung an den Holocaust sollte es nicht sein. Eine Antwort auf Dan Diner«, in: *Die Welt* vom 13. März 2000.

298 Odo Marquard: *Glück im Unglück. Philosophische Überlegungen*, München 1995, S. 72.

men: als Richter *und* als Opfer. Das *Chalcedonense* von 451 läßt schön grüßen.

### *Marginalie 14: Das Schweigen der Lämmer. Das Schweigen der Hirten*

Die Diskussionen über »das Versagen« der beiden Kirchen im Nationalsozialismus können hier nicht *en détail* nachgezeichnet werden: Es sind stets auch Diskussionen entlang der binären Logik von Reden und Schweigen, von Handeln und Unterlassen.

Mit größerem zeitlichen Abstand zur diktatorischen Spitzel- und Denunziationsrealität scheint sich innerhalb dieser Logik ein Primat des weithin ausgebliebenen (öffentlichen) Redens vor dem *weniger* weithin ausgebliebenen (privaten) Handeln durchzusetzen: Das Schweigen, das fehlende Wort, das fehlende Bekenntnis stehen – wohlfeil und risikolos – am Pranger. Und fraglos wird dabei vorausgesetzt, daß öffentliches »Reden« das Böse nicht etwa noch böser gemacht hätte, sondern – wie im Märchen – hätte bannen können und sich das Rumpelstilzchen im Anschluß daran selbst zerlegt hätte. Fromme Wünsche.

Die Vorstellung, daß das »Wort allein« es schon richten wird und sich die passende Tat irgendwie dazugesellt, bedient immer auch das protestantische Narrativ einer durchaus buchstäblich zu nehmenden »Redlichkeit«, das allzu gerne unterschlägt, daß jede Diktatur auch die hohe Zeit der Verstellung, Ambiguität, Heimlichkeit, des Tricksens, Täuschens, Lügens und Lavierens ist: allesamt Handlungsfreiheit induzierende Rettungsanker des Humanum, die der Schöpfer aber wohl allzu ungleich verteilt hat unter seinen Konfessionen; weshalb die Rede vom »Schweigen« auch den Effekt hat, beide Kirchen ganz undifferenziert im Abgrund desselben »Versagens« versenken zu können. Noch nie war die Klage zu vernehmen, daß im Dritten Reich zu wenig gelogen, getrickst, getäuscht, verheimlicht und versteckt wurde, die Klage über »das Schweigen« dürfte hingegen bis in jede Kita vorgedrungen sein.

Jenseits der hier lediglich angedeuteten, überaus handlungsrelevanten Mentalitätsunterschiede ruft der Politikwissenschaftler Hans Maier die systematischen Unterschiede ins Gedächtnis, die sich aus »ekklesiologischen Vorgaben und Kontexte(n)« speisen: »Die Problematik katholischer Positionen in totalitären Systemen liegt oft in einem institutionellen Legalismus, die Probleme der Protestanten liegen dagegen mehr in einem geschichtlichen Aktualismus (mit stärkeren, jedoch wechselnden Identifikationen)«.[299]

Generalisierend läßt sich mit Maier festhalten, daß die Katholische Kirche, »die prinzipiell auf Rechtsbeziehungen zur politischen Gewalt« beharrt und auf »Staatlichkeit, also auf rechtsförmige Beziehungen«[300] setzt, es leichter hatte, ihre institutionelle und spirituelle Identität zu bewahren, als der evangelische Counterpart, der spätestens mit dem Ende des landesherrlichen Kirchenregiments – der Abdankung Kaiser Wilhelms nach dem 1. Weltkrieg – seine jahrhundertelang ohnehin

299 Hans Maier: »Das totalitäre Zeitalter und die Kirchen«, in: Manfred Spieker (Hrsg.): *Vom Sozialismus zum demokratischen Rechtsstaaat. Der Beitrag der katholischen Soziallehre zu den Transformationsprozessen in Polen und in der ehemaligen DDR*, Paderborn et al. 1992, S. 11, 35.

300 Ebd., S. 34.

prekäre Kirchengestalt vollständig einbüßte; sein Heil in einer (dialektischen) »Theologie der Krise« suchte und sich kurz darauf in einer krisenhaften Praxis wiederfand, die ein gänzlich undialektisches Identifikationsangebot machte und das *Ende der Aufrichtigkeit* (Lionel Trilling) einläutete.

Der evangelische Theologe Walter Schöpsdau rät »anzuerkennen, daß in der katholischen Kirche der Widerstand gegen den Nationalsozialismus deutlicher ausgeprägt war als in der evangelischen und daß der Protestantismus diejenige christliche Konfession ist, die in kirchenfeindlichen Diktaturen den stärksten Erosionserscheinungen unterliegt.«[301] Hier wäre zu präzisieren: Die protestantischen Erosionserscheinungen sind nicht nur in »kirchenfeindlichen Diktaturen« zu verzeichnen, sondern haben mit der Gravitationswirkung von gestalthaften (politischen) Systemen überhaupt zu tun, die eine Kirche schwer beeindrucken *müssen*, die sich primär als eine »unsichtbare Kirche« begreift. Die Erosionen finden deshalb auch im kirchenfreundlichen System von Angela Merkel kein Ende.

### *Marginalie 15: Comfortably guilty – »Is there anybody out there?«*

Die Vorarbeiten durch Augustinus, Luther und Calvin einmal vorausgesetzt: Wie konstituierte sich die deutsche Behaglichkeit in der Schuldkultur; das deutsche

301 Walter Schöpsdau: *Angenommenes Leben. Beiträge zu Ethik, Philosophie und Ökumene,* Göttingen 2005, S. 143.

Unbehagen in der Zivilisation nach dem Zivilisationsbruch? Blicken wir zurück auf die konfessionelle Weichenstellung der Nachkriegszeit, auf den »Verlust der Gnade«, in der »*Übertribunalisierung* der menschlichen Wirklichkeit«[302], auf die Transformation des »eschatologischen Vorbehaltes« (Erik Peterson) in einen moralischen.

Während die Katholische Kirche in ihren öffentlichen Erklärungen bereits kurz nach dem Ende des 2. Weltkrieges an elementare personale Zusammenhänge von Schuld, Sühne und Vergebung erinnerte und Augustinus (mit seiner Prädestination) einen guten Mann sein ließ, plädierte die frisch formierte EKD für eine kollektivistische Betrachtung von Schuld und Sühne, in der entsprechende alttestamentliche Denkfiguren, das lutherische »Großmachen der Sünde«, sowie die *Logik des Schrekkens* (Kurt Flasch) einer nunmehr auch *national* begriffenen negativen Prädestination zu einer fragwürdigen, nachgerade unchristlichen EKD-Agenda verschmelzen; einer auf Dauer gestellten kollektiven Beichte, in der von *Vergebung* nicht mehr die Rede ist, denn Vergebung kann nur *personal* gedacht werden.

Bemerkenswert: Die Kirche des emphatischen *pro me*, die in diesem Sinn noch jeden biblischen Plural gewaltsam in einen Singular übersetzte, die auf der individuellen »Rechtfertigung allein aus Gnade um Christi willen durch den Glauben«[303] pochte, Unvertretbarkeit und »Gottesunmittelbarkeit« statuierte, in der der Ein-

302 Marquard, *Glück*, 1995, 72 f., Kursives im Original.

303 Bei Peter Zimmerling: *Evangelische Spiritualität. Wurzeln und Zugänge*, Göttingen 2003, S. 34.

zelne, »befreit« vom schlechten Gewissen[304] nach Luther auch »etwas ganz Ungeheures an Sünde anstellen (konnte), bloß um den Teufel zum besten zu haben, damit er einsehe, daß ich keine Sünde anerkenne und mir keiner Sünde bewußt bin«[305]; diese evangelische Kirche sucht ihr Heil, als EKD, nun im kategorialen Plural: im Kollektiven, Gesellschaftlichen, Vermittelten; in der Rede von der »Solidarität der Schuld«, in der sich der Rat der Evangelischen Kirche in Deutschland mit dem »ganzen Volk« wisse. (*Stuttgarter Schuldbekenntnis* vom 19. Oktober 1945)

Im Säurebad des Holocaust verflüchtigt sich das protestantische Gewissen, das individualistische Pochen, Proklamieren und Statuieren; mehr noch: Die notorische »Behauptungsfreudigkeit« (Peter Sloterdijk) des einzelnen Christenmenschen wird dort ihres elementaren Unernstes überführt. Letzte Ausfahrt: *Pia desideria;* ein »herzliches Verlangen nach gottgefälliger Besserung der wahren evangelischen Kirche« (Spener) durch Ausübung eines »prophetischen Wächteramtes« durch selbsternannte »höchste Personen«[306]; in frommer Selbstzerknirschung bei gleichzeitiger Selbstanmaßung.

Wer wissen wollte, wessen Stimme aus den politischen Erklärungen der »höchsten Personen« sprach, erfuhr es durch den EKD-Ratsvorsitzenden Kurt Scharf 1966: »Wir sprechen nicht im Namen der Christen (...)

304 Vgl. Gerhard Ebeling: *Luther: Einführung in sein Denken,* Tübingen 1964, S. 114.

305 Luther, BR, in: WA, 5, 518 ff.; Hacker, *Ich,* 2009, S. 266.

306 Helmut Schelsky: *Die Arbeit tun die anderen. Klassenkampf und Priesterherrschaft der Intellektuellen,* Opladen 1975, S. 148.

Sondern wenn die Kirche zu Fragen des öffentlichen Lebens redet, zu kulturellen, zu moralischen oder gar zu politischen oder zu sozialen Fragen, (...) dann nimmt sie (...) das prophetische Amt Jesu Christi wahr, das prophetische Amt der Kirche (...). Wenn die Kirche zu diesen Fragen redet (...), dann nicht im Auftrag einer Mehrheit, nicht nach den Grundsätzen der pluralistischen Gesellschaft (...). Wir reden viel anspruchsvoller: wir reden im Namen Gottes«.[307] Und gegebenenfalls mit dem Recht, noch strengere Maßstäbe anzuwenden als dieser.

Daß nicht das Evangelium, sondern das alttestamentliche *Buch Jona* zur *roadmap* der Nachkriegs-EKD geworden ist, verdankt sich maßgeblich dem zu Weltruhm gelangten Schweizer Dorfpfarrer Karl Barth, dem evangelischen »Kirchenvater des 20. Jahrhunderts«; dessen »Theologie gerade in ihrer kathartischen Strenge exklusiver Christozentrik zum Postulat eines Weisungsrechts christlicher Theologie gegenüber der Politik neigte«[308]; allzeit berechtigt, einen Zwang zum Guten auszuüben. *Cogere ad bonum* hieß eben dieses Programm bei Augustinus.

Barth, der seinem Freund Thurneysen bereits 1927 eröffnete, daß er als »Theologe und Politiker« auch »regieren will«[309], hatte im Dezember 1939 – nach Jahren des Lavierens zwischen zwei totalitären *sozialistischen* »Experimenten« (Barth) – in seinem *Brief nach Frankreich* eine theolo-

307 Bei Karl Richard Ziegert: *Zivilreligion. Der protestantische Verrat an Luther,* München 2013, S. 257.

308 Dieter Breit: »Mühsames Ringen um Demokratiefähigkeit. Ein Rückblick auf kirchliche Positionierungen zur Entstehung des Grundgesetzes 1948/1949«, in: *Pfälzisches Pfarrerblatt,* Internetdokument.

309 Friedrich Wilhelm Graf: *Der heilige Zeitgeist. Studien zur Ideengeschichte der protestantischen Theologie in der Weimarer Republik,* Tübingen 2011, S. 23.

gisch-politische »Fatwa«[310] über das national-*sozialistische* Deutschland und »die Deutschen« verhängt und sich damit als Wiedergänger des Propheten Jona empfohlen, der göttlichen Zorn über die Stadt Ninive der göttlichen Begnadigung vorzieht und diese beklagt.

In *Ein Brief nach Frankreich* funkt tatsächlich niemand mit Barmherzigkeit dazwischen: Kein Gott hilft Barth, von Pauschalurteilen und Kollektivbestrafungsphantasien abzusehen. Vielmehr ist es Barths parallele theologische Arbeit an den »ruhigen Geheimnisse(n) der christlichen Dogmatik – zurzeit die Prädestinationslehre«[311] (sic!), die das Thema vorgibt und die im *Brief nach Frankreich* politisch ausgelegt wird; eher un-ruhige »Geheimnisse« enthüllend:

> »Es gibt in der Sünde und Schande des Lebens aller Völker durch Gottes Güte einen Rest von Ordnung und Recht, von freier Menschlichkeit. (...) Es ist (...) der Hitlersche Nationalsozialismus der allerdings böse Ausdruck der ungewöhnlichen politischen Torheit, Verworrenheit und Hilflosigkeit des deutschen Volkes.«

Frage man nach dem »Wesen dieser Tatsache«, so weiß Barth:

> »Das französische und das englische, das holländische und das schweizerische Volk sind gewiß auch

310 Ziegert, *Zivilreligion*, 2013, S. 172

311 Karl Barth: »Ein Brief nach Frankreich« (Basel, im Dezember 1939), in: ders.: *Eine Schweizer Stimme 1938-1945*, Zürich 1945, S. 108.

keine ›christlichen‹ Völker. Es leidet aber das deutsche Volk an der Erbschaft eines besonders tiefsinnigen und gerade darum besonders wilden, unweisen, lebensunkundigen Heidentums. Und es leidet an der Erbschaft des größten christlichen Deutschen: an dem Irrtum Martin Luthers hinsichtlich des Verhältnisses von Gesetz und Evangelium (...) Der Hitlerismus ist der gegenwärtige böse Traum der erst in der lutherischen Form christianisierten deutschen Heiden. (...) Es wird freilich nötig sein, weitere Entwicklungen auf der fatalen Linie von Friedrich dem Großen über Bismarck zu Hitler physisch unmöglich zu machen. Es wird aber noch nötiger sein, dem deutschen Volk (...) solche Lebensbedingungen zu verschaffen, die es daran verhindern müssen, jenen bösen Traum in irgendeiner neuen Form weiterzuträumen.«[312]

Der Schweizer hofft in seinem *Brief* auf einen unbarmherzig-barmherzigen Sieger-Frieden, der »politisch und militärisch härter« sein müsse, »als der von Versailles«[313], wohlwissend und auch schreibend, daß »die Ursachen des gegenwärtigen Krieges in den internationalen Entscheidungen von 1919«[314] lagen.

Karl Barths Psychoanalyse der kollektiven deutschen Seele in *Ein Brief nach Frankreich* wurde schnell zu einem hochwirksamen, schuldverschreibungspflichtigen Breitband-Vademecum, von dessen stimulierender Wirkung selbst im Jahr 2009 Historiker und Journalisten wie

312 Ebd., S. 110 ff.

313 Ebd., S. 114.

314 Ebd., S. 109.

z. B. Joachim Rieker nicht lassen wollen[315], während im Jahr 1945, bei der Amputation eines Viertels der Fläche des deutschen Staatsgebietes östlich von Oder und Neiße, wohl eher die narkotische, anästhesierende Wirkung nachgefragt wurde.

Die Alliierten dürften mit ihren drakonischen territorialen Maßnahmen Barths fromme Wünsche eher noch übertroffen haben. Wohingegen seine wenig verklausulierte Forderung, das negativ auserwählte »deutsche Volk« solle gleichsam auf landsmannschaftliche Stämme in ihren Regionen (Kantonen?) reduziert werden, nicht erhört worden ist. Bei den Alliierten ging es schon bald um Realpolitik.

In Barths späterer Schrift *Verheißung und Verantwortung* von 1944 werden »die Deutschen« expressis verbis »der Ursünde« angeklagt:

> »Was sind alle einzelnen deutschen Härten und Gräuel, was alle Fehler und Vergehen der anderen Völker, der Russen z. B., was sind schon unsere braven neutralen Schweizer Sünden neben der Ursünde, deren sich die Deutschen – tiefsinniger und geheimnisvoller veranlagt als wir alle – in jenem entscheidenden Punkt schuldig gemacht haben? Sie ist die einzige durchschlagende Erklärung der besonderen deutschen Ungerechtigkeit im heutigen Zeitgeschehen.«[316]

315 Vgl. Henning Köhler: »Raumdenker oder Edelmenschträumer? Bücher über den frühen Hitler mit vielen Ungenauigkeiten und vagen Hinweisen«, in: *Frankfurter Allgemeine Zeitung* vom 17. Mai 2010, S. 8.

316 Karl Barth: *Verheißung und Verantwortung der christlichen Gemeinde im heutigen Zeitgeschehen,* Zürich 1944, S. 20; auch bei Ziegert, *Zivilreligion,* 2013, S. 171.

Die Anathemata Karl Barths im *Brief nach Frankreich* und in *Verheißung und Verantwortung* erklingen als Basso continuo in der Rückprojektion von Barmen als kleinem Gallischen Dorf; erklingen in der *Kundgebung der Kirchenkonferenz in Deutschland zur Verantwortung für das öffentliche Leben,* der Konvention von Treysa, mit der Selbst-Mandatierung zum »öffentlichen Anwalt und Bewährungshelfer der Deutschen«[317]; erklingen im *Stuttgarter Schuldbekenntnis* und seinen ergänzenden Erklärungen von 1963 und 1965; erklingen im *Loccumer Vertrag* von 1955, der den »Öffentlichkeitsanspruch« der EKD staatskirchenrechtlich festschreibt, die Kirchenführer zu Hütern des Ewigen Lichts einer »Dauerreflexion« (Helmut Schelsky) bestellt; erklingen im *Politischen Nachtgebet* ab 1968; erklingen auf evangelischen Kirchentagen seit 1973; erklingen in den Weihestunden der mittlerweile etablierten Zivilreligion, wenn z. B. Jürgen Habermas die deutsche Katastrophe mit einem spezifisch deutschen »Inhalt von Mentalitäten« in Verbindung bringt.[318] *And the beat goes on.*

Sieht man von einzelnen Geistlichen in der anglikanischen Kirche wie Bischof George Bell einmal ab, verweigerte sich mit einigem Gewicht primär die Katholische Kirche der Nachkriegs-Flucht nach vorn »in die absolute Richterposition«[319], in eine angemaßte Gottesperspektive:

317 Michael J. Inacker: *Zwischen Transzendenz, Totalitarismus und Demokratie. Die Entwicklung des kirchlichen Demokratieverständnisses von der Weimarer Republik bis zu den Anfängen der Bundesrepublik (1918-1959),* Neukirchen-Vluyn 1994, S. 178.

318 Bei Patrick Bahners: »Wie einmal sogar Habermas überrascht war«, in: *Frankfurter Allgemeine Zeitung* vom 14. Januar 2011, S. 33.

319 Marquard, *Glück,* 1995, S. 72.

Der katholische Paderborner Erzbischof Jaeger hatte 1945 in einer Denkschrift an den Leiter der britischen Besatzungsmacht, Feldmarschall Montgomery, vielmehr deutlich gemacht, »daß der Versailler Vertrag erstmals in der Neuzeit eine moralische Kollektivschuld statuiert habe. Die Folgen dieser verfehlten Politik seien hinlänglich bekannt.«[320] In Kardinal Frings Hirtenbrief vom August 1945 hieß es: Ein Volk habe keine »Gesamtseele die moralischer Handlungen fähig wäre (...) Es ist eine Forderung der Gerechtigkeit, daß immer und überall die Schuld von Fall zu Fall geprüft wird, damit nicht Unschuldige mit den Schuldigen leiden müssen. Dafür sind wir Bischöfe von Anfang an eingetreten und dafür werden wir uns auch in Zukunft einsetzen.«[321]

»Ebenso eindeutig war dann auch die direkt gegen die Stuttgarter Schulderklärung gerichtete Erklärung von Papst Pius XII. vom 20. Februar 1946: ›es sei ein Irrtum zu behaupten, daß man einen Menschen schon deshalb als schuldig oder verantwortlich behandeln könne, weil er einer bestimmten Gemeinschaft angehöre‹.«[322] In der Weihnachtsbotschaft 1944 war bereits ausgeführt worden, daß sich niemand auf militärische Zwänge hinausreden könne, wenn er strafrechtliche Delikte begangen habe. Der Papst »bekannte sich also ohne Wenn und Aber zur gerichtlichen Ahndung aller Kriegsverbrechen. Aber kollektive Gerichtsverfahren und Bestrafungen von ganzen Organisationen bezeichnete er als Verstoß gegen

320 Bei Ziegert, *Zivilreligion*, 2013, S. 190.

321 Ebd.

322 Ebd.

die jeder menschlichen Gerichtsbarkeit vorausliegenden Normen.«[323]

Christlich gesprochen kann es immer nur um einzelne Menschen gehen, die »Gutes unterlassen und Böses getan« haben; die im Nationalsozialismus anderen Menschen »durch ihre Schuld, durch ihre übergroße Schuld« eine Hölle auf Erden bereitet haben und die sich dafür als Einzelne vor Gott zu verantworten haben. Die Gottesunmittelbarkeit des einzelnen Christenmenschen hat eine Unmittelbarkeit des Gerichts Christi zur Folge.

Daß die Katholische Kirche in ihrem Selbstverständnis gern dazu neigt, höheres (Kirchen-)Recht in Anschlag zu bringen; über Gebühr aus dem ihr anvertrauten »Gnadenschatz« zu entnehmen und in ihrer langen Geschichte oft dem Prinzip folgte, (Gottes-)Gnade vor weltlichem Recht walten zu lassen, soll hier nicht verschwiegen werden; ebensowenig die Frage, ob sich diese »Entnahmen« im Blick auf die »Unverzeihbarkeit des Unverzeihlichen« (Vladimir Jankélévitch) nicht sogar vollständig verbieten. Daß sich ihre Vollmacht, individuelle Vergebung im Namen des auferweckten Gekreuzigten auszusprechen, sehr viel stärker »am vierten Grundsatz der Beichte«, dem »Bemühen um Wiedergutmachung gegenüber den Opfern« ausrichten müßte, »soweit das menschenmöglich ist«[324], hat ihr der Religionsphilosoph Klaus-Michael Kodalle sehr nachdrücklich ins Stammbuch geschrieben.

323 Konrad Repgen: »Die Erfahrung des Dritten Reiches«, in: Viktor Conzemius (Hrsg.): *Die Zeit nach 1945 als Thema kirchlicher Zeitgeschichte.* Referate der internationalen Tagung in Hüningen/Bern (Schweiz) 1985, Göttingen 1988, S. 127, 142; bei Ziegert, Zivilreligion, 2013, S. 191.

324 Klaus-Michael Kodalle: »Gnade vor Recht?« in: *Die Zeit,* Nr. 9 vom 25. Februar 2010.

Die »Konzentration auf die sakramentale Dimension« läuft Gefahr, daß »zwischenmenschliche Ethos«[325] zu beschädigen. Zu viele »reuige« Ex-Nazis sind durch zuviel »Barmherzigkeit« der Strafverfolgung entkommen.

Dennoch reibt man sich die Augen: Die säkularen Rechte des Individuums in Fragen von Schuld und Unschuld, ein Erbe der Aufklärung, und auch die zentrale Errungenschaft der Reformation, das individuelle Gewissen, waren im Nachkriegs-Rom in besseren Händen als in Barmen, in Treysa oder in Stuttgart; in einer Katholischen Kirche, die, lange vor dem Zweiten Vaticanum, in der Lage war, in ihren politischen Äußerungen auch die Rechte von Nichtchristen anzumahnen, sich gleichzeitig aber nicht anmaßte, für sie zu sprechen; in einer Kirche, die im Zwiespalt zwischen wohlfeilen Worten ungewisser Wirkung und konkretem Handeln der rettenden Tat, ganz werkaffin, den Vorzug gab. Nachweislich. Wenngleich unvollkommen, unzulänglich, unzureichend.

Pinchas Lapide, ein israelischer Diplomat und Religionswissenschaftler, hat die etwa 2,3 Millionen europäischen Juden, die den Holocaust überlebten, 1967 zweigeteilt und 860 000 davon katholischen Rettungsaktionen zugeschrieben; z. B. durch die Gewährung von Kirchenasyl, das vor Verfolgung schützte, weil die Nazis am Konkordat nicht zu rütteln wagten, solange die Katholische Kirche den Bogen ihrer Kritik nicht überspannte. Ob diese Zahlen von 1967 heute noch belastbar sind, kann hier nicht diskutiert werden. Daß zu viele katholische Christen nicht an der Seite der »älteren Brüder« standen, die Katholische Kirche nicht

325 Kodalle, *Verzeihung*, 2013, S. 320.

an der Seite der Synagoge zu finden war, bleibt eine Schande; gleichwohl sich gegenwärtig auch unter jüdischen Historikern die Stimmen mehren, Pius XII. solle den jüdischen Ehrentitel »Gerechter unter den Völkern« erhalten.[326]

Die bereits 1944 geäußerte Dankbarkeit des Oberrabbiners von Palästina Isaak HaLevy Herzog könnte der historischen Wahrheit womöglich näher kommen, als die in dem Drama *Der Stellvertreter* von Rolf Hochhuth erhobenen Vorwürfe aus dem Jahr 1963, die durch die verbesserte Quellenlage in vielen Punkten als widerlegt oder weitgehend relativiert zu betrachten sind: »Das Volk von Israel wird nie vergessen, was Seine Heiligkeit für unsere unglücklichen Brüder und Schwestern in dieser höchst tragischen Stunde unserer Geschichte tut.«[327] Der spätere Bundeskanzler Willy Brandt hat, unlängst veröffentlichten amerikanischen Geheimdienstquellen zufolge, geäußert, die Katholische Kirche sei »die verbreitetste und am besten organisierte Opposition in Deutschland« gewesen.[328]

Ungeachtet dessen dient *Der Stellvertreter* bis heute als nie versiegender Quell für die unanfragbar »engagierten«, allzeit empörungsbereiten edlen Seelen des *Juste Milieu:* »Denken ist schwer, darum urteilen die meisten«. (Carl Gustav Jung)

326 Rabbi David Dalin: *The Myth of Hitler's pope. How pope Pius XII rescued jews from the Nazis.* Washington 2005, S. 69 ff.

327 Isaak HaLevy Herzog: »An Roncalli (Pius XII.), am 28. Februar 1944«, in: *Actes et documents du Saint-Siège relatifs à la Seconde Guerre mondiale,* Bd. X, Vaticanstadt 1980, Internetdokument.

328 Jörg Ernesti: »Der Widerstand gegen Hitler schuf seine eigene Ökumene. Rezension des Buches von Mark Riebling: Die Spione des Papstes. Der Vatikan im Kampf gegen Hitler«, in: *Frankfurter Allgemeine Zeitung* vom 21. Juli 2017, S. 10.

Daß die meisten sie be-urteilen, ver-urteilen, dis-liken könnten, ist mehr und mehr eine der Hauptsorgen der katholischen deutschen Bischöfe geworden: daß sie am Pranger der »sozialen Medien« enden könnten und sich in einem *shitstorm* zu rechtfertigen haben. (Die Sorge, dem aktuellen Papst beim Hakenschlagen auch folgen zu können, sei hier einmal außen vor.) Es gibt in ihren Reihen niemanden mehr, der das Format der Erzbischöfe Frings und Jaeger hat und dem Gedanken einer politischen Theokratie radikal die Stirn bieten oder den »eschatologischen Vorbehalt« formulieren könnte: Daß »die Wiederkehr Jesu Christi und das Ineinanderfallen von *ekklesia* und himmlischer *polis* noch ausstehen«[329], daß der Kirche deshalb notwendig eine »Zweideutigkeit anhaftet, (...) die einen Moralisten wie Nietzsche (...) immer wieder erregt hat«.[330]

Moralisierung und »*Übertribunalisierung* der menschlichen Wirklichkeit«[331] sind mittlerweile zu einem ökumenischen Projekt geworden und markieren die bedingungslose Kapitulation der Katholischen Kirche vor der EKD, dem Dachverband selbständiger evangelischer Kirchen, der selbst nicht Kirche ist, aber gerne Kirche spielt. Und die Katholische Kirche spielt mit: Die legitime Erbin des Römischen Rechts und Trägerin einer wahrhaft transnationalen, universalen christlichen Zivilisation läßt sich in einen »Anwendungsfall der Rechtfertigungslehre«[332] locken und damit vor den

329 Bei Nichtweiß, *Peterson*, S. 490.

330 Peterson, *Kirche*, 1994, S. 254.

331 Marquard, *Glück*, 1995, S. 72, Kursives im Original.

332 Schöpsdau, *Leben*, 2005, S. 142.

Karren eines zivilreligiösen Selbsterlösungsphantasmas durch »Engagement«, »Vergangenheitsbewältigung« und »Erinnerungsarbeit« spannen.

Wäre das Bild nicht schon anderweitig (und hochkarätiger) besetzt: Man möchte diesen Gaul in Mitleid umarmen, der einst die Braut Christi repräsentieren konnte und gleichzeitig immer auch die Hure Babylon in petto hatte, die *ecclesia peccatrix*; um diese Möglichkeit schmerzhaft wußte, somit erlösungsbedürftig und deswegen auch erlösungsfähig war: *ab extra.*

»Is there anybody out there?« (Roger Waters) Gibt es eine Instanz außerhalb des Bundeskanzleramtes, außerhalb des Bundesverfassungsgerichts, außerhalb der EU-Kommission und der Vereinten Nationen, außerhalb der Jury des Friedenspreises des Deutschen Buchhandels, außerhalb der Frankfurter Schule und ihrer Dependancen in NGOs wie der EKD und der Deutschen Bischofskonferenz? Gibt es eine Instanz außerhalb unserer Selbst? Vermutlich nicht. Nicht für die, die sich behaglich eingerichtet haben im »Sündenstolz«; comfortably guilty.

> »Und an diesem Punkt gibt es gute Gründe, auch die säkularisierte Welt fundamentalistischer Neigungen zu verdächtigen, denn sie verehrt als einziges Gegenüber, dem Opfergaben gebühren, die Gesellschaft selbst. (…) Der *Religion der Gesellschaft*, die die höchste Form des Aberglaubens ist, hat das Denken noch keine Aufmerksamkeit geschenkt. (…) Und doch müßte das Denken es mit diesem ungeheuren Gegenstand aufnehmen, der so grenzenlos und pervasiv

ist, daß er als Gegenstand nicht mehr wahrgenommen wird.«[333]

Wer sich des eschatologischen Vorbehaltes entledigt, beruft sich ersatzweise auf einen moralischen; schweigt zur Erlösung und zur Möglichkeit von Vergebung und fordert lautstark Gerechtigkeit: *hic et nunc.* Eine ebenso gnadenlose wie ubiquitäre Forumsituation, die Giorgio Agamben mit Rekurs auf Jakob Spengler in einem Musterprozeß anno 30 n. Chr. vorgeprägt sieht:

»›Als Jesus vor Pilatus geführt wurde, da traten sich die Welt der Tatsachen und die der Wahrheiten unvermittelt und unversöhnlich gegenüber, in so erschreckender Deutlichkeit und Wucht der Symbolik wie in keiner zweiten Szene der gesamten Weltgeschichte.‹[334] In dieser Szene hat die Welt der Tatsachen über die der Wahrheit zu richten, das irdische Reich über das ewige ein Urteil zu sprechen.«[335] »Gerechtigkeit und Erlösung, die einander stets aufs Neue ausschließen und hervorrufen, lassen sich nicht versöhnen. (...) Hier und jetzt von der Wahrheit des Reiches, das nicht von hier ist, zu zeugen, heißt anzuerkennen, daß wir das, was wir erlösen wollen, richten. Denn die Welt in ihrer Vergänglichkeit will nicht Erlösung, sondern Gerechtigkeit. Und sie will sie eben deshalb, weil sie nicht erlöst werden

333 Roberto Calasso: *Die Glut,* München 2015, S. 514.

334 Oswald Spengler: *Der Untergang des Abendlandes. Umrisse einer Morphologie der Weltgeschichte,* München 2006, S. 820.

335 Giorgio Agamben: *Pilatus und Jesus,* Berlin 2014, S. 22.

> möchte. Als unrettbare urteilen die Geschöpfe über das Ewige – so lautet das Paradox, das Jesus zuletzt, als er vor Pilatus steht, das Wort entzieht. Hier ist das Kreuz, hier ist die Geschichte.«[336]

In Jesus ist »die Wahrheit, die den Menschen richtet, selbst aufgebrochen, ihn zu retten«[337], denn unter den Bedingungen der Geschichte lassen sich die Positionen Vladimir Jankélévitchs und Jacques Derridas nicht versöhnen: die »Unverzeihbarkeit des Unverzeihlichen« nicht mit dem »möglich werden des Unmöglichen«. Ein Jüngstes Gericht ohne Gerechtigkeit wird es nicht geben. Und ist den Frevlern nicht der unerbittliche Zorn Gottes angesagt? »Aber was wäre eine Gerechtigkeit ohne Liebe?« fragt der katholische Theologe Jan Heiner Tück und begibt sich tastend auf ganz dünnes Eis, wenn er weiter fragt: »Was wäre, wenn die unvergebbare Sünde wider den Geist (nach Matth 12,31-32, Anm. Verf.) als *Sünde wider den Geist der Vergebung* offenbar würde?«[338] Womöglich ausgeschlagen von beiden Seiten? Tück will die Hoffnung nicht aufgeben, daß »die Konfrontation mit den Opfern den Tätern nicht erspart« bleiben wird, »und man könnte in einem übertragenen Sinn gerade in dieser schmerzhaften Konfrontation die Strafe sehen, die die Täter erleiden müssen, denn nicht zu ermessen ist, welche Abgründe hier zu durchschreiten sind.«[339]

336 Ebd., S. 60 f.

337 Joseph Ratzinger: *Eschatologie, Tod und ewiges Leben,* Regensburg 1968, S. 169.

338 Jan-Heiner Tück: »Das Unverzeihbare verzeihen«, in: *Internationale Katholische Zeitschrift Communio,* 33. Jahrgang, März April 2004, S. 174, 185, Kursives im Original.

339 Ebd., S. 186.

Für den katholischen Theologen Norbert Reck berühren die nationalsozialistischen Exzesse in einzigartiger Weise das Verhältnis von Juden und Christen:

»Während also die *Formen* des Holocaust durchaus Parallelen zu anderen Massenverbrechen aufweisen können, kommt *in der Tat selbst* (als Gesamtzusammenhang verstanden) ihr Singuläres zum Tragen: Es ist – unverwechselbar und unaustauschbar – eine Tat *an den Juden.* Von dieser Tat her – nicht von den erspekulierten Ängsten der Täter her, auch nicht primär von ihrer verlogenen Ideologie her – muß der Holocaust gedeutet werden. Dazu gehört die Frage danach, warum einerseits die Opfer Juden waren, und andererseits, ›warum die Mörder Christen – sicher schlechte Christen, aber doch Christen – waren‹.«[340]

Reck ruft hier, mit Rekurs auf Elie Wiesel, den jahrtausendealten christlichen Antijudaismus ins Gedächtnis und den – diesen negativ noch überbietenden – Antisemitismus Luthers, der sich des eschatologischen Vorbehaltes in Bezug auf die Heilsrelevanz der Juden auch für Christen – und damit der kanonisch gewordenen augustinischen Lesart des »Töte sie nicht« aus Psalm 59 Vers 12 – sanft aber nachhaltig entledigte: »Denn es ist etwas entschieden anderes, ob man jemanden vor dem Tode schützt, weil er nützlich ist oder nur damit

340 Norbert Reck: »Der Topos der Singularitat des Holocaust. Politisch-theologische Anmerkungen«, in: Lucia Scherzberg (Hrsg.): *»Doppelte Vergangenheitsbewältigung« und die Singularität des Holocaust,* Saarbrücken 2012, S. 251–275, S. 258, Kursives im Original.

er in seiner unaufhebbaren Gottesferne weiter leiden soll.«[341]

Wiesels Frage nach dem »warum?« berührt somit – grundsätzlich – das Verhältnis von Juden und Christen: »das Verhältnis von Altem und Neuem Bund, dem Juden Jesus und dem Christus des kirchlichen Glaubens, Synagoge und Kirche, offener, vormessianischer Zeit und nachmessianischer Geschichte«.[342] »Zwei Glaubensweisen innerhalb einer Überlieferungs- und Verratsgeschichte, unentrinnbar einander bestimmt, ausgeliefert, stumm und gelähmt nebeneinandergestellt – vor wem, von wem?«[343]

Hier ist Theologie gefragt, die sich nicht in »Engagement« erschöpft, sondern verstehen will: Und »verstehen« hieß noch bei Ricœur, »daß man von den Kategorien der Einmaligkeit und der Vergleichbarkeit einen anderen als einen moralischen Gebrauch macht.«[344] Auch Hannah Arendt hat in ihrem Buch *Von der Menschlichkeit in finsteren Zeiten* »das Gebot eines nichtinstrumentellen Umgangs mit der Geschichte der Shoah in eindrucksvoller Schlichtheit formuliert: ›Das Höchste, was man erreichen kann, ist zu wissen und auszuhalten, daß es so und nicht anders gewesen ist und dann zu sehen und abzuwarten, was sich daraus ergibt‹.«[345] Helmut Dubiel formuliert die ultimati-

341 Bering, *Antisemit*, 2014, S. 55.

342 Elmar Salmann, Elmar: *Der geteilte Logos. Zum offenen Prozeß von neuzeitlichem Denken und Theologie*, Rom 1992, S. 272.

343 Ebd., S. 281.

344 Paul Ricœur: *Gedächtnis, Geschichte, Vergessen*, München 2004, S. 506.

345 Helmut Dubiel: »Über moralische Souveränität«, in: *Merkur* 546/547, September/Oktober 1994, S. 884, 892.

ve Zumutung für das *Juste Milieu* wie folgt: »Vielleicht läßt sich erst heute der Gedanke denken und aushalten, daß der Faschismus so falsch war, daß nicht einmal sein Gegenteil richtig ist.«[346]

Mit dem Verlöschen der Erinnerung in der reinen Immanenz ist zu rechnen: *Unerbittliches* Vergessen nennt Paul Ricœur diesen Prozeß einer geradezu *bösartigen* Wirkung der Zeit.[347] Irgendwann lassen sich nur noch Spuren des ehemals Wirklichen erinnern. Spuren verwischen, manchmal gibt es nur noch die Spur einer Spur des Anderen, wie schon Derrida bemerkte. Aber irgendwann werden auch diese Spuren unlesbar sein. Was dann? Die Antwort des Philosophen Robert Spaemann tritt einen Schritt zurück, in die grammatikalische Gegenwart, um ihr Aufgehobensein im zweiten Futur, im Futurum exactum, als denknotwendig zu erweisen: »Von etwas zu sagen, es sei jetzt, ist gleichbedeutend damit zu sagen, es sei in Zukunft gewesen. In diesem Sinne ist jede Wahrheit ewig.«[348] Vladimir Jankélévitch formuliert fast gleichlautend: »Wer gewesen ist, kann von nun an nicht mehr nicht gewesen sein: Diese geheimnisvolle und unergründliche Tatsache, gewesen zu sein, ist nunmehr seine Wegzehrung für die Ewigkeit.«[349]

Die Aussage: »Wir werden gewesen sein« ist für uns denknotwendig mit dem Präsens verbunden, und das Präsens bleibt immer wirklich und wahr. Als solches

346 Ebd., S. 896.

347 Paul Ricœur: *Das Rätsel der Vergangenheit. Erinnern, Vergessen, Verzeihen.* Essener Kulturwissenschaftliche Vorträge, Bd, 2, Göttingen 1998, S. 131, 132.

348 Robert Spaemann: *Der letzte Gottesbeweis,* München 2007, S. 31.

349 Bei Kodalle, *Verzeihung,* 2013, S. 71.

kann die Gegenwart auch immer erinnert werden; selbst wenn die Erde einmal nicht mehr da ist, verliert die Wahrheit dennoch nicht ihren Sinn. Da aber die Menschen irgendwann nicht mehr sein werden, können sie nicht Träger dieser ewigen Wahrheit sein.

Schon Nietzsche hatte befürchtet: »Wir werden Gott nicht los, weil wir noch an die Grammatik glauben.«[350] Spaemann fragt deshalb, gewissermaßen »nietzsche-resistent«: »Von welcher Art ist diese Wirklichkeit des Vergangenen, das ewige Wahrsein jeder Wahrheit? (...) Wir müssen ein Bewußtsein denken, in dem alles was geschieht, aufgehoben ist, ein absolutes Bewußtsein. Kein Wort wird einmal ungesprochen sein, kein Schmerz unerlitten, keine Freude unerlebt. Geschehenes kann verziehen, es kann nicht ungeschehen gemacht werden.«[351] Weil im göttlichen Gedächtnis, das eine fragile Spur in die Grammatik gelegt hat, Wahrheit und Gerechtigkeit in eins fallen – in den Einen fallen – können Glaube, Hoffnung und Liebe darauf vertrauen: ER innert sich.

### *Marginalie 16: Apocalypse Now – Das Politische Nachtgebet im hellen Licht des Tages*

»Moral ist eine besondere Form der Kommunikation, die Hinweise auf Achtung und Mißachtung enthält.«[352] Das Aufspüren und Scannen dieser Hinweise ist mittlerweile die *conditio sine qua non* des evangelischen Selbst-

350 Friedrich Nietzsche: *Götzen-Dämmerung*, 1888, in: KSA 2005, Bd. 6, Ver 5.

351 Spaemann, *Gottesbeweis*, 2007, S. 32.

352 Luhmann, *Paradim*, 1990, S. 17 f.

verständnisses geworden: Ungerechtigkeiten, Benachteiligungen, Verletzungen und Nachlässigkeiten aller Art stehen nun im Fokus innerweltlicher Erlösungshoffnungen wie Gender, Inklusion und Klimagerechtigkeit, vulgo $CO_2$-Abstinenz.

Ebenso sinnfällig wie gesinnungsethisch reaktiviert Letzteres den Glauben »an die sichtbare und die unsichtbare Welt« des Großen Credos. »$CO_2$ steht nicht einfach für ein Gas, sondern für den drohenden Untergang der Zivilisation, ›wie wir sie kennen‹. (...) Am Umgang damit soll sich entscheiden, ob unsere Gesellschaft ›zukunftsfähig‹ ist. $CO_2$ ist das schlechte Ganze, die Summe aller Verfehlungen, in ihm fließen alle weltweiten umweltschädlichen Handlungen zusammen, werden unterschiedslos eins und belasten uns und die Nachgeborenen.«[353] Der Philosoph Jens Soentgen resümiert: »$CO_2$ ist also längst nicht mehr nur eine chemische, sondern zugleich eine moralische Substanz.« »$CO_2$ ist (...) zum eschatologischen Symbol geworden.«[354]

Es versteht sich von selbst, daß sich aus diesem gehörigen Quantum Apokalyptik eine Steilvorlage fürs evangelische Einmischen, Engagieren und neuerdings auch Pilgern ergibt. Bei der diskursiven Verwandlung und Transsubstantiation des chemischen $CO_2$ in ein politisches und moralisches $CO_2$ kann ein ganzes Arsenal biblizistisch-endzeitlicher Bezüge aufgerufen und in der Tradition des (auf Realpräsenz) pochenden Luthers (»*est, est*«) nachhaltig statuiert werden. Mit der Morali-

353 Jens Soentgen: »Die Eschatologie des $CO_2$«, in: *Merkur* 767, April 2013, S. 366.

354 Ebd.

sierung der Kohlensäure ($CO_2$), in der ein unsichtbarer, geruchloser, nichtsdestotrotz bedrohlicher böser Geist – auch aus der (Sprudel-)Flasche – im Fokus der eschatologischen Erregung steht, wird zudem eine mystische Erkenntnisdimension berührt, auch ein nicht unbeträchtliches weltentsagendes und damit monastisches Potential freigelegt, das dem Protestantismus ja ein wenig fremd geworden ist.

Der Kreuzzug gegen die Kohlensäure, der Aufruf zur $CO_2$-Abstinenz und zur Umkehr auf den Klima-Pilgerweg, ist damit weit weniger handfest und greifbar (aber nicht weniger übergriffig) als die Inklusionsagenda, deren innerevangelische Dogmatisierung mittlerweile vollzogen ist: »Inklusion ist nicht ein weiteres Thema, das sich auf die (...) Agenda drängt. Es geht um das Kirche-Sein der Kirche, es geht um eine Gesellschaft, die Partnerschaft und Gemeinschaft auf Augenhöhe verwirklicht.«[355]

Daß sich hier ein Überbietungswettbewerb mit rein säkularen gesellschaftlichen Institutionen, politischen Parteien, *global players* und NGOs um die Lizenzen für die Übermittlung der diversen frohen Bindestrichbotschaften in Verbindung mit dem Wort »Gerechtigkeit« abzeichnet, dafür braucht es keine prophetischen Gaben. Und weil davon auszugehen ist, daß dabei viel radikalere, authentischere und im Wortsinn glaubwürdigere Gender-, Inklusions- und Klima-Verfechter den Zuschlag der Vielen bekommen werden, deshalb wird sich die EKD wohl niemals »auf Augenhöhe« mit den moderneren Mitbewerbern befinden.

355 EKD: *Es ist normal, verschieden zu sein. Orientierungshilfe 2014*, Gütersloh 2014, S. 186.

Im Gegenteil: Das *Politische Nachtgebet*, diese Ikone des Engagements im ritualarmen Kosmos evangelischer Gottesdienstformen, ist mittlerweile geradezu undenkbar ohne die Kooperation mit NGOs wie Amnesty International, Greenpeace oder Avaaz – eine Kooperation, die in Wahrheit einer entspiritualisierten Kolonisierung der Veranstaltung gleichkommt. Denn es sind diese moralisierenden Eliteorganisationen, die dem Nachtgebet erst die höheren Weihen verleihen, indem sie ihren Segen dazugeben. »Auch Amnesty war da«, heißt es dann: Mit einer Resolution, einem offenen Brief, einer Beitrittserklärung oder einem Überweisungsauftrag, der zur Unterschrift ausliegt. Erst in der Ratifizierung der externen Agenda, der Darbringung eines fremden Opfers, kommt es zum Eintritt in den Verheißungshorizont der Immanenz. Ein Verheißungshorizont, der strukturell durchaus Ähnlichkeiten hat mit dem Effekt, der im ausgehenden Mittelalter mit dem Kauf eines Ablaßbriefchens verbunden war: Seelenheil durch engagiertes Unterschreiben – man muß nur ganz fest daran glauben.

Daß in diesem prekären Akt der Selbstunterwerfung die ausgesucht leise Verachtung der rein säkularen Kooperationspartner nicht mehr in den Blick kommt, daß man zwar Locations, Events und auch Kerzenlicht beisteuern darf, aber vom dogmatisierenden Agendasetting dauerhaft ausgeschlossen bleibt – all dies scheint das Tageslicht des evangelischen Bewußtseins zu scheuen. Die Selbstidentifizierung der EKD mit rein innerweltlichen Erlösungshoffnungen kommt einfach zu spät. Denn bei der immanenzbasierten Moral- und

Wert(e)schöpfung geht es, wie überall im modernen Leben, um Schnelligkeit und – eine lupenreine Vergangenheit.

Das bedeutet zum einen: Die gleichsam parusieverzögerte Nachdenklichkeit, das Einbringen des eschatologischen Vorbehaltes, wird nicht gedankt, sondern als das erkannt, was es ist: die unerwünschte Kontamination der säkularen Agenda mit verstaubten Transzendenzpartikeln. Es ist aber auch deshalb eine Kooperation auf Bewährung, weil die jungen Organisationen durchaus ein sehr viel weiterreichendes historisches Gedächtnis offenbaren, als es dem kirchlichen »Partner« lieb sein kann. Denn bei der Durchsetzung der Reformation waren ja noch »Exklusion« und »Ächtung« vorherrschend gewesen. In der innerprotestantischen Debatte über die Inklusionsdogmatisierung wird also auch ein durchaus verdrängtes kollektiv-konfessionelles schlechtes Gewissen bearbeitet – mit denselben moralischen Mitteln, nur eben *ex negativo*.

Dieses Ass im Ärmel von Amnesty & Co. wird ebenso höflich wie gnadenlos ausgespielt, wenn es darum geht, wer seine Agenda von oben nach unten durchreichen darf. Wie viele Unterschriften würden wohl zusammenkommen, wenn bei einem Avaaz- oder Amnesty-Event auch für dezidiert christliche Anliegen Unterschriften erbeten würden? Für verfolgte Christen wäre das noch im Bereich des Vorstellbaren, bei Petitionen für Priester- oder Pfarrerausbildung in der Türkei hört der Spaß schon auf und beim Schutz des ungeborenen Lebens ist das Maß der Toleranz dann ganz schnell erschöpft.

In Amerika positionieren sich die evangelikalen Gemeinschaften und Freikirchen auch heute noch weitgehend im ursprünglicheren Moralmodus; der schriftinspirierten Exklusion. Und anders als ihre innerkonfessionellen liberalen Gegenspieler betreiben sie dabei auch keinen Etikettenschwindel. Sie verstehen sich ganz ausdrücklich als *moral majority*.

### *Marginalie 17: Eine Allianz fürs Leben*

Die evangelikalen Gemeinschaften, die Frei- und Pfingstkirchen werden nicht nur in Amerika, sondern auch in Deutschland zunehmend als Konkurrenz zur protestantischen Volkskirche wahrgenommen. Mancherorts erscheinen sie geradezu als die Alternative zu dieser. Unstrittig sind sie ein Stachel im Fleisch des Protestantismus. Denn sie sind ein Gedächtnisspeicher der ganz besonderen Art. Sie waren das illegitime und bis heute unerwünschte Kind einer Bewegung, die die heilige Schrift in die Hände aller legen wollte und sich dann wunderte, daß es, in aller Freiheit des Christenmenschen, nun auch zum regen Verkehr mit der Quelle der Schrift – mit der Welt »des Geistes« – kam. Bekanntlich hatten die Reformatoren ihre »Schwärmer- und Wiedertäufer-Kinder« zum Fressen gern und tauchten ohne mit der Wimper zu zucken auch die innerreformatorische Urszene ins grelle Licht von Intoleranz und Verfolgungswahn. Wer sich also volkskirchlicherseits über ein Zuwenig an Toleranz und Mainstreamigkeit der in der Evangelischen Allianz nur lose verbundenen freikirchlichen Szene mokiert, sollte wissen, daß einen hier die verdrängte und vergessene Gestalt des Evangelischseins anblickt.

Noch ein Punkt ist bedenkenswert: Die Freikirchen konservieren Luthers antiphilosophischen, antiintellektuellen, biblizistischen Impetus, mit dem er das Christentum von allen vorchristlichen Restbeständen reinigen wollte. Sie sind also – theologiegeschichtlich sowohl Opfer als auch legitime Erben des Reformators: »Die Vernunft ist die größte Hur, die der Teufel hat.«[356] – Das dürfte auch heute den Beifall der freikirchlichen *moral majority* finden, wenn sie auf volkskirchlich alimentierte »aufgeklärte« Theologen blickt, die einer postchristlichen Scholastik das Wort reden; Erlösung durch Inklusion, Gender und Homoehe predigen und bei alledem an die Vernunft appellieren. Mit der Katholischen Kirche könnte es bereits auf kurze Sicht und auf vielen Feldern eine »Allianz fürs Leben« geben. Die Freikirchen sind also vor allem das ebenso institutionalisierte wie verdrängte schlechte Gewissen der protestantischen Volkskirche: ihre Nemesis.

## *Marginalie 18: Mission Impossible – Auf der Suche nach der verlorenen Spiritualität*

Der Prolog des Johannesevangeliums – an jedem zweiten Sonntag nach Weihnachten ein zuverlässiges Mittel, die inhärente theologische Überforderung des Christentums einmal von der Kanzel weg zu verkünden – zeigt:

356 Luther, TR, in: WA, 51, 126.

Der Kern des Christentums ist ein göttlicher Exzeß der Fülle: »Gnade über Gnade« wird der Menschennatur zuteil. Und die daran glauben, die das annehmen, erhalten die »Vollmacht, Kinder Gottes« zu werden; sie schauen: »die Herrlichkeit des Einzigen vom Vater her, voll Gnade und Wahrheit.« Eine katholische oder orthodoxe Predigt im Nachgang dieses Evangeliums konnte folglich zu allen Zeiten schon mal mit der Bitte schließen: »Und führe uns – o Herr – vom Glauben zum Schauen.« Aber geht das überhaupt? Darf und kann uns schauend etwas offenbar werden, was uns als Menschen in Kinder Gottes verwandelt?

Die reformatorische Theologie meldet hier Vorbehalte an. Warum? Weil dann die sorgsam gepflegte dogmatische Möblierung einen Riss bekommen könnte; und plötzlich die Frage im Raum steht: »Glaubst Du noch oder schaust Du schon?« Oder weil sich aus dem göttlichen Exzeß der überfließenden Gnade allzu leicht eine »Kirche im Exzeß«[357] ableiten ließe, eine verführerisch triumphalisch auf Herrlichkeit setzende, eher katholische?

Aber gibt es – abseits aller Theologie – nicht auch in den protestantischen Kirchen von heute den *Megatrend Spiritualität* (Paul Zulehner)? Wird nicht auch dort fleißig meditiert, finden nicht allerorten evangelische »geistliche Übungen« statt, werden nicht »spirituelle Fortschritte« verzeichnet, gar Klöster reaktiviert und Kommunitäten ins Leben gerufen? Sind nicht die Zeitläufte über die konfessionellen Engführungen hinweggegan-

357 Barth, *Theologie*, 2009, S. 223-235.

gen? Und liegt nicht in der Öffnung hin auf Erfahrungsgestalten des Glaubens die Chance für eine Ökumene der drei christlichen Konfessionen; gewissermaßen als ein zweites Standbein neben dem *Moralapostolat,* das ja nur innerwestlich weitgehend unstrittig ist? (Vielleicht ließe sich der orthodoxe Partner, in Sachen Spiritualität und Mystik herausragend qualifiziert, leichter für die moralistische Sukzession gewinnen, wenn man ihm in seiner Kernkompetenz die verdiente Referenz erweisen würde.)

Schaut man aber systematisch-theologisch und historisch auf die dogmatischen Vorannahmen, dann wird verständlich, warum hier keinesfalls einfach zusammenwächst, was zusammengehört, sondern daß grundlegende Unterschiede auch das gegenwärtige, vermeintlich einträchtige ökumenische Feld der Spiritualität nachhaltig überschatten. Alle traditionellen Versuche zur Erschließung einer Erfahrungsdimension des christlichen Glaubens galten dem Ressentiment der Reformatoren als eitles, elitäres, werkgerechtes Unterfangen, dem man sowohl prinzipiell-dogmatisch als auch mit Polemik zu Leibe rücken wollte:

Gehörte in der Hermeneutik des Verdachts *avant la lettre* »der müßige und lüsterne Mönch« (wahlweise die Nonne) »zum Standardrepertoire der protestantischen Polemik«[358] bei der moralischen Diskreditierung der *religiosi,* kommt im dogmatisch-prinzipiellen Zugriff auf das Phänomen die Rückseite des karnevalesken Spotts und des Gelächters in den Blick: Angst. Wie schon beim Prin-

358 Roper, *Haus,* 1995, S. 22.

zip des *sola fide* steht sie als Heilsangst im Zentrum aller Dogmatisierungsanstrengungen: Die Angst, eine anschauliche Erfahrung des Glaubens könnte das Prinzip der *sola gratia*, der rein gnadenhaften Christenexistenz, unterminieren; die »Rechtfertigung allein aus Gnade um Christi willen durch den Glauben.«[359] Die alles überragende Stellung der Rechtfertigungslehre mit ihren *sola*-Zuspitzungen hat den Erfahrungsgestalten des christlichen Glaubens den Garaus gemacht; ganz unabhängig davon, wie sehr einzelne Reformatoren, wie Luther selbst, noch darin verwoben waren.

Die seit Jahren betriebene Wiederentdeckung Martin Luthers »als Mystiker« legt ja vor allem die katholischen Wurzeln des Augustinermönches reformatorisch akzentuiert neu frei. Ganz heutig und auch zukunftsfähig bedient man damit (über 2017 hinaus) sowohl den aktuellen *Megatrend Spiritualität* als auch eine Prophezeiung von Karl Rahner über die Zukunft des Christseins überhaupt.

Sowohl die reformatorische Urszene als auch die Dialektische Theologie des frühen Karl Barth haben also nachhaltig »als Kahlschlag gewirkt«[360]. Kierkegaards dialektisches Verständnis des Glaubens als »1000 Klafter über dem Abgrund erbaut«[361] findet sich auch beim frühen Barth: Ein Glaube, der keine Bodenhaftung hat und der gar nicht zur Erfahrung werden *darf*. Noch im Jahr 1942 wurde Dietrich Bonhoeffer bei seinem Versuch,

359 Bei Peter Zimmerling: *Evangelische Spiritualität. Wurzeln und Zugänge*, Göttingen 2003, S. 34.

360 Ebd., S. 284.

361 Sören Kierkegaard: *Philosophische Brocken*, Hamburg 1992, S. 95.

zusammen mit den Finkenwerder Vikaren eine spirituelle Praxis einzuüben, katholischer Umtriebe verdächtigt: Karl Barth störte sich an einer »Anleitung zur Meditation«; »ein schwer zu definierender Geruch eines klösterlichen Eros und Pathos«.[362] Bereits im Römerbrief von 1922 hatte der Schweitzer dekretiert: »Auch der ›negative Weg‹ der Mystik ist ein Holzweg, wie alle ›Wege‹ Holzwege sind. Weg ist nur der Weg; aber das ist Christus.«[363]

Erst der späte Barth hat die Frage nach der Erfahrbarkeit Gottes als theologisch legitim anerkannt und war deshalb erst am Ende seines Lebens in der Lage, den Einsprüchen seines alten Freundes Erik Peterson zuzuneigen, wenn er 1968, allerdings ohne theologische Resonanz, fragt, »ob nicht in der katholischen und orthodoxen Mystik der ›im Geist sich vergegenwärtigende und applizierende Gott‹ am Werke gewesen sein könnte.«[364] Bonhoeffers Verdikt von 1937 – »billige Gnade ist der Todfeind unsere Kirche (...). Billige Gnade heißt Gnade als Lehre, als Prinzip, als System.«[365] – mag Karl Barth ohnehin nicht mehr aus dem Kopf gegangen sein.

Der Befund des späten Barth könnte also härter kaum ausfallen: Im »Protestantismus aller Denominationen« erkennt er eine »Kirche im Defekt«. Sie ist »die ängstlich auf ihren Herrn und noch ängstlicher nach allen anderen Seiten um sich blickende, kummervoll sich mit der Welt vergleichende und darum eifrig nach (...) Anknüpfungs-

362 Dietrich Bonhoeffer: *Illegale Theologenausbildung: Finkenwalde 1935-1937*, Werkausgabe, Bd. 14, hrsg. v. Otto Dudzus et al, Gütersloh 1996, S. 13; auch in: Zimmerling, *Spiritualität*, 2003, S. 21.

363 Karl Barth: *Römerbrief* (zweite Fassung 1922), Zürich 2010, S. 432.

364 In Zimmerling, *Spiritualität*, 2003, 24.

365 Bonhoeffer, *Nachfolge*, 1937, S. 13.

punkten ausschauende, die auf allerlei Brückenschläge von hier nach dort bedachte, (…) plaudernde, (…) schielende und darum (…) stotternde Kirche.«[366] Statt in der Sakralisierung sucht sie in der Selbstsäkularisierung ihr Heil; und sie geht diesen Weg im Modus einer »Kirche im Exzeß«, wie der evangelische Theologe Walter Schöpsdau dialektisch-luzide anmerkt:

> »Wohl schaut (die Kirche im Defekt, Anm. Verf.) auch auf Christus, aber nicht ohne den Nebengedanken, ob er am Ende eine bloße Idee, ein Mythos, ein Stück Vergangenheit sein möchte, dem sie selbst dann zum Leben verhelfen müßte: durch ihre kluge Theologie, ihre liturgische Kompetenz oder ihre soziale Aktion. Und da zeigt sich plötzlich die Kirche im Defekt als selbstgewisse Kirche im Exzeß, die Christi Sache selbst führen zu können meint, wie umgekehrt hinter der Kirche im Exzeß auch die kleinmütige Kirche im Defekt zu ahnen ist, der es an österlicher Getrostheit fehlt.«[367]

Die doktrinäre Abweisung spiritueller Erfahrung schließt nun aber nicht aus, daß es unter dem Radar des Anathemas »im Raum der evangelischen Kirchen zu allen Zeiten« praktische Abweichungen von der reinen Lehre und damit unter Umständen »ein reiches spirituelles Leben«[368] gegeben haben mag. Am meisten verbreitet wohl im Pietismus. Aber was war daran genuin

366 Karl Barth: »Das christliche Leben«, in: *Die kirchliche Dogmatik IV/4, Fragmente aus dem Nachlaß*, Zürich 1976, S. 223, 227 f.

367 Schöpsdau, *Leben*, 2005, S. 78 f.

368 Zimmerling, *Spiritualität* 2003, S. 284.

evangelisch, was nicht – im Kern – immer auch katholisch oder gar orthodox? Hatte nicht August Hermann Francke, einer der Protagonisten des Pietismus, zum Zweck der besseren Kenntnis der östlichen Kirche sogar Russisch gelernt und übernahm nicht auch Nikolaus Ludwig Graf von Zinzendorf für sein Litaneienbüchlein Hymnen und Gebete aus der Chrysostomos- und der Basileios-Liturgie? Fragen über Fragen, die in der protestantischen Theologie teils kritisch, teils apologetisch seit einiger Zeit verhandelt werden.

Volker Leppin und Peter Zimmerling versuchen in ihren neuen Büchern sogar, die Reformation als ein im Kern mystagogisches Anliegen auszuweisen, was einen gewissen Charme hat, wenn man in Rechnung stellt, daß Luther immerhin jahrelang als Mönch in den vielfältigen spirituellen Zusammenhängen eines Augustiner-Klosters lebte, arbeitete und betete. Luthers Bewunderung für die durch seinen Beichtvater von Staupitz vermittelten Denkfiguren der *unio mystica* innerhalb der Brautmystik eines Bernhard von Clairvaux oder auch der *Gottesgeburt* Meister Eckharts sind verbürgt und werden bei Leppin und Zimmerling zum Steinbruch für die Rekonstruktion Luthers als Mystiker, aus dem sich irgendwann der Reformator herausschält, ohne sich aber je von »der Mystik« zu verabschieden. Das ist neu und die Geschichtsklitterung erreicht ihren Höhepunkt in Zimmerlings Resümee, welches das protestantische Paradigma von der »unsichtbaren Kirche« in einer eher unfreiwillig komischen *Hermeneutik der Eigentlichkeit* auch auf Luthers Spiritualität anwendet: Zimmerling zitiert Walter Nigg, der »die Haltung des Reformators zur Mystik wie folgt zusammengefaßt: ›Sie bestand in einem heimlichen Ja, das oft unter einem lauten Nein tief vergraben ist‹.«[369]

In ähnlicher Manier verfährt Volker Leppin, als dann irgendwann nicht mehr die Liebe, sondern der »Glaube allein« zum uniostiftenden »braudtring« in Luthers Gottesverhältnis geworden war: Leppin will dies nicht als Verabschiedung der Mystik, sondern »als eine ganz eigene, im Zuge von einigen Jahren entwickelte Transformation der Mystik«[370] verstanden wissen. »Zunehmend kam es in Luthers Denken zu einer worttheologischen Wende, in der er alles, was mystische Autoren in erfahrungsbezogener Sprache oder auch (...) in sehr abstrakten Kategorien ausdrücken konnten, auf die Heilige Schrift und das Wort Gottes bezog«.[371]

Die naheliegende Frage, ob Luthers Persönlichkeit dem monastischen Anforderungsprofil mit dem Ziel einer ebenso vertrauensvollen wie demütigen Auslöschung des Egos zu irgendeiner Zeit entsprochen hat, scheint weder Leppin noch Zimmerling zu bewegen; dafür steht sie wohl zu lange auf dem Index der unerwünschten Gedankengänge. Noch die Luther-Biographie von Heinz Schilling warnt 2012 eindringlich davor, eine einmal auch »Gigant« genannte epochale Figur, die einen »weltgeschichtlichen« Rang in seinem Buch »selten unterschreitet«[372], aufs Biografisch-Psychologische zu reduzieren; womöglich mit Normalprotestanten auf eine Stufe zu stellen.

369 Bei Peter Zimmerling: *Evangelische Mystik,* Göttingen 2015, S. 57.

370 Volker Leppin: *Die fremde Reformation. Luthers mystische Wurzeln,* München 2016, S. 137.

371 Ebd., S. 117.

372 Jaumann, Rebell, Internetdokument.

Das Scheitern des widerständen Perfektionisten *als Mönch* war sehr wohl absehbar, aber fortan sollte hier niemand mehr reüssieren dürfen. Hinter dem systematischen Aufwand, den Luther diesbezüglich betrieben hat, die Pathologie zu entdecken, wird weder von Leppin noch von Zimmerling oder Schilling geleistet, weshalb an ein Verdikt von Nietzsche zu erinnern ist, das Motivationen zwar polemisch verkürzt, aber immerhin in Rechnung stellt: »Was geschah: Ein deutscher Mönch kam nach Rom. Dieser Mönch, mit allen rachsüchtigen Instinkten eines verunglückten Priesters im Leibe, empörte sich in Rom gegen die Renaissance. (...) Und Luther stellte die Kirche wieder her.«[373]

Zimmerlings und Leppins Aufweise der spirituellen (katholischen) Kontinuitäten Luthers sind fortwährend von dem Pathos der »Freiheit«, der »Transformation«, der »Emanzipation« oder der »Demokratisierung der Mystik« durchtränkt, ungeachtet der Tatsache, daß dem Sub-Sujet ihrer Bücher – Mystik und Spiritualität – weder mit Demokratie noch durch Gewissensaufstände aufzuhelfen war und ist, sondern nur mit so etwas wie behutsamer geistlicher Leitung und Führung, übrigens konfessions- und religionsübergreifend und seit Jahrtausenden.

Beide »Experten« wollen die Mystik als Spitzenerfahrung innerhalb von Erfahrungsgestalten des christlichen Glaubens nicht der katholischen oder orthodoxen Kirche überlassen, so wie Luther es tat, als er sich von ihr löste. Sie wollen sie »umgeformt«, »demokratisiert«,

373 Friedrich Nietzsche: *Der Antichrist*, 1888, in: KSA 2005, Bd. 6, 61.

»transformiert« wissen, durch den Reformator selbst. Und sie können nicht zugeben, daß sich die Reformationsgeschichte systematisch durchaus folgerichtig fügte, als *Luthers mystische Wurzeln* im Protestantismus nach und nach abstarben und nur dort Restbestände von Erfahrungsgestalten des Glaubens sich bewahren konnten, wo »die worttheologische Wende« Luthers – eine Chiffre für die Verabsolutierung des Schriftwortes – theologisch relativiert worden ist und wo deshalb neben Christus auch der Heilige Geist wehenderweise vorkommen durfte: bei den innerprotestantischen Häretikern; den Schwärmern, später den Pietisten, der Herrnhuter Brüdergemeinde und anderen mehr; die nun von Leppin und Zimmerling als die historischen Erben und Sachwalter des »eigentlichen«, des mystischen Luther aufgerufen werden, eine Art *mystische Sukzession* im Protestantismus begründend.

Daß die Geschichte ihrer Verfolgung, Verfluchung und Verketzerung durch ebenjenen »eigentlichen« Mystiker und seine Nachfolger nicht recht zu der aktuellen Legendenbildung passen will – sei es drum. Luther hat eben viele Gesichter und die Quellen über ihn »als Mystiker« sind der Wertschöpfungskette ja bislang nur unzureichend zugeführt worden.

Theologen, die wie Erik Peterson Luthers Frage »Wie bekomme ich einen gnädigen Gott?« systematisch-theologisch nicht ausblenden wollen und mit einem an der Spiritualität des Pietismus geschulten Blick auf den Reformator schauen, erkennen folgerichtig vor allem im Beichtstuhl das spirituelle Gravitationszentrum Luthers, weniger in einem Verlangen nach der *unio mystica*: »Luthers Problemstellung sei doch ›immer vom Beichtstuhl her bestimmt‹ gewesen. Im Beichtstuhl aber konzentriere sich alles Interesse auf die private Not, also auf die aktuelle Sünde und nicht die Erbsünde. Deshalb habe Luther ›eigentlich auch die protestantische Kirche nur unter diesem Gesichtswinkel gesehen, daß sie auf die private Fragestellung Antwort zu geben hätte, auf das, was dem Einzelnen in der Stunde der Anfechtung hilft‹. Diese Perspektive ist Peterson zufolge aber sekundär, während im Zentrum der urchristlichen Verkündigung, bei Jesus wie bei Paulus, eine Eschatologie stünde, die weit über die spezifisch neuzeitlichen, individuellen Gewissensnöte des Einzelnen hinausgreife.«[374]

Christliche Spiritualität lebte im Verständnis der Tradition jahrhundertelang aus der Verschränkung und Überblendung der »sichtbaren und der unsichtbaren Welt«, von der im Großen Credo die Rede ist; des Personalen – nicht des Persönlichen – mit dem Transpersonalen; lebte aus dem Subjektiven, das der Objektivierung bedarf; aus der individuellen Versenkung nach der gemeinschaftlichen Liturgie. Die mystische Sensation, der Einbruch und Einfall des ganz Anderen; die Erleuchtung, die Vereinigung in der *unio mystica* bedurfte und bedarf der Hinführung, Formung und Führung. Die radikale Vereinzelung, die die Grundlage mystischen Erlebens ist, braucht also *religio,* die Rückbindung, Rückführung und Überblendung in gemeinschaftlich-kommunitäre und rituelle Zusammenhänge und Gestalten, will sie nicht atomisierte spirituelle Zerfallsprodukte generieren.

374 Nichtweiß, *Peterson,* 1994, S. 167.

Daß man im Protestantismus für diese existentielle Verschränkung der christlichen Spiritualität – quantenmechanisch gesprochen: für diesen ebenso konstituierenden wie unsicheren, ungewissen, potentialhaften, ambivalenten Zustand der Überlagerung – keine Worte und keine Theologie entwickelt hat, weil man »Zeichen der Vergewisserung«, die »persönliche Aneignung des Verheißungswortes«; weil man »Heilsgewißheit« *für sich* haben will, macht den Kern des Problems aus. Wie bei soviel »schlechthinnig Jemeinigem« – wie es im schleiermacher-heiderggernd-bultmannschen Jargon so treffend heißt – Distanz zu sich erwachsen soll, erschließt sich kaum: Der Protestantismus fordert, quantenmechanisch gewendet, die permanente »Messung« *pro me*, mit der Konsequenz, daß ungewisse, verschränkte, mystische Zustände »kollabieren«.

Wenn erst einmal das psychologische Terrain abgesteckt werden muß, in dem sich etwas ereignen darf – sitzt man damit nicht schon in des Teufels Küche? Die Selbst-Thematisierung religiöser Subjektivität, das Netz von Vorgaben des Ichs, die gar nicht mehr als solche in den Blick geraten, grassiert besonders im feministisch-spirituellen Umfeld. Hier lassen sich eine Vielzahl zumeist schaumsprachiger Vorbehalte und Widerstände aufweisen, die weniger von Ich-Überschreitung als von ihrem Gegenteil künden. Ohne »ganz persönlich gemeint« zu sein und »als Frau vorkommen zu dürfen, sichtbar zu sein«, sich ausschließlich der »Heiligen Geistin« anvertrauend, tun viele evangelische Christinnen keinen spirituellen Schritt.

Meditation hatte schon bei Luther, hermeneutisch eingerahmt von Gebet und Anfechtung – oratio, meditatio, tentatio – gar nicht mehr das Ziel, für eine wortlose Erfahrung des ganz Anderen zu disponieren; aus dem Ich und seiner Welt hinauszuweisen. Vielmehr stand mit der Anfechtung, mit *tentatio,* nun der konzeptionell geadelte Glaubenszweifel, eine Banalität, als anthropologischer Vorbehalt prominent in Luthers Variante der *lectio divina*. Seine Trias setzt, gerade in ihrer konzeptionellen Horizontalität und der Abweisung von Vertikalität, auf einen linearen Verlauf innerhalb, nicht jenseits der Zeit. Mit Gewißheit statuiert wird, daß es irgendwann im Verlauf einen Zeitpunkt der Anfechtung geben muß. Was aber, wenn nicht? Die lutherische *tentatio* ist aus dem Verdacht gegen spirituelle Spitzenerfahrungen geboren und sie kehrt immer wieder dahin zurück; muß dahin zurückkehren, weil nicht sein kann, was nicht sein darf. *Spiritual correctness, avant la lettre*; natürlich im Impetus einer Egalisierung und Demokratisierung.

Der zentralen Demokratisierungsthese des Protestantismus nähert sich die evangelische Theologin Sabine Bobert also nicht ohne Grund mit beißendem Spott: Im Priestertum aller Gläubigen erkennt sie das nurmehr Laienhafte aller Priester.[375] Das mystische und kontemplative Defizit der evangelischen Glaubenspraxis ist genau hier zu verorten. Man ist auf der Suche nach einer moralisierenden Groteske: dem *mündigen Mystiker. Mission*: *Impossible.*

Prognose: Wenn diese reflexiven, selbstbezüglichen, statuierenden, im Kern heilsangstbesetzten und deshalb Gewißheit einfordernden blinden Flecken der evangelischen Glaubenspraxis und ihrer theologischen Voran-

375 Vgl. Sabine Bobert: *Jesus-Gebet und neue Mystik. Grundlagen einer christlichen Mystagogik,* Kiel 2012, S. 111.

nahmen nicht reflektiert werden, kommt es sowohl bei der Anamnese als auch bei der Therapie der spirituellen Defizite zu Verkürzungen. Und dann wird eine »korrigierte« oder »ergänzte« evangelische Spiritualität kaum mehr leisten können, als funktionale Meditationsübungen hier und dort zu integrieren; Exerzitien, die funktional bleiben müssen, weil sie aus dem mystagogischen Kontext der sakramental verstandenen Traditionen herausgebrochen worden sind. Es ist bedenkenswert, daß selbst bei dem mystagogisch ambitionierten Projekt von Sabine Bobert mit ihrem dezidiert sakramentalen Vorverständnis die Gefahr besteht, lediglich mentale Optimierungsübungen für moderne »Christinnen und Christen« auf die Schiene zu setzen.

Evangelischen Spiritualitätsexperten wie Zimmerling fällt es erkennbar schwer, den systematischen Zusammenhang im Auge zu behalten, der zwischen der gewollten Abweisung gewachsener liturgischer Gestalten im Protestantismus, bindungsfähiger kirchlicher Gestalten überhaupt, und der daraus zwangsläufig erwachsenen ungewollt defizitären Gestalt des individuellen Christseins besteht.

Daß mit der Delegitimierung und Zerstörung des monastischen Lebens in seiner ganzen Breite Leuchttürme spiritueller Orientierung für Millionen Menschen verloren gingen, ist Zimmerling keine Zeile wert. Mehr noch: Seine interessengeleitete Geschichtsklitterung, die Reformation hätte »eine Demokratisierung, d. h. die Befreiung der Spiritualität aus der Usurpation durch religiöse

Eliten«[376] eingeleitet, blendet die zu allen Zeiten lebendig empfundene Möglichkeit einer Mystik für alle in der liturgischen Praxis der katholischen und der orthodoxen Kirche völlig aus.

Diese Betriebsblindheit teilt Zimmerling mit der von ihm ansonsten herb kritisierten Dorothee Sölle, die ein ganzes Buch zur »Demokratisierung« und »Politisierung« der Mystik an dieser Mystik für alle vorbei schreiben konnte; vorbei an der liturgischen Dimension.

Daß hier eine *terra incognita next door* zu betreten gewesen wäre, wird deutlich, wenn Sölle in *Mystik und Widerstand* über Freundinnen schreibt, die wegen der katholischen Liturgie zum Katholizismus konvertiert sind, die Autorin aber außer mißbilligenden Plattitüden hierüber nichts mitzuteilen weiß. Über den mystischen Pfad der Indianer weiß Sölle mehr, will Sölle mehr wissen, als über den Weg ihrer Freundinnen.

### *Marginalie 19: Aversion gegen Herrlichkeit? Die Unfähigkeit zur symbolischen Darstellung*

Die Heilige Messe war schon immer ein Anlaß für Konversionen zum Katholizismus gewesen; zumal in der nunmehr »außerordentlichen Form«, also primär in der Zeit vor der Liturgiereform von Papst Paul VI., jener von Martin Mosebach sogenannten *Häresie der Formlosigkeit*. Aber auch die nachkonziliare, mystagogisch fraglos depotenzierte »ordentliche Form des römischen Ritus«

376 Zimmerling, *Spiritualität*, 2003, S. 284.

scheint durchaus in der Lage zu sein, ein gravitatives Wechselfeld zu erzeugen.

Spricht man über diese Anziehungskraft der katholischen Liturgie mit protestantischen »Christinnen und Christen«, werden die Konvertierten gern der Oberflächlichkeit geziehen, an deren Hang zu Veräußerlichtem, zum Ästhetizismus, zum Theatralischen, zur Show und auch zur »Magie« kein Zweifel besteht. Gut, daß man diese unmündigen, unaufgeklärten, vormodernen Wortverächter los ist. Gemein nur, wenn sie sich – konvertitentypisch – dort, wo sie nun sind, besonders vehement gegen »ökumenische Fortschritte« wenden; z. B. wenn sie sich gegen ein gemeinsames Abendmahl konfessionsverschiedener Christen aussprechen oder sich – Gipfel aller »Ungerechtigkeit« – bei der Ablehnung des Frauenpriestertums als absolut unbelehrbar erweisen. Unverzeihlich, wenn die Konvertierten auch noch intelligente Frauen sind, wie die besagten »Freundinnen« von Dorothee Sölle, die bei der Wahl zwischen der *Heiligen Messe* und dem *Politischen Nachtgebet* nicht nur einer egalitären Polit-Mystik den Rücken kehrten, sondern sich auch ebensowenig Sölles volksliedhafte Warnung vor einer »patriarchalen Männerkirche« zu eigen machen wollten; womöglich empfänglich sind für eine *Herrlichkeit* (Hans Urs von Balthasar), die sich *auch* im liturgischen Gestus konkretisiert und artikuliert.

Aversion gegen Herrlichkeit – gegen »jenen Inbegriff von Schönheit und Erhabenheit, (der ein) Zur-Gestalt-Kommen des alle Gestalten überbietenden Gottes«[377]

377 Harald Seubert: *Ästhetik – die Frage nach dem Schönen,* Freiburg 2015, S. 480.

verheißt? Es gibt sie wohl. Nicht nur bei Dorothee Sölle, die »mystischen Widerstand« einem jeden edlen Wilden – noch auf dem Kriegspfad – zu attestieren bereit war, aber den katholischen Widerstand gegen eine Adaption der bildlos eindimensionalen, rein funktional verstandenen protestantischen Frauenordination als illegitim weil misogyn denunzierte; obwohl hier tatsächlich Mystagogisches zur Disposition steht, wenn die Eliminierung der liturgischen Brautmystik einer höheren Gender-Gerechtigkeit zuliebe gefordert wird. Widerstand ist Mystik demnach immer dann, wenn der emanzipatorische Zweck gegebenenfalls auch Zwangsmittel heiligt und eine »unbequeme Zeitgenossin« es sich bequem machen darf in Ressentiment und liturgischer Ahnungslosigkeit, in »stillem Geschrei«, wie es der Untertitel von Sölles Mystikbuch unfreiwillig zutreffend nahelegt.

Klaus Berger – ein Wanderer zwischen den konfessionellen Welten – schreibt über seine jahrelangen Versuche, das »heiße Eisen« Frauenpriestertum interkonfessionell zu vermitteln:

> »Das Ergebnis dieser Diskussionen war verheerend, Christen, die hier anders urteilten als ich, waren in der Regel nicht bereit, Argumente auch nur ansatzweise zu hören, geschweige denn sich in sie hineinzudenken. Sie waren auch nicht bereit anzunehmen, der Vortragende könne vielleicht aus anderen Motiven geleitet sein als denen notorischer Frauenfeindschaft und vertrackter Sicherung von Männermacht. Sie nahmen ihm übel, daß er nicht bereit war, das Thema Frauenordination als eines der Durchsetzung eines Menschenrechts zu disku-

tieren. Die emotionalen und moralgesättigten Antworten waren so heftig.«[378]

Aversion gegen das Brautmysterium? Warum haben es Christus als der »Bräutigam der Kirche«, das »Hochzeitsmahl des Lammes« als das mystagogische Gravitationsfeld der Heiligen Messe und der Göttlichen Liturgie eigentlich so schwer? Zunehmend schwer bei aufgeklärt-emanzipierten »Christinnen und Christen«? Besonders schwer bei der Untergruppe der Selbsterfahrungsseligen, nach Gestalt Dürstenden, die auf ihrer Suche nach der verlorenen Polarität, meist auch *à la recherche du temps perdu,* in Tango-Kursen lernen, zu »folgen« bzw. zu »führen«, dabei ihrer Anima und ihrem Animus begegnen, Yin- und Yang-Anteile erspüren und Achtsamkeitsgefilde umkreisen; die aber wenig achtsam und wenig respektvoll mit der bei sich »langwierig erspürten« gestalthaften Polarität umgehen, sobald sie zur DNA der Ritualtradition und zum Festcharakter einer zweitausend Jahre alten europäischen Liturgiegeschichte gehört.

Aversion gegen Kirchengestalt? Manche Protestanten erfreuten und erfreuen sich bis heute an dem Minimalziel, das die Reformation sehr wohl erreicht hat: daß da – immerhin – nicht länger nur die Eine, die *una sancta* ist. Für Adolf von Harnack war die Zerstörung der mittelalterlichen lateinischen West-Kirche bereits ein Wert an sich; unerheblich, wie faszinierend vielgestaltig, tiefgründig, tolerant und nachgiebig diese *complexio oppositorum* selbst in seinen Augen war.

378 Klaus Berger: *Glaubensspaltung ist Gottesverrat. Wege aus der zerrissenen Christenheit,* München 2006, S. 199 f.

»Das Auseinanderfallen des Corpus Christianum war das Beste, was uns passieren konnte« gibt anno 2017 auch Friedrich Wilhelm Graf in der *Frankfurter Allgemeinen Zeitung* vom 10. April 2017 zu Protokoll: »Trotz der frühneuzeitlichen Bürgerkriege sind wir doch im Kern dankbar dafür.«[379] Im Klartext: Auch für die beiden Kulturprotestanten Harnack und Graf heiligt der Zweck gegebenenfalls die Mittel. Ein wenig Bürgerkrieg hat noch keiner Kulturentwicklung geschadet. Da muß man durch; gerade wenn man von Sakramenten, Liturgien, Riten nichts mehr wissen will und stattdessen Pluralität, eine porentief reine Gesinnung, Engagement und Aufrichtigkeit zum Allerheiligsten erhoben hat.

»In ihrem Anspruch auf Reinheit will die säkulare Gesellschaft von Riten nichts wissen«, schreibt Roberto Calasso in seinem Meisterwerk *Die Glut:* »Aber sie loszuwerden, ist nicht leicht. Um das zu erreichen, mußten erst Scharen von Protestanten das Terrain freiräumen und als Erbschaft, unter anderem, die Religionskriege hinterlassen, das Modell eines jeden Bürgerkrieges, sowie eine gewisse Art, sich zu verhalten, das Modell jener Schimäre, die dann ›weltliche Moral‹ genannt wurde.«[380]

Ironischerweise reduzierte das Konzil von Trient die vorreformatorische liturgische Vielfalt der *una sancta* auf die *eine* Tridentinische Messe, auf den Stadtrömischen Ritus. Lediglich einigen Orden wurden Partikular-Liturgien weiterhin zugestanden, auch durfte Mailand

379 Friedrich Wilhelm Graf: »Das Auseinanderfallen des Corpus Christianum war das Beste, was uns passieren konnte.«, in: *Frankfurter Allgemeine Zeitung* vom 10. April 2017, S. 5.

380 Calasso, *Glut*, 2005, S. 507.

den ambrosianischen und Toledo den mozarabischen Ritus beibehalten, weil diese älter als zweihundert Jahre waren. Die liturgische Entwicklung des Abendlandes vollzog sich also von der Vielfältigkeit in der Einheit, hin zur Einheitlichkeit bzw. zur Einfältigkeit in der Vielfalt (der Konfessionen).

Es mußte wohl eine ganze protestantische Theologinnen-Generation vergehen – die 40jährige Wanderung durch die mystagogische und (polit-)liturgische Wüste – bevor Mystik wieder in einen systematisch-theologischen Zusammenhang mit Liturgie, mit Meditation und Anbetung gebracht werden konnte, ohne vorab moralzertifiziert worden zu sein. In dem Buch *Jesusgebet und neue Mystik* der evangelischen Theologin Sabine Bobert wird man den Namen Dorothee Sölle im Literaturverzeichnis nicht mehr finden; dafür unter »S«: Alexander Schmemann, Sophokles, Symeon der Neue Theologe u.v.a.m.

Bobert, eine ordinierte Pfarrerin, enthält sich Sölles Gerechtigkeitspathos, hegt keine Aversionen oder uneingestandenen Prätentionen, sondern wirft, trotz persönlich sehr naheliegender Präferenzen für eine bildlose Mystik, einen neugierig unbefangenen Blick auf die bildmächtigen, hochsymbolischen Liturgien der konfessionellen Counterparts, auf die katholische Heilige Messe (auch in ihrer außerordentlichen Form), auf die orthodoxe Göttliche Liturgie, auch auf den Athos, die fraufreie Mönchsrepublik, zu der sie Kontakte unterhält. Nicht zuletzt wird sogar die »Lutherische Messe« reaktiviert bei Boberts Versuchen, die verlorengegangene Fähigkeit zur symbolischen Darstellung wiederzugewinnen. Denn hier ist der Saldo im Laufe der Jahrhunderte weit ins Minus geraten:

> »Im rationalen Streit über das Verständnis der kultischen Mitte zersplitterte die evangelische Form des Christseins bereits in der Geburtsstunde. In der protestantisch-theologischen Suche nach rationalen Einheitsformeln des Mysteriums Christi ist die Nötigung zur Dauerreflexion angelegt. Eine Einigung über ein alltagsrational nur bedingt zugängliches Mysterium kann jedoch nicht durch rationale Analysen und Formeln erreicht werden, sondern nur auf der ursprünglicheren Ebene polyvalent deutbarer Symbole.«[381]

Erst in den 1920er Jahren war für den evangelischen Theologen Paul Tillich der Umgang mit Symbolen wieder zu einem entscheidenden Charakteristikum des religiösen Bewußtseins geworden, als er innerhalb seiner Theorie des Absoluten einen Symbolbegriff einführte, der ubiquitäre »Erfahrung eines Unbedingten« in Rechnung stellte. Tillichs Versuch einer Wiederverzauberung der Welt durch Sinnüberschuß produzierende Sinnzusammenhänge, sprich: Symbole, verläßt jedoch nie das Gravitationsfeld Kants, wenn eine symbolische Darstellung nicht als Abbildung einer Wirklichkeit, sondern als Darstellung des prozessualen Verfahrens des Sinnvollzuges betrachtet wird. Tillichs Symbolbegriff zielt primär auf den erkenntnistheoretischen Geltungshorizont theo-

381 Bobert, *Mystik*, 2012, S. 400.

logischer Sätze und sekundär auf sinnliche Elemente und liturgische Vollzüge.[382]

Diese Königsberger Gefangenschaft der Symbolkonzeption Tillichs erklärt zum einen ihre starke religionspädagogische Relevanz, gleichzeitig auch ihre Irrelevanz für die Behebung der mystagogischen Defizite im reformatorischen Gottesdienst: Tillichs Analogon zum Diktum Schleiermachers von der »schlechthinnigen Abhängigkeit« zündet konfessions-, ja sogar religionsübergreifend und ist genau deswegen ohne spezifisches Gewicht in der Innenperspektive. Die Verflüssigung jeglicher Ontologie in Relationalität bleibt der Dreh- und Angelpunkt eines protestantischen Symbolverständnisses. Einmal mehr hängt von der mündigen Aneignung – z.B. Gottes »als Symbol des Unbedingten« – alles ab und niemand ist überrascht, wenn Symbolarbeiten am protestantischen Gottesdienst – so sie denn stattfinden – den Baustellencharakter des Ganzen eher noch unterstreichen und es der ausdrücklichen Warnung davor gar nicht mehr bedarf: »Betreten der Baustelle verboten!«

Alexander Schmemann, einer der bedeutendsten Stimmen der russisch-orthodoxen Kirche im 20. Jahrhundert, betont, daß alle gottesdienstlichen Symbole im ostkirchlichen Verständnis nicht auf »Eigentliches« (Tillich) verweisen, nicht Abwesendes *veranschaulichen, darstellen, erinnern* wollen; sondern Anwesenheit bezeugen, Verborgenes offenbaren. So wie beim altgriechischen Verb »symballein« Getrenntes zusammenfällt, zusam-

382 Vgl. Christian Danz: »Religion als symbolische Vergegenwärtigung unbedingten Sinnes. Erwägungen zum Begriff des Symbols bei Paul Tillich«, in *Tabula Rasa 14*, 10. November 1998, Internetdokument.

mengefügt wird, »ist im ursprünglichen Verständnis das Symbol Kundgabe und Gegenwart der *anderen* Realität als einer *anderen,* nämlich einer Realität, die unter den gegebenen Bedingungen nicht anders ansichtig und gegenwärtig werden kann als durch ein Symbol.«[383]

Nach Schmemann holt die Liturgie und holen die Sakramente nicht eine andere, neue Wirklichkeit in diese Welt hinein, sondern es entsteht der Sog einer sakramentalen Teilhabe, der die Glaubenden in die in Christus etablierte, die gesamte Welt umfassende Wirklichkeit hineinversetzt. Die performative Dimension der Göttliche Liturgie erinnert – besonders zu Ostern – an einen Tanz, ein ekstatisches Geschehen mit der Möglichkeit des völligen Sich-Verlierens in Gott; eines Verlierens, das sehend, kundig, wissend macht. In den Worten des antiken Dichters Lukian: »Wer nicht tanzt, weiß nicht, was geschehen wird.«[384]

Romano Guardini sieht auch die katholische Heilige Messe im Licht des Tanzes von König David vor der Bundeslade. Wenngleich: weniger morgenländisch ekstatisch, sondern abendländisch gemessener, wohltemperierter; gebändigte Glut, die sofort aufflammt, tritt man ihr mit religionspädagogischem Impetus zu nahe. Die Heilige Messe ist für Guardini »geradezu entmutigend für einen Eiferer vernünftiger Zweckmäßigkeit«[385], denn sie anerkennt »den Primat der Erkenntnis über

383 Alexander Schmemann: *Eucharistie. Sakrament des Gottesreiches,* Freiburg 2012, S. 63, Kursives im Original.

384 Gerard Van der Leeuw: *Vom Heiligen in der Kunst,* Gütersloh 1957, S. 40.

385 Romano Guardini: *Vom Geist der Liturgie,* Freiburg 2013, S. 62.

den Willen, des Logos über das Ethos«[386], versteht sich vorzugsweise als irdische Analogie zum Spiel der Sophia, der ewigen Weisheit vor Gott, die sagt: »Ich war bei ihm, alles ordnend, und zwar in Entzücken Tag um Tag, spielend vor ihm allezeit, spielend auf dem Erdkreis.« (Spr 8,30f.).

Ist man *Vom Geist der Liturgie* ergriffen, geht es nicht mehr ums Kalkül:

> »Das ist Spiel: zweckfrei sich ausströmendes, von der eigenen Fülle Besitz ergreifendes Leben, sinnvoll eben in seinem reinen Dasein. Und es ist schön, wenn man es ruhig gewähren läßt, wenn kein pädagogischer Aufkläricht Absichten hineinträgt und es unnatürlich macht. (...) Vor Gott ein Spiel zu treiben, ein Werk der Kunst – nicht zu schaffen, sondern es zu sein, das ist das innerste Wesen der Liturgie. Daher auch die erhabene Mischung von tiefem Ernst und göttlicher Heiterkeit in ihr.«[387]

Die Göttliche Liturgie und die Heilige Messe: Ein Tanz? Kunst, als Sein? Das dürften keine leicht verdaulichen Nachrichten für die konfessionsübergreifend Emanzipierten, Engagierten, allzeit Empörungsbereiten sein. Haben sie sich doch entschieden, nur im Fall von »Kunst« Gnade vor Gerechtigkeit ergehen zu lassen, ihr »ein Stück weit« Autonomie und ein gewisses Verstörungspotential zuzugestehen; ihr mit einer Herme-

386 Ebd., S. 85.

387 Ebd., S. 63 ff.

neutik des Vertrauens zu begegnen, nicht mit einer des Verdachts. In Bezug auf die Kunst (im Singular) hat sich wohl herumgesprochen, daß man ihr nicht moralisch kommen darf. Und alle Moralisten halten sich brav daran, wenn sie *Das Erhabene und die Avantgarde* (Jean-François Lyotard) im Musentempel aufsuchen oder zur *Documenta* pilgern, dort offen sind für Befremdungen, Zumutungen und künstlerische Anmaßungen aller Art; offen sein müssen, weil sie sich andernfalls aus der Gemeinde der Kunstverständigen und Weltoffenen exkommunizieren.

Das *Priester sein in dieser Zei*t (Gisbert Greshake) gibt es unangefochten nur als Künstler-Sein, als Kurator-Sein, im Von-den-Musen-geküsst-worden-Sein: eine Art ontologische Auszeichnung, die von jeglichem vorauseilenden moralischen Verdacht freistellt. (Gewisse Ähnlichkeiten mit mittelalterlichen Priestern, Nonnen und Mönchen, die der weltlichen Gerichtsbarkeit nicht unterworfen waren, sind sicher rein zufällig und keinesfalls beabsichtigt.)

Das nunmehr freischwebende moralistische Ressentiment gegen Maske, Differenz, Form, Fülle und Symbol muß sich deshalb andere Ziele suchen und findet sie *next door to the arts*: im jahrhundertelangen Auftraggeber und Mäzen des »Guten, Wahren, Schönen«: in der Katholischen Kirche, deren Heilige Messe zum Symbolbildersturm geradezu einlädt. Sie *muß* einfach »geschlechtergerechter« werden. Das Vorbild dafür: das protestantische Verständnis von Ordination und Gottesdienst; der *Markt der Möglichkeiten*, das »Menschenrecht« auf Ordination.[388]

388 Berger, *Glaubensspaltung*, 2006, S. 199 f.

Nimmt man die evangelischen Kirchentagsrealitäten zum Nennwert, steht den vier reformatorischen *soli* bereits ein fünftes zur Seite: *solus generis,* Gender allein. Einzig das »soziale Geschlecht« sichert unser Heil im rechtfertigenden Anerkennungskosmos; während die biologische Reproduktionsfähigkeit der Frau mitsamt dem hormonellen Regime, das all dies gewährleistet, unter dem Verdacht des (Natur-)Gesetzlichen und der (Schöpfungs-)Werkgerechtigkeit steht.

Ob das ausdrucksärmste aber wortreichste, das gestaltloseste, aber am meisten um-gestaltete liturgische Kontrastprogramm – welches auch das am wenigsten frequentierte ist – tatsächlich zum Maßstab taugt, darf bezweifelt werden. Zumindest wenn man von Liturgie mehr und anderes erwartet als Geschlechtergerechtigkeit und gute Worte.

Sabine Bobert will mehr und hütet sich mit guten Gründen, den orthodoxen und katholischen Counterparts mit Sölle-haften Empfehlungen eine Reformation ihrer Liturgien nahe zu legen: die liturgische Adaption des funktionalistischen Design-Dogmas *form follows funktion.* Vielmehr wird in ihrem Buch – mit Rekurs auf die älteren Vorbilder – auf 442 Seiten beinahe jedes Argument ausbuchstabiert, das gegen ein funktionales Verständnis der Liturgie und auch des Liturgen spricht. Das protestantische Frauenpriestertum ist aber nur auf dieser funktionalen Basis legitim und auch folgerichtig, obwohl sich Luther wahrscheinlich mit Händen und Füßen dagegen gewehrt hätte. Bobert sägt de facto an dem Ast, auf dem sie sitzt. Und das ehrt sie.

Die Funktionalisierung aller liturgischen Bezüge und der Verlust der Schönheit gehen im Protestantismus

Hand in Hand und könnten auch als Zeichen einer zutiefst männlich-rationalen Überformung und Entsorgung des Christus-Geheimnisses gelesen werden:

Die Frage »Wie soll ich dich empfangen und wie begegn' ich dir, o aller Welt Verlangen, o meiner Seele Zier?« aus dem Adventslied von Paul Gerhardt stellt sich in liturgischen Wüsten niemand mehr. Sie ist obsolet; nicht emanzipiert, nicht mündig, nicht widerständig genug, sondern eben mystisch, vielschichtig, tastend, eucharistisch, auch erotisch, wenn das Lied fortfährt: »O Jesu, Jesu, setze mir selbst die Fackel bei, damit, was dich ergötze, mir kund und wissend sei.«

Mit dem »Glauben allein« ist es hier nicht getan; das Offenbarungssubjekt hat das Verlangen, Gott zu begegnen, ihn zu erkennen und weiß, daß es dafür zuallererst empfänglich werden muß. Es möchte die Braut Christi sein.

Und während die Heilige Messe und vor allem die Göttliche Liturgie mit einer Fülle bildtheologischer Gestalten und symbolischer Bezüge Christus als den Bräutigam der Kirche – »das Hochzeitsmahl des Lammes« – nicht bloß erinnern oder veranschaulichen, sondern womöglich vergegenwärtigen, kapituliert man in protestantischen Gottesdiensten von heute vor der mystagogischen Steilvorlage der alten evangelischen Kirchenlieder; flüchtet in sentimentalistisches Memorieren, in tagespolitisches »Anpredigen« (Sabine Bobert) und in Gewißheiten in Frageform: Wer möchte denn heute noch die Braut Christi sein? Welche Kirche? Welche Frau? Vor allem: welcher Mann? *Kind Gottes* sein hat sich doch bestens bewährt, auch dem *Volk Gottes* gehört man gerne an, obwohl *Bevölkerung Gottes* sicher der weit weniger mißverständliche, gerechtere, zukunftsfähigere Begriff wäre.

Seit seinen Anfängen – mit Rekurs auf das *Hohelied der Liebe,* die alttestamentlichen Propheten, Bernhard von Clairvaux, Mechthild von Magdeburg, Johannes vom Kreuz, Theresa von Ávila u. a. – gilt das Offenbarungssubjekt im Christentum als ein prinzipiell empfangendes, ist ikonographisch ins Bild einer Frau gebracht worden: Der Kosmos, die Welt, das Volk Israel, die Kirche, der Mensch, sind be- und gerufen, sind erwählt und werden umworben wie eine Braut, um mit Gottes Wirklichkeit schwanger zu gehen, diese zu gebären, als Geschichte zu entbinden. Kosmische Geschichte, individuelle Geschichte, Heilsgeschichte.

Aber Männer-Geschichte? Das fiat Mariens: »Siehe, ich bin des Herrn Magd; mir geschehe, wie Du gesagt hast.« (Lk 1,38) läßt den Testosteronspiegel ebenso wenig ansteigen, wie Jesu Gebete und Gebärden in Gethsemani: »Jedoch nicht mein Wille, sondern der Deine geschehe.« (Lk 22,42)

Nietzsche hatte eine hervorragende Intuition für die gestalthafte Wirklichkeit, die in der völligen Überblendung von Menschheit und Kirche mit dem ikonographischen Bild einer Frau liegt, wenn er den »weibischen«, passiven, schwachen Wesenszug des Christentums aufs Korn nimmt. Nietzsches Blick zielt auf das verdeckte Matriarchat des (Kirchen-)Gestalt gewordenen christlichen Glaubens.

Im Zuge bestimmter Ausprägungen von Männlichkeit im 18. und 19. Jahrhundert, die heute nur noch karikaturhaft wirken, haben viele Männer die Heilige Messe als ein wesenhaft empfangendes Geschehen immer weniger frequentiert und die Katholische Kirche ist spätestens seit dieser Zeit de facto zu einer Kirche der Frauen geworden, die – warum wohl? – dort anthropologisch und ikonographisch tiefer angesprochen werden. Die Rede, daß Frauen in der Katholischen Kirche »nicht vorkommen«, »nicht sichtbar« sind, ist unterbelichtet. Vielmehr: Es sind die Männer und Männlichkeit überhaupt, die im Brautmysterium und im Bild der *Mutter Kirche* nicht vorkommen, nicht sichtbar sind. Die überprozentuale Homosexualisierung des Klerus ist ein weiterer Beleg.

In moralistischer Rollenprosa auf eine »Männerkirche« zu schimpfen, wäre Nietzsche, dem intelligentesten und intuitivsten Verächter des Christentums, wohl nicht im Traum eingefallen, der bei all seinen Invektiven weniger die sehr vordergründige, funktional-priesterliche Realität, sondern vielmehr die – auch in der Ikonographie bezeugte – ihn verstörende und von ihm verachtete ontologische Wirklichkeit im Blick hatte.

Eric Voegelin rät zu einer »Resymbolisierung der Struktur des geordneten Kosmos im Licht der Präsenz des Göttlichen im Menschen«, dazu, »das Mysterium des Kosmos zu akzeptieren. Menschliche Existenz ist Partizipation an der Realität. Dies verpflichtet dazu, die Struktur der Realität noetisch zu erforschen, soweit sie erkennbar ist, und der Einsicht gewachsen zu sein, daß die Realität in Bewegung ist vom göttlichen ANFANG zum göttlichen JENSEITS ihrer Struktur.«[389]

389 Eric Voegelin: *Evangelium und Kultur. Die Antwort des Evangeliums*, München 1997, S. 123, Großgeschriebenes im Original.

Die Reformation hat, sieht man von den »pietistischen Konvulsionen«[390] einmal ab, keine mystische Braut Christi, sondern ein männlich codiertes Offenbarungssubjekt auf die Zeitschiene gesetzt, mit unübersehbaren diesbezüglichen Parallelen zum Islam; eine Jungs-Kirche, konfessionelle Nerds, die auf ihr Heil »pochen«, ihre Rechtfertigung »ertrotzen«, »statuieren« (Luther), geradezu wortmagisch herbeipredigen wollen. Und die allen symbolhaften, graziösen, delikaten, uneindeutigen, indirekten Such- und Sehnsuchtsbewegungen der Seele feindlich gegenüberstehen, ihnen mit Direktem (Gottesunmittelbarkeit), mit Ausschlußkriterien (*soli*), mit Reduzierung (Sakramente), mit Systematisierung (*simul iustus et peccator*) und Disziplinierung (Kirchenzucht) begegnen. Daß im *reformierten* Zweig der »evangelischen Erneuerungsbewegung« sogar die Kirchenmusik aus dem Gottesdienst vertrieben wurde, ist keineswegs verwunderlich.

Ein Offenbarungssubjekt, das nicht mehr symbolische Braut, sondern – wenn überhaupt – der Bräutigam sein will, findet sich sogar im »radikalen Pietismus«; in Gottfried Arnolds *Sophienschrift.* Sie zeigt – mit Rekurs auf Jakob Böhme – die symbolische Umverteilung der Rollen von Braut und Bräutigam, »ein Modell, wonach die Gemeinschaft mit Sophia als besonders elitäre Gestalt geistlicher Erfahrung selbst die Gemeinschaft mit Christus zu überhöhen vermag.«[391]

390 Peterson bei Nichtweiß, *Peterson,* 1994, S. 654.

391 Lothar Vogel: »Beobachtungen zur Böhmenrezeption in Gottfried Arnolds Sophienschrift«, in: Wolfgang Breul/Marcus Meier/Lothar Vogel (Hrsg.): *Der radikale Pietismus. Perspektiven der Forschung,* Göttingen, 2. Aufl. 2011, S. 271, 280.

An eine gendergerechte »*uno mystica* für alle« war zu Arnolds Zeiten noch nicht zu denken; Sophia womöglich nur eine Verlegenheitsversuchung – allerdings eine mit häretischem Potential in Bezug auf *solus Christus*.

Alexander Schmemann setzt in der Tradition der Ostkirche auf *Theologie*, »im ursprünglichen und wesentlichen Sinne dieses Wortes als die Betrachtung (*contemplatio*) und die Schau der Wahrheit selbst«, wenn er zu bedenken gibt:

> »Es ist nur hier, in dieser gereinigten und wiederhergestellten Schau, daß wir anfangen könnten zu verstehen, warum das unaussagbare Mysterium der Beziehung zwischen Gott und seiner Schöpfung, zwischen Gott und seinem auserwählten Volk, zwischen Gott und seiner Kirche uns ›essentiell‹ geoffenbart ist als ein Brautmysterium, als die Erfüllung einer mystischen Hochzeit; warum – in anderen Begriffen – die Kirche selbst, der Mensch und die Welt selbst, wenn man sie in ihrer letzten Wahrheit und Bestimmung betrachtet, uns als eine Braut geoffenbart sind, als eine Frau, bekleidet mit der Sonne; warum sich in der ganzen Tiefe ihrer Liebe und Erkenntnis, ihrer Freude und Gemeinschaft die Kirche selbst mit einer Frau identifiziert, die sie als ›ehrwürdiger‹ als die Cherubim und unvergleichlich herrlicher als die ›Seraphim‹ preist. Ist es dieses Mysterium, das ›verstanden‹ werden soll vermittels unserer gebrochenen und gefallenen Welt, die sich selbst nur in dieser Gebrochenheit und Bruchstückhaftigkeit kennt und erfährt in ihren Spannungen

und Dichotomien, und die als solche die letzte Schau nicht fassen kann?«[392]

In dem Buch *Gesellschaft ohne Baldachin* von Hans-Georg Soeffner, Protestant und Begründer der Wissenssoziologischen Hermeneutik, findet sich die kleine Skizze eines prototypischen evangelischen Gottesdienstes; eine hermeneutische Sequenzanalyse *en miniature,* die im »Priestertum aller Gläubigen« das Laienhafte aller Priester[393] aufscheinen läßt:

> »Vielen protestantischen Pfarrern ist (...) das Wissen um die symbolische Vielfalt der Einheit im Ritus verlorengegangen: Sie bewegen sich in dem von ihnen zu belebenden symbolischen Raum wie Fremdlinge. Einige vermitteln ihrer Gemeinde das Gefühl, als müßten sie sich immer wieder dafür entschuldigen, daß sie einen Talar tragen, von einer erhöhten Kanzel aus predigen und die Erinnerungszeichen sakraler Handlungen ›rituell‹ darstellen müssen. Ihr eigener Leib als Mitte eines bereits geordneten Raumes, den sie als Liturgen auszufüllen haben, ist ihnen in der liturgischen Handlung so entfremdet, als stünde er ihnen selbst im Weg. Sie möchten im sakralen Raum das alltägliche Verhalten beibehalten, in der Rolle des Liturgen zugleich ›normaler‹ Alltagsmensch sein, kurz: im ganzen ihre – gegenüber der Gemeinde ja doch nur *funktional symbolisch* erinnernd – herausge-

392 Alexander Schmemann: *Zur Ordination von Frauen. Brief an einen episkopalen Freund,* Internetdokument, S. 42, Kursives im Original.

393 Vgl. Bobert, *Mystik,* 2012, S. 111.

hobene Stellung verleugnen. Wer sieht, wie sie sich in dem von ihnen mitzugestaltenden Raum bewegen, meint ständig, den biblischen Hahn krähen zu hören. Eigentlich, so sagen ihre Handlungen und Bewegungen, bin ich gar kein richtiger Pfarrer, sondern einer von euch da unten. Die Ordnung, die ich wiederbeleben soll, kenne ich selbst nicht. Sie ist mir so fremd wie euch.
So kommt es wie es kommen muß: Der gottesdienstliche Handlungsraum bleibt ungestaltet. Die Unsicherheit des Liturgen (...) überträgt sich auf die Gemeinde. Er geleitet sie nicht durch die symbolischen Formen, sondern verirrt sich mit darin: Das Sich-Erheben oder Setzen der Gemeinde geschieht konfus und gerade dadurch mechanisch – aber eben das ›mechanisch‹ Ritualisierte wollte man ja vermeiden. Die einzelnen Formen bleiben so in ihrer Bedeutung undurchschaut. Sie werden gerade durch die Unsicherheit und Desorientierung der Gemeinde ›leer‹ und zu erstarrten Relikten ungewisser Abstammung. Schließlich: Die Predigt selbst, gegenwärtig überwiegend befaßt mit alltäglichen Themen, denen ›ein Bibelwort‹ vorangestellt wird, verliert die für sie vorgesehene symbolische Rahmung. Sie wird zu einem beliebig von Orgelspiel, Gesang und mechanisierten Bewegungsübungen begleiteten, eher alltäglichen Monolog: Es wir für niemanden sichtbar gemacht oder durch einen besonderen Akzent angedeutet, warum es sinnvoll sein könnte, diesem Gerede zuzuhören.«[394]

394 Hans-Georg Soeffner: *Gesellschaft ohne Baldachin. Über die Labilität von Ordnungskonstruktionen,* Weilerswist 2000, S. 149 f., Kursives im Original.

Mary Douglas, die britische Anthropologin, resümiert:

> »Jedes Mal (...), wenn die Welle der Revolte und des Antiritualismus abebbt und das Bedürfnis nach rituellem Ausdruck sich wieder durchsetzt, hat das erneuerte Symbolsystem etwas vom kosmisch-umfassenden Charakter des ursprünglichen verloren. Daß wir am Ende der Bewegung, nach der Säuberung der alten Rituale, einfacher und ärmer geworden sind, gleichsam als rituelle Bettler, entspricht der Absicht. Aber auch andere Dinge gehen bei diesem Reinigungsprozeß verloren, nicht zuletzt das Gefühl für die historische Artikulation, die Breite und Tiefe der Vergangenheit.«[395].

Der Siegeszug einer »Öffentlichen Theologie« (Bedford-Strohm) und *Verfall und Ende des öffentlichen Lebens* (Richard Sennett) als Kultus gehen Hand in Hand. In der protestantischen Befreiung und Emanzipation von symbolischen Formen, von sakramentaler Eschatologie, vom Priestersein, von Repräsentation und auch vom Opfer markiert die Ordination beider, des Mannes wie der Frau, die Gleichstellung im liturgischen Vakuum, eine »Eintragung ins Nichts« (Blumfeld). Die Kirche als Ekklesia, wörtlich: »die Herausgerufene«, die aus der Welt Herausgerufene, war noch fähig, einen öffentlichen Kult zu feiern; die sich selbst Hereinrufende ist dazu nicht mehr in der Lage.

395 Mary Douglas: *Ritual, Tabu und Körpersymbolik. Sozialanthropologische Studien in Industriegesellschaft und Stammeskultur,* Frankfurt 1981, S. 36 f.

Überblendet man noch einmal historische mit systematischen Fragestellungen, kommt in der Unfähigkeit zur symbolischen Darstellung und in der Konkretions-Allergie auch ein dogmatischer Defekt in den Blick:

Warum hat sich der von Zimmerling behauptete »qualitative Fortschritt«, den eine »reformatorische Spiritualität gegenüber der mittelalterlichen Frömmigkeit in mehrfacher Hinsicht«[396] angeblich besaß, eigentlich historisch so schnell verflüchtigt? Warum war mit der »Freiheit des Gewissens und der Hochschätzung des Individuums«[397] das spirituelle Feld nicht wirklich dauerhaft fruchtbar zu bestellen? Warum verdunstete spätestens seit der dritten Generation von Reformatoren die Erinnerung an die Erfahrungsgestalt des Christseins, die Luther doch noch so existentiell umtrieb? Warum konnte fortan »das Moment der existentiellen Erfahrung nur in der Form des Moralischen«[398] Legitimität beanspruchen?

Weil man Dogma und Dogmatik nicht kann? Weil in dem Versuch, die ohnehin rationalitätslastige westliche Dogmatik weiter auf Eindeutigkeit und Gewißheit hin zu trimmen, das Wesen des Dogmas grundsätzlich verfehlt wurde? Man es als Bekenntnisvorgabe verstand, statt als Erfahrungsdestillat? Weil man folglich nur Lehren produzierte, die dann als (reformatorische) Dogmen ausgegeben wurden? Weil man auf diese Weise doktrinäres Falschgeld in Umlauf gebracht hat; ein »fröhlicher Wech-

396 Zimmerling, *Spiritualität,* 2003, S. 284.

397 Ebd.

398 Bei Zimmerling, *Mystik* 2015, S. 27.

sel« (Luther), der heute, nach der Entwertung der theologischen (dogmatischen) Prämissen, nurmehr dazu dient, die Moral-Inflation weiter anzuheizen? Sind somit EKD und EZB – die Guten und die Bösen – zwar keine Brüder im Geiste; aber womöglich doch *brothers in arms*? »Billige Gnade« (Bonhoeffer) verschleudernd die Einen, billiges Geld die Anderen? »Whatever it takes!« (Draghi)?

Aber was können, was wollen Dogmen überhaupt sein; sind sie nicht geradezu weltfremde Relikte eines intellektuell überformten, erfahrungsfeindlichen Glaubens? Keinesfalls. Einen spirituellen, kontemplativen oder mystischen Horizont in den Blick zu nehmen, ist religionsübergreifend undenkbar ohne paradoxale Ansagen oder Anforderungen. Ein *Kōan* z. B. transportiert eine Botschaft, die sich selbst dementiert. Er bleibt Rätselwort, wie auch die menschliche Existenz im Kern rätselhaft bleibt. Wer hier Gewißheiten, und seien es die Gewißheiten einer dialektischen Systematik, ins Spiel bringt, hat die Spielregeln nicht verstanden.

Es ist deshalb daran zu erinnern, daß alle christlichen Dogmen – so sehr sie im Streit mit Häresien Position beziehen und Grenzen markieren sollten – im orthodoxen Kontext immer vor allem als apophatische Abweisungen des Bescheidwissen-Wollens über Gott gelesen worden sind.[399] Selbst die Ikonen sind nach ihrer Dogmatisierung im Jahr 787 Bilder unter theologischem Vorbehalt, Objekte einer inneren Schau. Die Ehrenbezeugung (*timetike proskynesis*), die der Ikone im Osten gilt, wird von wahrer Anbetung (*alethine latreia*) unterschieden. Letztere gebührt Gott, nicht

399 Vgl. Karen Armstrong: *Die Geschichte von Gott. 4000 Jahre Judentum, Christentum und Islam*, München 2012, S. 310 f.

der Ikone. Diese aber ist als Abbild des Urbildes verehrungswürdig. Die *libri carolini*, das von fränkischen Theologen verfaßte Statement Karls des Großen zum Byzantinischen Bilderstreit, »schnitten der Westkirche den Weg zur Ikone ab.«[400]

Es ist bezeichnend, daß der lateinische Westen nie in der Lage war, dieses elementare Verständnis des Dogmas als satzhafte Verweigerung des Satzhaften und der Ikone als bildhaftes Dementi des (Götzen-)Bildes wirklich nachzuvollziehen, geboren aus mystischen Erfahrungen in der Nachfolge Christi, eine anstiftende Steilvorlage bietend, diese Erfahrung einer göttlichen Liebe, die verwandelt, auch zu machen.

Der Protestantismus führt mit seiner Konkretions-Allergie und Ambivalenz-Aversion also bereits den tendentiell erfahrungsfeindlichen Rationalisierungsschub durch die westliche Rezeption der – im Kern unbegriffenen – griechischen Vorgaben im Gepäck. Und er setzt weitere *falsche* dogmatische, also doktrinäre Signale in die Welt, die in einer tausend Jahre älteren, reiferen, katholischen spirituellen Tradition auch deshalb *so nicht formuliert* worden sind, weil hier – allem westlichen Bescheidwissen-Wollen zum Trotz – immer auch paradoxale Erfahrungen eingestiftet waren und gemacht werden konnten; diese seit 500 Jahren aber unter verstärktem Legitimations- und Eindeutigkeitsdruck stehen und man entsprechende Konzessionen macht.

Die Nichtformulierung des Falschen (in der Auseinandersetzung mit den Reformatoren) exkulpiert jedoch keineswegs von der Nichtformulierung des Nö-

400 Seubert, *Ästhetik*, 2015, S. 478.

tigen (im Vorfeld der Reformation); der Be- und Verhinderung der dogmatischen Integration der Mystik in Gestalt einer Vielzahl vorreformatorischer Bewegungen. Eric Voegelin entläßt die Katholische Kirche nicht aus der Verantwortung, wenn er bei der Entstehung des Protestantismus neben den sattsam bekannten katholischen Entgleisungen an den »formalen Kreuzzug« gegen die Hussiten-Bewegung erinnert und dabei *auch* auf ein mystagogisches Defizit im Westen rekurriert:

> »Die große mystische Bewegung des 14. Jahrhunderts, repräsentiert durch Persönlichkeiten wie Meister Eckhard, Johannes Tauler (...) wurde nicht absorbiert, sondern als häretisch abgestempelt. (...) Dieses Gesamtbild ändert sich auch kaum durch die Tatsache, daß der neue Mystizismus über Denker wie Nicolaus Cusanus in die Kirche eindrang. Denn eine solche individuelle Absorption löste nicht das Problem, mit dem die Kirche zu dieser Zeit konfrontiert war: die christliche Lehre durch die Unterscheidung von mystischer Kultur und Symbolismus des Dogmas weiterzuentwickeln und die Bedeutung dogmatischer Symbole im Lichte aktiver religiöser Erfahrung neu zu interpretieren.«[401]

In einem Brief an Karl Löwith spitzt Voegelin diese Erkenntnis noch einmal zu:

> »Mit dem massiven Durchbruch der Mystik in der Generation nach Thomas (v. Aquin, Anm. Verf.) scheint

401 Eric Voegelin: *Das Volk Gottes,* München 1994, S. 24.

mir das entscheidende Ereignis der westlichen Geschichte gekommen zu sein, insofern als die Kirche daran zerbrochen ist, daß sie die Mystik mit ihrer radikalen Transparentmachung der Dogmen als (Erfahrungs-)Symbole institutionell nicht aufnehmen konnte. Die Mystik hatte historisch »recht«; und in der Zurückweisung ihrer *aletheia* ist die Dogmatik zur *doxa* geworden«[402]; aus der Wahrheit, ein Fürwahrhalten.

In der westlichen Welt von heute treibt die Doktrin des Individuums die faktische Kollektivierung und Ent-Individualisierung hervor; wie auch die Doktrin der Inklusion letztlich Exklusion triggert. Daß diese Größen im Doktrinären »hängenbleiben«, hat damit zu tun, daß sie kontradiktorisch operieren, ihr Gegenteil verneinen, statt bejahen und deshalb gar nicht dogmatisierungsfähig sind.

Dieser Zusammenhang wäre für die Wiederbelebung einer christlichen Spiritualität, jenseits von Moral, neu zu entdecken; so wie sich beim christologischen Dogma »Wahrer Mensch und wahrer Gott« alles am paradoxalen »und« entscheidet. Wenn überhaupt, ist christlicher Spiritualität also nur mit paradoxalen Kompetenzen bei der Vereinbarung des scheinbar Unvereinbaren behutsam aufzuhelfen. Die Katholische Kirche müßte sich also nur erinnern wollen – und mehr Orthodoxie wagen.

Das christliche Dogma wieder dezidiert als kristallisierte Erfahrungsgestalt auszuweisen, nicht als metaphy-

402 Voegelin, *Luther*, 2011, S. 105, Kursives im Original.

sische Setzung, könnte auch im interreligiösen Gespräch helfen, die trinitarische Scham abzulegen, die westkirchliche Vertreter im Dialog mit Muslimen und Juden regelmäßig überkommt, wenn sie Inkarnation durchbuchstabieren oder, peinlicher noch, zum Heiligen Geist vortragen müssen; wenn sie also nicht von hoher Warte aus über Gott und Mensch »als Beziehungsgeschehen« improvisieren dürfen.

Wovon als Christ in diesen Dialogen eigentlich zu reden wäre: Das Christentum markiert wohl nicht nur historisch die Mitte der Offenbarungsreligionen. Daß da nur ein Gott ist und der Mensch sein Geschöpf, gehört an den Anfang und an das Ende des Offenbarungsgeschehens und jeder »Rede von Gott«. Aber wie weit dieser Gott zu gehen bereit ist; er damit sogar jeden metaphysischen Begriff seiner Selbst (z. B. das islamische Credo: »Es gibt keinen Gott außer Gott«) durchkreuzt, erschließt sich nur im »Herz« der Offenbarungsreligionen, in der esoterischen Mitte, die erstaunlicherweise eine exoterische geworden ist – im Christentum. Nicht von ungefähr wird das *Herzensgebet*, dieses Geschenk der ostkirchlichen Tradition an die beiden westlichen Kirchen, religionsübergreifend als das zentrale mystagogische christliche Emblem begriffen.

Der Religionsphilosoph Frithjof Schuon schreibt:

> »Das Christentum ist eine aufgrund einer besonderen Barmherzigkeit und Vorsehung – und anhand der dogmatischen Einkleidung – exoterisch gewordenen Esoterik; die in der Liebe verwurzelte Heiligkeit führt diese de-facto-Esoterik zur ursprünglichen

> de-jure-Esoterik zurück, zur mystischen Liebe, die die Äußerlichkeit des jüdischen Gesetzes wie einen gordischen Knoten durchschneidet. Das bedeutet, daß die christliche Religion nichts anderes als eine kristallisierte Liebesmystik ist, also eine ihrerseits zum Gesetz gewordene *bhakti.*«[403]

Nur wenige protestantische Theologen des 20. Jahrhunderts haben die Konkretions-Fähigkeit des Dogmas so sehr aus ihrer Konkretions-Gebundenheit heraus verstanden wie Erik Peterson, der in seinem auch heute noch elektrisierenden Aufsatz *Was ist Theologie?* die Konkretions-Allergie des Protestantismus systematisch mit der fehlenden kirchlichen Gestalt des Protestantismus in Verbindung gebracht und daran seine Unfähigkeit zur Dogmatisierung abgelesen hat. Die »Findung« von Dogmen sei »ohne Rückgang auf die existentielle Sphäre, auf das Leben der Heiligen oder das Gebet der Kirche u.s.f. gar nicht denkbar«; sie sei also nicht zu verstehen als »Finden irgendwelcher abstrakter Wahrheiten«[404]. Dogma gibt es für Peterson nur im Modus der Offenbarung.

Das Dogma erhält damit bei Peterson seinen Charakter als kristallisierte Glaubenserfahrung mit dem Auferstandenen zurück; als aus der Praxis geborene *Theoria,* die wiederum auf die Praxis zurückstrahlt. Peterson tritt damit allen historisierend verkürzenden Lesarten, das Dogma primär als intellektuelles Produkt der Kirche zu

403 Frithjof Schuon: *Von der inneren Einheit der Religionen,* Freiburg 2007, S. 139, Kursives im Original.

404 Bei Nichtweiß, *Peterson,* 1994, S. 603.

verstehen, entgegen und erkennt in der dogmatischen Abstinenz der protestantische Theologie weniger ein vermeintlich aufgeklärtes Wissen um Relativität und Historizität, sondern ihre uneingestandene dogmatische Impotenz; eine funktionalisierende Indifferenz mit der Konsequenz, eine indifferente, funktionalistische, moralisierende Praxis hervorzubringen; unfähig, Erfahrungsgestalten des Glaubens in die Zukunft entbinden zu können.

> »Das Christliche Dogma ist keine Konzession an die menschliche Neigung zum Dogmatisieren. Im Gegenteil, gerade indem es Dogma (...) ist, sagt es allem menschlichen Dogmatisieren den Kampf an. (...) Man habe den Mut, wieder in der Sphäre zu leben, in der das Dogma vorkommt, und man kann gewiß sein, daß sich die Menschen wieder für Theologie interessieren werden (...), weil jeder Mensch im Dogma konkret getroffen wird.«[405]

Erik Peterson hat in einem spektakulären, damals noch innerprotestantischen Briefwechsel mit Adolf von Harnack die Restrelevanz einer Kirche ohne Gestalt und ohne Dogma im moralisch Funktionalen verortet und Harnack ist ihm darin mit großer Nonchalance gefolgt.[406] Er bejaht Petersons Diagnose: »Übrig bleibt nur die Unverbindlichkeit einer allgemeinen moralischen Paränese«[407] (einer Ermahnung, Anm. Verf.)

405 Peterson, Theologie, 1994, S. 15 ff.

406 Vgl. Ebd., S. 178 ff.

407 Ebd. S. 179.

und Harnack spitzt sie sogar noch zu: das läge »in der Natur des Neuprotestantismus, der übrigens eine legitime Konsequenz des Altprotestantismus ist. (…) Der Protestantismus muß rund bekennen, daß er eine Kirche wie die katholische nicht sein will und nicht sein kann.«[408] »Begrüßen kann ich nur die Entwicklung, die immer mehr zum Independentismus und einer reinen Gesinnungsgemeinschaft im Sinne – ich scheue mich nicht – des Quäkertums und des Kongregationalismus führt.«[409]

Dieser Briefwechsel hat dann im Jahr 2000, anläßlich der Veröffentlichung des vatikanischen Dokuments *Dominus Iesus*, noch einmal seine unveränderte Aktualität erwiesen, als Joseph Ratzinger, im moralistischen Sperrfeuer sich ausgegrenzt fühlender evangelischer Kirchenvertreter, auf die oben zitierte Passage Harnacks verwies und sich wahrscheinlich einen Counterpart von der Statur des »kulturprotestantischen Papstes« sehnlichst herbeigewünscht hat, der einräumen konnte, was einzuräumen ist, ohne dabei nach Canossa zu gehen. Daß anno 2017 weit und breit kein Harnack, kein Barth und auch kein Peterson für dissonant-systematische Zwischentöne im Chor der Reformationsexperten sorgt, ist eine hausgemachte Tragödie.

Daß die gesamte theologische und kirchenleitende Biographie des Papstes Benedikt »sich als ein von Peter-

408 Ebd.

409 Ebd., S. 183 f.

son inspirierter Gegenentwurf zu Harnack verstehen«[410] läßt, wie der evangelische Theologe Johann Hinrich Claussen vermutet, mag überzogen sein, die ökumenische Relevanz Petersons scheint sich aber wieder herumzusprechen; als eines »Ausnahme-Exegeten, der zu seiner Zeit einer der Besten war, dessen beste Zeit aber noch kommen wird.«[411]

Sind die aus Heilsangst geborenen reformatorischen Spitzenthesen überhaupt spiritualitätskompatibel? Eröffnen sie einen Horizont für Erfahrungsgestalten des christlichen Glaubens? Hier haben selbst viele evangelische Theologen ihre Zweifel. Allerdings kommen diese Zweifel oft in Form einer Art to-do-Liste und im Duktus des Allerselbstverständlichsten daher, was seltsam berührt, wenn man weiß, daß hier mit dem theologischen Sprengstoff der letzten fünfhundert Jahre so verfahren wird, als wären es die Variablen oder Ingredienzien einer kulinarischen Gewürzmischung.

Spiritualität als ein reformatorisches Menü schmackhaft zu machen, heißt dann, daß man von »Rechtfertigung« nun nichts mehr herausschmecken muß, daß dem lutherischen »Christomonismus« – immerhin die Folge von *solus Christus* – by the way eine Art Toxizität attestiert wird und als das Salz in der Suppe nunmehr die Klassiker Gottesdienst, Liturgie, Anbetung zurückkehren; nicht zuletzt – die Chiffre »trinitarische Spiritualität« legt es ungerührt offen – das Dogma. Wie man

410 Thomas Söding: »Die Heilige Schrift in der katholischen Kirche. Zum theologischen Gespräch Joseph Ratzingers mit Erik Peterson«, Internetdokument, S. 2.

411 Thomas Söding: »Ein Ausnahme-Exeget. Erik Peterson in der Theologie seiner Zeit«, Internetdokument, S. 27.

formaliter die Rückbesinnung aufs Dogma fordert, ohne das Wort Dogma in den Mund zu nehmen, ist allerdings bemerkenswert: eine Theologie auf Slalomkurs durchs verminte Wortgelände.

Zur Konkretions-Allergie des Protestantismus mit der unbiblischen Lehre von der *unsichtbaren Kirche* hat der evangelische Theologe Gottfried Wilhelm Locher pointierte Anfragen formuliert, die ins Herz der Finsternis führen und ein gestaltloses Christsein in den Blick nehmen:

Die verdächtigende reformatorische »Behauptung, alles Sichtbare an der Kirche sei letztlich uneigentlich, (wird) all jene ratlos machen, die (...) die gelebte und in der Gemeinschaft erlebte Nachfolge Christi in den Mittelpunkt ihres Lebens zu stellen gedenken. Denn wenn die wahre *communio sanctorum* tatsächlich unsichtbar ist, als was sollen wir dann unsere Kirchen verstehen, Kirchen, in welchen Sonntag für Sonntag das Wort Gottes gepredigt und die Sakramente gefeiert werden? (...) Die Rede von einer Kirche, zu deren innerstem Wesen die Verborgenheit und die Nicht-Leiblichkeit gehöre, bewegt sich in gefährlicher Nähe zu einem die Kirche normierenden Ideal.«[412]

Der evangelische Theologe Gunther Wenz gibt ein Wort von Paul Tillich zu bedenken, »der im Übrigen die Verwandlung der Kirche in eine Art von Schule oder ein humanitäres Unternehmen als die größte ekklesiologische Gefährdung des Protestantismus beurteilte (...): ›Ein Protestantismus, der sich in antirömischen Ressentiments erschöpft, ohne von der bleibenden Bedeutung,

412 Gottfried Wilhelm Locher: »Zeichen des Advents. Protestantische Perspektiven einer sichtbaren Kirche«, 2000, Internetdokument, S. 6, Kursives v. Verfasser.

welche die katholische Kirche für ihn hat, zu wissen, der sich in kritizistischer Kritik erschöpft, ohne zu ekklesialer Gestaltung zu gelangen, der sich in privatistische oder auch landes- bzw. nationalkirchliche Isolation begibt, ohne universalkirchliche Belange zu realisieren, ist an sich selbst nicht ein Indiz für die Stärke, sondern für das nahende Ende der protestantischen Ära‹.«[413]
Auch in der Fokussierung auf die *Schrift allein* »wird die Frage nach der Gestalt unterschlagen. (...) Braucht das Wort nicht einen Leib? Hört ein gestaltloser Glaube nicht auf, das Leben zu prägen?«[414] fragt Walter Schöpsdau und zitiert Fulbert Steffenskys Befund: »Der heutige Protestantismus bestehe aus seiner Pfarrerschaft und seiner Verwaltung (...). Schärfer läßt sich die Gestaltlosigkeit des Protestantismus nicht beschreiben. Und es wirft ein bezeichnendes Licht auf das Papierene des Protestantismus, wenn Steffensky von sich gesteht: ›Vielleicht würde ich mich selber als einen protestantischen Theologen und als einen katholischen Christen bezeichnen‹.«[415]

Nach Schöpsdau »muß der Protestantismus den Gottesdienst wiedergewinnen: das Gebet, die Anbetung, die Feier der Gegenwart Gottes und die Erwartung seines Handelns. Die Menschen suchen in der Kirche keine Moral. Entertainment gibt es woanders besser. Kirche

413 Gunther Wenz: »Communio ecclesiarum. Die theologische Relevanz der ökumenischen Verständigung. Bestimmung und Beleuchtung einer protestantischen Zielperspektive«, in: Uwe Rieske-Braun (Hrsg.): *Konsensdruck ohne Perspektiven? Der ökumenische Weg nach »Dominus Iesus«*, Leipzig 2001, S. 75, 87.

414 Schöpsdau, *Leben*, 2005, S. 76 f.

415 Bei Schöpsdau, *Leben*, 2005, S. 77.

muß den Hunger nach Heiligem und Heilung stillen. Menschen müssen in ihr Orte, Gestalten und Zeichen finden können, die ihnen helfen, im Alltag der Welt aus Gott und mit Gott zu leben. Ein gestaltloser Glaube hört auf, das Leben zu prägen, und muß verdunsten.«[416]

Die Fokussierung auf *Christus allein* suspendiert die Geistgewirktheit jeglichen spirituellen Lebens, seine Praxis ebenso wie seine Theologie. Die alles überragende Zentralstellung der Rechtfertigungslehre und des *solus Christus* verkürzt die evangelische Spiritualität zum Christomonismus.

Daß mit der christologischen Engführung ungewollt die Abbrucharbeiten am personalen Gottesbild befördert werden, sei an dieser Stelle lediglich angemerkt. Hier ist beispielhaft an die Theologie Paul Tillichs zu erinnern; die, ebenso wie die Luthers, »in der Angst, ja in der Verzweiflung am eigenen Existieren gründe(t)«[417] und die in der Bekämpfung dieser Angst – eine weitere Parallele zu Luther – den Charakter des theologisch verbrämten Schadenzaubers nie ablegen kann.[418] Tillich opferte die Personalität Gottes auf dem Altar der (Schein-) Rationalität des beginnenden 20. Jahrhunderts und seine Adepten tun es ihm gleich. Mission: die Außerkraftsetzung des christlichen Glaubens an Gott als »Du«, den wir im Vaterunser anrufen.

416 Ebd., S. 79.

417 Wolf Krötke: *»Verengt« christologische Konzentration die Möglichkeiten von Gotteserfahrung? Vortrag beim Konvent des Kirchenkreises Cottbus in Guben am 15.04.2015,* Internetdokument.

418 Vgl. Christoph Türcke: »Luthers Geniestreich: Die Rationalisierung der Magie«, in: Friedrich Wilhelm Pohl /Christoph Türcke: *Heilige Hure Vernunft. Luthers nachhaltiger Zauber,* Berlin 1983, S. 9-74, 55.

»Tillichianer wie der Kirchenhistoriker und Lutherforscher Matthias Kroeger haben deshalb gefordert, daß die Kirche das personale Gottesverständnis aufgeben müsse. In seinem Buch *Im religiösen Umbruch der Welt: Der fällige Ruck in den Köpfen der Kirche* (...), heißt es: Das theistische Gottesbild einer existierenden ›Person‹ müsse durch ein Gottesverständnis ersetzt werden, welches das Göttliche als die unbedingte ›Qualität und Dimension aller Dinge‹ (...), als das ungegenständliche ›Geheimnis in allen Dingen‹ (...), das wir vielfältig ›projektiv‹ (...) ausdrücken, ersetzt werden.«[419]

Peter Zimmerling kämpft also auf einem innerkonfessionellen Kriegsschauplatz um die Seelen der Protestanten von heute, auf dem sich beide Seiten auf Luther berufen können und wo – je nach Gusto – mal die modernistisch verschärfte pessimistische Anthropologie des Reformators (bei Tillich), mal sein »mystisches Kern-Anliegen«[420] den Ausschlag geben können. Zimmerling fordert: »Die christliche Gotteslehre muß bei der Offenbarungsdreiheit der göttlichen Personen, nicht bei ihrer Einheit einsetzen.«[421] Christliche Spiritualität müsse also »trinitarisch geprägte Spiritualität«[422] sein. Hier wäre zu präzisieren: Orthodoxe Spiritualität war immer trinitarische Spiritualität; die reformatorische *muß* es noch werden. Wenn das nicht gelingt..

419 Siehe Fußnote 417.

420 Bei Zimmerling.

421 Zimmerling, *Spiritualität*, 2003, S. 29.

422 Ebd., S. 28.

An die Heilsangst-Agenda zu erinnern und – Max Scheler variierend – an das Ressentiment im Abbau der Spiritualität, kann hilfreich sein, weil auch beim nunmehr gegenläufigen Programm, dem protestantischen Wiederaufbau der Sprituralität wiederum Angst und Ressentiment einen spirituellen Neustart behindern können: durch die (begründete) Angst, dabei die konfessionelle evangelische Identität zu verlieren und die (unbegründete) ressentimentgrundierte konfessionelle Selbstüberschätzung, aus einer »Kirche der Freiheit« heraus nun auch das Feld der Spiritualität ein wenig reformieren, demokratisieren und moralisieren zu können. Wenn evangelische Christen nicht erkennen, daß sie »gut daran (tun), bei den vorreformatorischen Konfessionen in die Schule zu gehen, um spirituelle Erkenntnisse und Formen wiederzuentdecken, die diese bewahrt haben«[423], daß sie hier gewissermaßen als konfessionelle Bettler hinzutreten, haben sie theologisch und historisch nur wenig verstanden.

Die Zukunftsfähigkeit einer evangelischen spirituellen Identität entscheidet sich also im Spannungsfeld zwischen dem transkonfessionell lockenden, jesuitischen Diktum Karl Rahners, »daß der Christ der Zukunft ein Mystiker sei oder nicht mehr sei«[424] und dem Befund des Kulturprotestanten Adolf von Harnack: »Ein Mystiker, der nicht Katholik wird, ist ein

423 Zimmerling, *Spiritualität*, 2003, S. 285.

424 Karl Rahner: »Zur Theologie und Spiritualität der Pfarrseelsorge«, in: ders.: *Schriften zur Theologie, Bd. 14, In Sorge um die Kirche*, Zürich et al. 1980, S. 161.

Dilettant«[425]. Evangelische »Christinnen und Christen« laufen mithin durchaus Gefahr, sehr vieles, wenn nicht sogar alles preiszugeben, wenn sie spirituell nicht den Anschluß verlieren wollen. Die Sensibleren unter den Suchenden haben das sehr wohl verstanden, wenngleich eine dergestalt von den Realitäten erzwungene spirituelle Demut nicht jedermanns Sache ist: Wer in Freiheit von Rom und Konstantinopel *geglaubt* hat, will oft auch in größtmöglicher Distanz von beidem *meditieren*. Es gibt dann wohl nichts Schöneres, als gen Lhasa, respektive Dharamsala, also in Tuchfühlung zum Dalai Lama, sein Ego auszulöschen. Mit anderen Worten: Den spirituellen Zerfallsprodukten bleibt dann nur der Sprung in den Buddhismus.

Es stellen sich hier einige Fragen. Sie sind nicht repräsentativ, aber an der reformatorischen »Meditationsfront« selbst und also authentisch erhoben und zudem erhärtet im Gespräch mit intimen Kennern der Materie, mit protestantischen Spiritualitätsexperten und Buchautoren:

Warum sind viele evangelische »Christinnen und Christen« so offen für fernöstliche Mystik und Meditationspraxis? Warum erscheint ihnen eine metaphysische Karma-Mechanik oft einleuchtender als der Sündenfall, Reinkarnation akzeptabler als Inkarnation? Warum gibt es Probleme, das ostkirchliche Herzensgebet mit den klassischen Worten »Herr Jesus Christus« zu eröffnen, aber keine Schwierigkeiten, Beschwörungsformeln in Sanskrit emphatisch mitzusprechen? Worauf beruht der

425 Adolf von Harnack: *Lehrbuch der Dogmengeschichte, Bd. 3, Die Entwicklung des kirchlichen Dogmas,* Tübingen 1910, S. 436.

Widerstand, sich zu bekreuzigen, angesichts der Akribie beim Vollzug synkretistischer »Gebetsgebärden«, die als Meditationsrahmung oft unanfragbar, doktrinär gesetzt sind, während man beim sogenannten »Herzenswort« niemandem den »Herrn Jesus Christus« allzu nahe legen möchte? Warum brauchen viele von ihnen keine Erlösung und auch keinen Erlöser?

Wenn man einzelne dazu befragt, haben sie sich »ganz persönlich« und »sehr intim« »entschieden«, ihn eben nicht zu brauchen. Er macht für sie »keinen Sinn« mehr. Wovon sollten sie auch erlöst werden? Der »ganz persönliche Weg« – auch der ganz persönliche Meditationsweg – führt unter diesen Vorzeichen nicht mehr zum trinitarischen Gott. Der evangelisch ordinierte Pfarrer Michael von Brück, der von sich selbst bekennt, Buddhist und Christ zugleich zu sein, ist eventuell weder das eine noch das andere; sondern womöglich in erster Linie ein Fan oder Jünger des 14. Dalai Lama; ein Eindruck, der sich erhärtet, wenn von Brück über seine erste Begegnung mit Tenzin Gyatso berichtet. (Es dürfte demnach zu den schwierigeren geistlichen Übungen gehören, »Buddha zu töten, wenn man ihm begegnet«.)

Rückt die spirituelle Versuchung vom Dach der Welt einmal in den Hintergrund, bleiben genug Fragezeichen in den Niederungen:

Niederaltaich – eine Erinnerung: Angehende Meditationslehrer und -lehrerinnen eines renommierten überkonfessionellen Institutes zur Verbreitung des ostkirchlichen Herzensgebetes feiern das Osterfest im Kloster Niederaltaich, einer katholisch approbierten Enklave mit ostkirchlich-byzantinischem Ritus. Nach stundenlangen Gottesdiensten über mehrere Tage und Nächte hinweg und nach der finalen Feier der Göttlichen Liturgie in die frühen Morgenstunden des Ostertages hinein, fällt folgende Bemerkung aus dem Kreis der bereits seit einem Jahr in Ausbildung befindlichen angehenden Meditationslehrer (sic!), die sich zu 90 Prozent aus evangelischen »Christinnen und Christen« rekrutieren: Das alles sei ja sehr schön und ergreifend gewesen, aber man freue sich schon wieder auf die »Ausübung der eigenen Tradition«. Auf Nachfrage, welche *eigene* Tradition denn genau gemeint sei, gab es die Antwort: »Na, unsere Meditation des Herzensgebetes.« – Ein Einzelfall? In jedem Fall ist es nicht allein die neonormative »Basis«, die es sich gemütlich macht in einer *Wolke des Nichtwissens.*

### *Marginalie 22: Martin weiß, was Frauen wünschen – Die Erfindung der Hausfrau und Mutter durch einen Augustinermönch*

Wenn Martin Luther einmal nicht der Satan als (anfechtender) Gesprächspartner zur Verfügung stand, dürfte Augustinus sein Ohr gefunden haben. Mit ihm hielt der Reformator Zwiesprache über die Jahrhunderte hinweg, durchmusterte die theologischen Bestände; das westkirchliche Waffenarsenal, das der Bischof von Hippo mannigfaltig ausgestattet hinterlassen hatte. Polemisches, Psychologisches, Individuelles, Abgründiges aufgreifend, erinnernd, verschärfend, nachladend: Prädestination, Gnadenlehre, Erbsünde. Luther bediente sich – war aber auch wählerisch: Spekulatives war nicht seins, Geschichtsphilosophie ebensowenig; obgleich sich beide am krisenhaften Ende eines Äons wähnten, für das sie sich zurüsten wollten. Aber vielleicht waren die Zeitspekulationen des Einen, des Augustinus, das, was das Pflanzen des ominösen Apfelbäumchens für den Anderen, für Luther war: Arbeit am Werden und Vergehen, an der Ewigkeit.

Auch was die Frauen betraf, eine seltsame Schubumkehr: Augustinus war in seinen Jugendjahren kein Kind von Traurigkeit gewesen; wurde es nach seiner Bekehrung dann immer mehr, bis die inzestuös geliebte Mutter Monica – die uneheliche Verbindung zu einer Frau, mit der er einen Sohn hatte, hintertreibend – ihm ein zwölfjähriges Mädchen aussuchte, mit dem Augustinus nichts anfangen konnte. Die Askese ist bei ihm die Frucht, bei Luther hingegen die Aussaat seiner theologischen Laufbahn.

Dennoch: Affekte, Anziehung und Abstoßung, bleiben die Triebfeder für beide. Und wie Augustinus einen Klischeefall der Freudschen Analyse abgeben könnte, so ist auch Luthers »Ich« alles andere als der frauenfreundliche »Herr im Haus«.

Es mußte schon eine Dame im diplomatischen Dienst kommen, hier das gegenteilige Gerücht in die Welt zu setzen, bzw. in *Die Zeit:* Luther sei ein »Frauenfreund« gewesen.[426] Die Dame darf das, als »Luther-Botschafterin« muß sie das dürfen: Schaden vom deutschen Volkshelden und Exportschlager abwenden; so

426 Margot Käßmann: »Frauenfreund«, in: *Die Zeit* vom 18. Februar 2016. S. 52

wahr ihr Gott helfe. Christian Geyer hat in der *Frankfurter Allgemeinen Zeitung* vom 20. Februar 2016 dazu ambulant bereits das Nötige angemerkt.[427] Dennoch tut hier Vertiefung not.

Also ein paar schnelle Schnitte geführt hinein in ein konfessionelles Gespinst, in dem die Frauenordination und die Existenz von »Bischöfinnen« zum Nennwert einer »frauenfreundlichen« Kirche genommen werden, aber niemand fragt, warum es dort seit fünfhundert Jahren keine Frau zur Kirchenlehrerin gebracht hat, zum *Doctor Ecclesiae*, wie Teresa von Ávila, Katharina von Siena, Thérèse von Lisieux und Hildegard von Bingen, sondern allenfalls – wie die besagte »Botschafterin« – zum theologiefreien Medienphänomen taugt. Wenn die diplomatische Mission 2017 endet, wird ihr das RTL-Dschungelcamp als nächstes Betätigungsfeld zu empfehlen sein. Denn »nichts ist gut« dort im australischen Busch.

In Wahrheit waren die Reformation und der Protestantismus von Anfang an eine Männerdomäne, ein Tummelplatz testosterogener theologischer Trotzköpfe, ein Jungs-Ding, bei dem nur der Eine rettet, der auch ein Mann war: *solus Christus*. Welch gegenteiligen Eindruck evangelische Kirchentagspodien, »Bischöfinnen« und *die Farbe Lila* auch immer vermitteln: Wird es heilsrelevant oder auch nur politisch relevant, wiederholt sich die männlich codierte dogmatische Urszene der Reformation, bei der nur die Herren der Schöpfung das Wort führten, Frauen zwar »vorkommen« durften, auch gern als Flugblatt-Aktivistinnen, aber bitte nicht als theologische Protagonistinnen.

427 Christian Geyer: »Frauenhasser«, in: *Frankfurter Allgemeine Zeitung* vom 20. Februar 2016. S. 9.

Ein Setting, das davon lebt, unbemerkt wiederholt zu werden, wie gerade jetzt: wenn es ökumenisch und ernst und gefährlich wird; man im Heiligen Land auf dem Tempelberg und an der Klagemauer seinen ganzen Mann (freilich ohne Bischofsbrustkreuz) stehen muß und ganz ohne frivole Hintergedanken »eingebettet« wird, mit richtigen katholischen Kardinälen und dem jesuitischen Papst. Auf Augenhöhe.

Ob ein gehöriges Quantum Misogynie bereits im Spiel gewesen war, als man Margot Käßmann beauftragte, als Dauerverliebte (in Luther) durch die Welt zu jetten und davon Kunde zu geben, wird nicht mehr zu klären sein. Was hingegen feststeht: Weder Luther noch ein anderer Reformator beabsichtigte, eine Emanzipation der Frauen seiner Zeit ins Werk zu setzen, die »gläserne Decke« zu zertrümmern, eine »Hälfte des Himmels« abzugeben oder eine »Heilige Geistin« neben Christus in den Blick zu nehmen.

Ganz im Gegenteil: Selbständig wirtschaftende Frauen in Leitungsfunktionen, z. B. in Frauenklöstern, waren Luther ein Dorn im Auge. Sie waren ihm sogar ähnlich zuwider wie Prostituierte: Nonnen und Nutten, Huren und Heilige markierten »unverheiratete«, weiblich codierte Pole einer ambivalenzfähigen, buchstäblich alles umfassenden Katholizität; waren sich in weiter Ferne ganz nah und Luther spürte das, haßte beide und hat sie »hassen lassen« (Carolin Emcke).

Denn die Sexualität der Nonne »war nicht eigentlich aufgegeben, sondern verwandelt in eine Passion für Christus, die ihr intensiv sexuell geprägte und mütterliche Andachtsformen und Gebete ermöglichte. Sie konnte sich als die Geliebte Christi imaginieren oder sich in einer Macht und Beschützerkraft ausdrückenden Vision mit der Mutterschaft Marias identifizieren.«[428]

Diesen »Müttern« und »Bräuten« Christi, die auch Verfügungsgewalt über Liegenschaften hatten, ihre Beichtväter, Pfarrer und Priorinnen selbst wählten, konnte die »städtische Reformation, die sich in den Gewißheiten einer Morallehre des frommen Hauses eingerichtet hatte, (...) kein Forum bieten. Sie bot noch nicht einmal das Elementarste, nämlich spezifisch weibliche Frömmigkeitsformen.«[429]

»Die institutionalisierte Reformation war weit davon entfernt, den Frauen ein eigenständiges spirituelles Leben zuzubilligen. Im Gegenteil, sie war dort am erfolgreichsten, wo sie die Eingliederung der Frauen in den Haushalt unter der Gewalt ihres Ehemanns am nachdrücklichsten betonte.«[430] Die Freiheit der Klosterfrauen war verdächtig: »ihre Existenz war unnormal. Sie waren eine Gruppe unverheirateter Frauen, die gemeinsam ihren ›aigen Rauch‹ hatten. Doch sie waren eigentlich keine richtigen Bürgerinnen und ganz gewiß nicht Angehörige eines ordentlichen Haushaltes. Die einzig vergleichbare gesellschaftliche Einrichtung im städtischen Gefüge war das städtische Frauenhaus, ein frühes Opfer der Reformation.«[431]

Dem durch Luther entfachten Furor gegen die Klöster entsprach der evangelische Kreuzzug gegen die Prostitution, der Jahrhunderte währen sollte:

428 Roper, *Haus*, 1995, S. 199.

429 Ebd., S. 8 f.

430 Ebd.

431 Ebd., S. 192.

»Bis zu den 1530er Jahren hätte man die Prostitution neutral als Gewerbe bezeichnet oder allgemein von ›Buberei‹ gesprochen, das alle möglichen Formen des Fehlverhaltens abdeckte und keine explizit religiöse Konnotation besaß.«[432] Entsprechend bildeten die »Hübschlerinnen« eine Art anerkannter Zunft, die ihrer Arbeit in den von städtischen Obrigkeiten sanktionierten öffentlichen »Frauenhäusern« nachgehen konnten. Der Weg in die Prostitution war zu allen Zeiten zumeist einer materiellen Not geschuldet. (Mitunter ebenso der Gang ins Kloster.) Aber es war ein Mindestmaß an rechtlichem Schutz gegeben. In manchen Städten, wie in Frankfurt am Main, konnten Prostituierte sogar das Bürgerrecht erwerben.

Daß beide Existenzformen ihren legitimen Platz unter dem einen Dach der vorreformatorischen Kirche hatten, sollte ihnen zum Verhängnis werden, als in den folgenden *Zeiten der Reinheit Orte der Unzucht* (Susanna Burghartz) zu lokalisieren und zu eliminieren waren: »In den Polemiken der führenden Reformatoren wurden ›Hurerei‹ und ›Unzucht‹ zu wichtigen propagandistischen Schlagworten für ihre Auseinandersetzung mit der römischen Kirche und dem Papsttum.«[433] Mehr noch: »Der Feldzug gegen die Prostitution schürte rasch Mißtrauen und Verdacht gegen alle Frauen, gleich welchen Standes. (...) ›Hure‹ war keine Berufsbezeichnung mehr für eine gewerbsmäßige Prostituierte, sondern eine moralische Kategorie: die Hure stand stellvertretend für die Wollust aller Frauen«.[434]

432 Roper, *Haus*, 1995, S. 107.

433 Susanna Burghartz: »Wandel durch Kontinuität«, in: *Traverse. Zeitschrift für Geschichte*, 7, 2000, S. 23, 26.

434 Roper, *Haus*, 1995, S. 113.

Die reformatorische Infragestellung der beiden Frauendomänen Kloster und Frauenhaus hatte in ihrem Furor womöglich mit Theologie ebensoviel zu tun, wie mit männlichen Ängsten und Kontrollbedürfnissen. Das legen Frühneuzeitforschungen von Susanna Burghartz und Lyndal Roper nahe, die auch das protestantische Selbstverständnis der Reformation als einer Emanzipationsbewegung für Frauen nachhaltig relativieren.

Burghartz untersucht am Beispiel der Stadt Basel die langfristigen Folgen der reformatorischen »Aufwertung der Ehe«. Konzeptionell nimmt *Zeiten der Reinheit – Orte der Unzucht* anthropologische Forschungen zum Prinzip Reinheit im Rekurs auf Mary Douglas wieder auf und verbindet sie mit dem Interpretament der Konfessionalisierung nach Heinz Schilling.

Wobei mit Peter Hersches *Muße und Verschwendung. Europäische Gesellschaft und Kultur im Barockzeitalter* hier anzumerken ist, daß die mit diesem Theorem verbundene »Sozialdisziplinierung, wenn sie denn stattfand, (...) eine Angelegenheit des protestantischen, insbesondere calvinistischen Europa« war. (Burgharz Studie bleibt insoweit also verdienstvoll.) »Für den Katholizismus muß sie, abgesehen von einem Teil Frankreichs und den Minderheitenkatholizismen, sowie einzelnen elitären Gruppen verneint werden.«[435] Die posttridentinische moralische Nachrüstung scheiterte an einer disziplinierungsaversen, moralisierungsfeindlichen Realität bzw. Mentalität.

435 Hersche, *Muße*, 2006, S. 62.

Ropers Studie *Das fromme Haus: Frauen und Moral in der Reformation* zeigt am Beispiel Augsburg, daß im Zentrum der Reformation von Anfang an auch die Neuordnung des Geschlechterverhältnisses gestanden hat. Ja, daß die Reformation theologisch »der Legitimierung einer zweifachen Herrschaft dienen sollte: der Herrschaft der Männer über die Frauen innerhalb des Haushaltes und der Herrschaft der Obrigkeit über die Haushalte der Stadt bzw. der Gemeinde«, was »zu einem neuen Patriarchalismus auf Kosten der Frauen führte.«[436]

Unter Androhung drakonischer Strafen, einem frühneuzeitlich verschärften Gender Mainstreaming *avant la lettre*, hatten Frauen die nunmehr verdammten Extreme zu meiden und ihr Heil ausschließlich in der Ehe als ein »weltlich Ding«[437] zu suchen: als Hausfrau und Mutter. Auferstanden aus Ruinen, den Trümmern von Frauenhaus und Kloster, sollte jetzt »das fromme Haus« Frauen und Moral zum Rettungsanker werden.

Der utopische Charakter der reformatorischen Agenda, »der unerreichbare Wunsch nach einer ›reinen Gesellschaft‹ «[438] zeitigte rasch eine totalitäre Stoßrichtung, die den ursprünglichen, befreienden Impetus bei der Aufhebung der Extreme unter sich begrub. Mit den lutherischen *soli* war die Karte der »Reinheit« – des Glaubens, der Schrift, der Gnade – als Joker neu ins Spiel gekommen und dieser Joker stach: unnachsichtig und nachhaltig. Insbesondere bei den *reformierten* Reforma-

436 Susanna Burghartz: »Zwischen Integration und Ausgrenzung«, in: *L'Homme. Zeitschrift für feministische Geschichtswissenschaft*, 8, 1997, S. 30, 32.

437 Luther, WA 30, 3, 205.

438 Burghartz, Integration, 1997, S. 25.

toren, die »ein mönchisches Ideal für alle predigten«[439], kreisten die Bestrebungen darum, ein neues Jerusalem *en miniature* vorwegnehmen; *die Möglichkeit einer Insel* der Reinheit im frommen Haushalt auszuloten. (Während sich Luther, der Initiator theologisch aufgeladener Ausschließlichkeit, an dieser Stelle merklich zurückhielt, er anthropologisch dunkler dachte und auch misogyner, wie wir gleich sehen werden.)

»Reinheit wurde entsprechend zu einem zentralen Begriff des reformatorischen Ordnungsdiskurses. Sexualität und die von ihr ausgehenden Gefährdungen zu einem wichtigen Diskursgegenstand.«[440] Daß primär männliche Vorstellungen und Bedürfnisse in diesem Ordnungsdiskurs zum Zug kamen, war naheliegend. Das dürfte bei der institutionalisierten »Buberei« nicht viel anders gewesen sein. Was fortan aber fehlte, war die Ambiguität, die Ambivalenz und das Unernsthafte, die verteufelt wurden. Man blickte nun nicht mehr auf »Hübschlerinnen«: Roper erinnert daran, daß der Augsburger Städtische Rat »in seiner neuen Sprache der Sittenzucht nicht ein einziges Mal mehr Ausdrücke wie ›schöne Frauen‹ oder ›gemeine Frauen‹«[441] gebrauchte. »Je weiter sich die Ethik der Reformatoren entwickelte, umso mehr wurden die Prostituierten als böse, teuflische Versucherinnen angesehen.«[442]

Der heilige Ernst, der auf diese Weise auch unerbittlich Einzug hielt ins »fromme Haus«, verstand über-

439 Roper, *Haus*, 1995, S. 94.

440 Burghartz, Integration, 1997, S. 25.

441 Roper, *Haus*, 1995, S.112.

442 Ebd., S. 94.

haupt keinen Spaß mehr in diesen Dingen, bekam es vielmehr wieder einmal mit der (Heils-)Angst zu tun; Angst, auch vor der weiblichen Sexualität, die sich als je größere Gefahr herausstellte, je mehr man sich damit beschäftigte.

Für Lyndal Roper ist »die obsessive Beschäftigung mit dem Sexualleben der Frauen (...) eine bleibende Hinterlassenschaft der Reformation. (...) Die Reformation, die zunächst eine für Männer und Frauen gleichermaßen geltende Sexualethik anzubieten und der verheirateten Frau eine neue Würde zu verleihen schien, verdächtigte am Ende alle Frauen, ob ledig oder verheiratet, allzeit bereit zu sein, ihrem wollüstigen Drang zu Ausschweifungen nachzugeben.«[443]

Der Unabsehbarkeit, Unberechenbarkeit und Unauslotbarkeit des Weibes, als Hausgenossin und Gefährtin, waren daher dringlichst Grenzen zu setzen; wollte man nicht die unliebsame Sequenz von Eden noch einmal wiederholen. Von der Nähe des Teufels zum schwachen Geschlecht war jedenfalls auszugehen; insbesondere, wenn man Luther folgte: »Unersättlich wie die Haltlosen sind die Frauen. Der Teufel kann sie nicht genug schmücken.«[444]

Die reformatorische »Aufwertung des Ehelebens«, von der besagte »Botschafterin« gern kündet, war eine unter dem Vorbehalt der Kirchenzucht und unter Kuratel des stadtbürgerlichen Rates; der mit der Produktion von »Un-Wörtern«, wie »Unzucht« und »unehelich«, die es vorher nicht gab,[445] mithalf, den Satan in Schach

443 Roper, *Haus*, 1995, S. 113.

444 Luther, WA 13, 135.

445 Vgl. Puff: *Sodomy*, 2003, S. 95 f.

zu halten und das gedeihliche Zusammenleben mit dem Weibe unter strengen Ausschlußkriterien zu ermöglichen.

Mit der Delegitimierung der Verlobung, des womöglich nur unter vier Augen gegebenen Eheversprechens, gegenüber dem nun zwingend gewordenen öffentlichen Akt des »Kirchgangs« trat das Delikt des »frühen Beischlafs« »vor der Ehe« seine lange Karriere als eine neue Form von Unzucht an. Auch der in alter Zeit primär kultisch verstandene Begriff der »Unreinheit« konnte, nunmehr *reformiert,* auf eine schöne Zukunft als moralisierendes Distinktionsmerkmal hoffen.

> »Die Definition und Verortung von Reinheit bedurfte notwendigerweise der immer neuen Beschreibung und Abgrenzung von ›Unreinheit‹ und das hieß im Fall der Sexualität: von ›Unzucht‹. (…) Die neue Form des Kampfes führte aber nicht zur Verminderung, sondern zur Vermehrung von ›Unzucht‹. Die (…) Gesellschaft schien nach mehr als hundert Jahren Kampf gegen die ›Unzucht‹ unzüchtiger denn je. (…) Damit brachten die Aufwertung der ehelichen Sexualität und die neuen Bestimmungen der Ehe als Ort der Reinheit mit dialektischer Notwendigkeit die Unzucht hervor, die zu bekämpfen die Reformatoren nicht zuletzt mit ihrer Ehetheologie angetreten waren. Integration und Ausgrenzung, Aufwertung und Repression waren lediglich zwei Seiten der gleichen Medaille.«[446]

446 Burghartz, Integration, 1997, S. 42.

»Durch die Gleichsetzung von gesellschaftlicher und kirchlicher Unordnung mit ›Unzucht‹ beziehungsweise ›Hurerei‹ wurden Sexualität und Geschlechterbeziehungen zu wesentlichen Schauplätzen in der Auseinandersetzung um die rechte Ordnung der Gesellschaft, zugleich wurde der reformatorische Diskurs durch diese Rhetorik selbst sexualisiert. (...) Indem nun ehelich diametral gegen unehelich und damit unrein/unzüchtig gestellt wurde, wurde für die Beurteilung der sexuellen Beziehungen zwischen den Geschlechtern eine unausweichbar binäre Logik etabliert und damit zugleich verabsolutiert. (...) Die im 16. Jahrhundert hartnäckig und schließlich erfolgreich durchgesetzte Verkirchlichung der Eheschließung ließ *neu* verheiratet und unverheiratet, ehelich und unehelich zu distinkten Kategorien werden, die sich auf den Erwartungshorizont von Männern und Frauen und deren Beziehung nachhaltig auswirkten und dies bis heute tun.«[447]

Ging es nach Luther, konnte sich die Frau nur den Himmel erwerben, wenn sie alles tat, was »den Mann erfreut und fröhlich macht und ihn nicht betrübt«. Sie »ist rüstig im Haus (...) arbeitet gern und fleißig (...) und isset ihr Brod nicht mit Faulheit«.[448] In Sachen Haushaltung waren Frauen unverzichtbar: »Das aber ist wahr, (...) was das Hausregiment angeht, dazu sind die Weiber geschickter und beredter, aber im weltlichen politischen

447 Burghartz, Wandel, 2000, S. 26 ff., Kursives v. Verfasser.

448 Luther, WA, Ti 4, 500 f., (4783).

Regiment und Handeln taugen sie nichts.«[449] Eloquenz jenseits von Haus und Hof war unerwünscht: »Wenn Weiber beredt sind, ist das an ihnen nicht zu loben, es paßt besser zu ihnen, daß sie stammeln und nicht gut reden können, das ziert sie viel besser.«[450]

Wenn Luther seine eher unsystematischen theologischen Vorstellungen von den »Zwei Regimenten« gewissermaßen auf »das fromme Haus« projizierte und den Frauen ein »Hausregiment« zugestand, ist darin oft eine Aufwertung der Rolle der Frau als Gefährtin gesehen worden. Nicht zuletzt die besagte »Botschafterin« wird nicht müde, das Hohelied der Liebe über die innige Beziehung Luthers zu seiner Ehefrau Katharina von Bora, zum »Herrn Käthe«, anzustimmen, um aus Homestory-Versatzstücken Funken einer prinzipiell frauenfreundlichen Haltung des Reformators zu schlagen.

Die überaus zahlreichen misogynen Ausfälle innerhalb des Textkorpus der *Weimarer Ausgabe* sind mit ebenso herzzerreißenden wie absehbaren Botschaften aus dem Nähkästchen jedoch nicht aus der Welt zu schaffen oder zu verrechnen, vielmehr sind sie als anthropologische Statements des Reformators von besonderem Gewicht.

Hatten sich die Hebammen alter Zeit bei Komplikationen unter der Geburt oft entschieden, dem Leben der meist vielfachen Mutter den Vorrang einzuräumen und damit *pro familia* optiert, kritisierte Luther dies scharf und machte unmißverständlich klar, daß Frauen für ihn

449 Luther, WA, Ti 2, 286, (1979).

450 Luther, WA, Ti 4, 122, (4081).

primär Gebärmaschinen waren: »Gib das Kind her« sagte Luther zu einer Frau in den Wehen, »und trage dazu mit aller Macht bei; stirbst du darüber, so fahre hin, wohl dir, denn du stirbst wesensmäßig im edlen Werk und Gehorsam Gottes.«[451]

Mit »It's the pregnancy, stupid!« würde ein anderer »Frauenfreund« auf seine Weise Luthers »Anliegen« heute auf den Punkt bringen, während der Reformator seinerzeit einfach kein Blatt vor den Mund nahm: »Ob sie sich aber auch müde und zuletzt tot tragen, das schadet nichts; laß sie sich nur tot tragen, sie sind drum da.«[452]

Die Erfindung der Hausfrau und Mutter durch einen Augustinermönch – die »Aufwertung der Ehe« durch Luther und die Reformatoren – geht einher mit Abwertung; dem vollständigen Kursverfall aller anderen existentiellen weiblichen Optionen, die der Vielfalt, Ambivalenz und Ambiguität in den Beziehungen zwischen den Geschlechtern geschuldet waren.

»Ein Nein ist ein Nein« zum Eheleben: In der vorreformatorischen Kirche konnte dieses »Nein« sehr wohl – geradezu unverschämt postmodern – *gelebt* werden, während die »Kirche der Freiheit« bei ihrem Entrée in die Geschichte deutlich machte, kein Wunschkonzert für Frauen veranstalten zu wollen und die leitenden Herrn dieser Kirche sehr viel besser wußten, was Frauen wünschen.

Das auf der Abschußliste der Reformatoren stehende Sakrament der Ehe war als ein göttlich-menschliches

451 Luther, WA, 10, 2, 296.

452 Luther, WA 10, 2, 301.

Ding gedacht worden, als Verschränkung des Sichtbaren mit dem Unsichtbaren. Zur naturhaft polaren Identität des Menschen tritt die geistliche Grundierung und Ausrichtung auf den einen Gott hinzu, der sich relational entfaltet, als Liebe. Der Auftrag, »ein Leib zu werden«, ist somit immer *auch* die Verheißung, Anteil zu haben an der Natur Christi – unvermischt und ungetrennt – und am innertrinitarischen Leben Gottes als Perichorese, als distinkte Durchdringung. Im sakramental verstandenen Eheversprechen wagen die Brautleute den individuellen Exodus; die neu gewonnene Freiheit konkretisiert sich durch Bindung, Treue und Weggemeinschaft. Es ist dies und war dies keinesfalls nur spekulative Theologie, sondern immer auch ein konkret erfahrbarer Schutzraum für die Zweisamkeit; eine Art Baldachin.

In der vorreformatorischen Kirche band bereits die Verlobung, das Eheversprechen, aneinander, machte auch den Beischlaf möglich und versetzte die Brautleute gleichzeitig in einen Raum der Autonomie gegenüber Eltern, Obrigkeit, Kirche, die allesamt bestenfalls habituellen, aber keinen prinzipiellen Zugriff auf die Verheirateten mehr besaßen: denn das Sakrament der Ehe spenden sich die Brautleute nach katholischem Verständnis selber. Erst im Zuge der nachtridentinischen moralischen Zurüstung der Katholischen Kirche ist ein Geistlicher, als hinzutretender Notar, für die Eheschließung verpflichtend geworden, wogegen sich vor allem in Südeuropa nachhaltig Widerstand regte: Vermehrt kam es zu sogenannten klandestinen, geheimen Ehen; in Italien auch gern zum »matrimonio tumultario«, einer »ohne Zustimmung der Eltern und ordentlichem Aufgebot geschlossenen Ehe, wobei der Pfarrer in der Sakristei vom Brautpaar überrascht und praktisch gezwungen wurde, seine sofortige Zustimmung zum Sakrament zu geben.«[453]

Die faktische Durchsetzung des tridentinischen Ehe-Dekrets *tametsi* erfolgte nur allmählich und dauerte mancherorts bis ins 18. Jahrhundert.[454] Für das Katholische scheint eine Faustformel zu gelten: Zugriffe des Tyrannischen beanspruchen, benötigen aber eben auch – eine Ewigkeit.

Die Abschaffung der sakramental verstandenen Ehe hatte nicht ein Mehr an Freiheit zur Folge, sondern völlig neue Repressionen und Delikte; geboren aus der uneingestandenen Sakralisierung des nunmehr Profanen. Ein Sakrament geht – die Verabsolutierung kommt. Wie sonst konnte Luther für Ehebruch nunmehr den Tod des Ehebrechers fordern und der nachlässigen Obrigkeit einschärfen: »Es wäre besser, tot, tot mit ihm!«[455]? War hingegen die Obrigkeit selbst involviert, nahmen es Luther und Melanchthon nicht mehr so genau, schalteten einen Gang zurück, in den vorreformatorischen Modus, und erlaubten dem Landgrafen Philipp von Hessen eine Nebenfrau.

Für Luther war die Ehe eine erlaubte Sünde, legitime Hurerei: »Ehe und Hurerei sind einander so gleich, was das Werk belangt, daß man sie kaum unterscheiden kann.«[456] Verweigerte sich eine Angetraute, konnte Lu-

453 Hersche, *Muße*, 2006, S. 733.

454 Vgl. Ebd.

455 Luther, WA, 10, 2, 289.

456 Luther, WA, Ti 5, 382, (5852).

ther – ganz in der Logik eines Freiers – rundheraus bekennen: »Willst du nicht, so will eine andere; will die Frau nicht, so komme die Magd.«[457] Aber eigentlich solle »die weltliche Obrigkeit das Weib zwingen oder umbringen«[458]

Die Delegitimierung der sakramentalen Ehe war die Auslieferung eines gleichnisfähigen, ebenso ambitionierten wie ambivalenten, fragilen, prekären, delikaten *Zusammen-Hangs* an die reine Immanenz, an Verwaltung und Beglaubigung, Konvention, »Policey«; an Zucht und Ordnung. Die Ehe, reformatorisch fortan »ein äußerlich, weltlich Ding«, gehörte nun »in den Bereich der Obrigkeit«[459] und das bedeutete: nun klopften viele – legitimerweise und auch legalerweise – nicht nur an der Tür zum Schlafzimmer. Ein »frommes Haus« lud alle ein, nicht mehr nur hineinzureden, sondern hineinzuschauen und hineinzuregieren: Eltern, Nachbarschaft, Pfarrer und Presbyterium, den städtischen Rat, die neugeschaffenen Zuchtgerichte, die sich warmlaufenden Fürsten. Der totalitäre Zugriff auf die polare Identität des Menschen konnte beginnen, als ihm der Baldachin genommen worden war.

### *Marginalie 23: Neuformatiertes Fegefeuer, uneingestandene Eingeweideschau: das protestantische Gewissen*

Martin Luther haßte Halbheiten. Im Zeichen des Skorpions geboren, waren ihm Leidenschaft, Perfektion,

457 Luther, WA, 10, 2, 290.

458 Luther, WA 10, 2, 290 f.

459 Luther, WA 30, 3, 205.

Konsequenz, Treue, Reinheit und Vertiefung ebenso innerlich wie die weiteren Analogien: Opfer, Tabu, Magie, Macht, Zwang, Hölle, Tod und Teufel.

Melanchthon, ein überaus versierter Renaissance-Astrologe, wußte also sehr genau, was seinem Freund Martin und auch Augustinus, ebenfalls Skorpion, ein Dorn im Auge war: Ambiguität, Ambivalenz, Toleranz, Relativität, Doppelmoral, Kompromiß und Schwäche. Sie waren zu überwindende Größen, die im Zweifelsfall in (dialektische bzw. neuplatonische) Systematik eingehegt wurden. Das *simul iustus et peccator,* die *sola*-Zuspitzungen, die angemaßte Gottesperspektive der Rechtfertigungslehre sind allesamt *auch* zu verstehen als (systematisierende) Etappen beim Kreuzzug gegen Heilsangst bereitende Halbheiten.

Es war also nur eine Frage der Zeit, bis Luther, der noch bis etwa 1530 die Existenz des Fegefeuers anerkannte, in den *Schmalkaldischen Artikeln* von 1537 dem »Purgatorium«, Ort der läuternden Zwischenlagerung armer Seelen, eine systematische Absage erteilte.

Daß dieser nicht ewig, sondern zeitlich vorgestellte Reinigungsort, in welchem die verzehrende Liebe Gottes das Restböse am Menschen tilgt, perfekt zur päpstlichen »Indulgentien-Wirtschaft« (Peter Sloterdijk), zur Monetarisierung des Heils paßte, mag ein Übriges zu seiner Verwerfung beigetragen haben: »Darum ist das Fegefeuer mit all seinem Gepränge, Gottesdienst und Gewerbe für lauter Teufelsgespinst zu achten.«[460]

460 Luther, WA 50, 205.

Also: entweder Himmel oder Hölle. Ambivalenzverbot! Die Vermeidung von Graustufen stand wohl auch Pate, als Luther übersetzungsweise die griechischen Wörter »Hades« und »Geenna« wenig filigran über einen Leisten schlug: In der Lutherbibel wurde »Hades« fünfmal mit »Hölle« (z. B. in Mt 16,18), darüber hinaus zweimal mit »Toten«, zweimal mit »Totenwelt«, einmal mit »sein Reich« übersetzt; »Geenna« achtmal mit »Hölle« (u.a. Mt 5,22; Mt 29,30; M. 18,9; Mk 9,43, Mk 9,45) und viermal mit »höllisch«. Der Reformator tat damit »möglicherweise mehr als jeder andere, um die Lehre der ewigen Hölle auch im gemeinen Volk zu verankern.«[461]

Luthers theologische Verabschiedung eines (Fege-) Feuers auf Sparflamme gab fortan den Blick frei auf das unabgemilderte finale Inferno, das – folgte man Augustinus – seit Ewigkeit vorherbestimmt, nun die maximale Drohkulisse im Diesseits abgab (systematisch aber nicht weiter angeheizt wurde; Luther legte keine neue Lehre der ewigen Hölle vor).

Überbordender Theologie-Bedarf entstand jetzt durch die direkte, unverstellte Aussicht aufs Unheil: der Gottesunmittelbarkeit war die Unmittelbarkeit der Hölle vorgeschaltet.

Und weil der Himmel (*pro me*) nicht mal schielend ins Visier kommen durfte, gleichzeitig das eigene Gerettetsein fortwährend autohypnotisch zu statuieren war, fand sich Luther immer wieder in der Rolle der *Königin der Nacht:* »Der Hölle Rache kocht in meinem Herzen« – als *tentatio,* als Anfechtung.

461 Carsten »Storch« Schmelzer: »Luther und de Hölle oder: über die Abschaffung des Fegefeuers«, Internetdokument, S. 2 f.

Es war das »protestantische Gewissen«, das fortan an diesem systematisch-theologisch neuralgischen Punkt den Steilpaß aus der Tiefe des Infernos verwerten mußte, indem es sich vorderhand *Furcht und Zittern* ergab, um dann, einen dialektischen Haken schlagend, der Heilsgewißheit zuzuarbeiten; durch Nachjustieren, Problematisieren, Methodisieren und Prozessualisieren; vor allem aber: durch Dramatisieren der individuellen Optik.

Erlöst oder verdammt, verworfen oder gerettet war man, der Prädestination zufolge, schon im Diesseits. Alles konnte, ja mußte jetzt mit tödlichem Ernst zur Gewissensfrage werden. Daß hier eine *menschlich, allzumenschlich* zwar naheliegende, eigentlich aber unverschämte Frage nach dem Status des eigenen Gerettet- und Erwähltseins mit erlesener Dreistigkeit ins Königsgewand reformatorischer Kritik gekleidet wurde, bleibt weitgehend ausgeblendet. Mehr noch: Bei den Reformatoren, die dem freien Willen, dem veräußerlichten Heils-Handel und aller Magie abgeschworen hatten, kehren Magie und eschatologische Spekulationsgeschäfte unter dem Vorzeichen der Innerlichkeit machtvoller denn je, weil nunmehr unerkannt, zurück.

Das »Spezifische« des reformatorischen Glaubens liegt für den protestantischen Theologen Christoph Türcke darin, »alle Anstrengungen ums Seelenheil als Bestechungsversuche« zu denunzieren, um in diesem Verzicht auf alle Heilsabsichten aller »Verzweiflung mit einem Schlag sowohl gewiß als auch ledig«[462] zu werden.

462 Türcke, Geniestreich, 1983, S. 55.

»Aufs Heil verzichten ist die einzig wirksame Maßnahme, es zu erlangen; sich das Heil aus dem Kopf zu schlagen das einzige Mittel, um in seinen Genuß zu kommen. Das ist Luthers Geniestreich: die geheime Apotheose der Magie im Gewand ihrer radikalsten Kritik, die Überwindung der Magie durch ihre Rationalisierung. (…) Indem der Glaube den ganzen sakralen Zauber mit dem schlagenden Hinweis auf seinen magischen Charakter wegrationalisiert, tarnt er zugleich die Tatsache, daß er sich von der Magie nur zum Schein losgesagt hat, daß die Preisgabe aller eigenen Heilsabsichten nur das sublimste Mittel ihrer Durchsetzung darstellt, daß der Verzicht auf alle Opferleistungen (…) selbst das Königsopfer ist, das die Gnade herbeizubeschwören sucht.«[463]

Wer, wie Christoph Türcke, den Finger in diese Wunde legt, läuft Gefahr, umgehend den Bezirk der Verständigen, Wissenden, der Systematiker und Gutwilligen zu verlassen, die, fördermittelvernebelt, die reformatorischen Sprachspiele von Generation zu Generation weiterreichen. Türcke dürfte sich mit der ketzerischen Frage *could it be magic* in seinem Buch *Heilige Hure Vernunft. Luthers nachhaltiger Zauber* nur wenige Freunde gemacht haben.

»Die Welt, von der man genau weiß, daß sie die Sphäre der losgelassenen Dämonen ist, dennoch so anzusehen, als sei sie das Paradies – das ist die neue, von aller Objektivität befreite Sichtweise des Glaubens.

463 Ebd. S. 55 ff.

Das Priestertum aller Gläubigen, worin dies Paradies gemeinsame Gewißheit wird, ist der Priesterselbstbetrug jedes einzelnen. (...) Den Verzicht auf Vernunft und Wille vermag freilich niemand zu leisten als Vernunft und Wille selbst. Sie sind es, die da verzichten und, indem sie das tun, zugleich leugnen, was sie tun. So ist der Glaube das Selbstbewußtsein, das sich vormacht, keines zu sein.«[464]

Folgt man Türcke, bleibt auch der gerechtfertigte Christenmensch in Magie verstrickt, einer primär introspektiven, uneingestandenen Eingeweideschau, und er bleibt dabei auch *homo oeconomicus*; aufs Heil spekulierend, unrettbar merkantil. Im Blick auf Max Weber ist es keine gewagte These zu behaupten: er wird es nun noch mehr denn je. Zumindest für den Calvinismus ist bezeichnend, daß die Innerlichkeit nach Zeichen der Erwählung, der *Berufung* fahndet und sie in wirtschaftlichem Erfolg auch finden darf. Während im lutherischen Gewissen eher ein neuformatiertes Fegefeuer – verdeckt, verkannt, verleugnet – unfröhliche Urstände feiert.

Eine »Freiheit des Gewissens« ist durch Luther keinesfalls begründet worden. Daß dem Gewissen unbedingt zu folgen sei, auch wenn es irrt, war schon die Lehre des Thomas von Aquin gewesen, der unter Rekurs auf antike, alttestamentliche und christliche Quellen eine ausdifferenzierte Gewissensethik vorlegte, die von der grundsätzlichen Erkenntnisfähigkeit des Guten durch den Menschen ausging und selbst im Herzen des Bruder-

464 Ebd. S. 57 ff.

mörders Kain einen Gewissensfunken voraussetzte, der die Stimme Gottes noch vernehmbar machte.[465]

Die mittelalterliche westliche Theologie war an diesem Punkt bei der offenen Verabschiedung des späten, des *prädestinierenden* Augustinus angelangt und unterschied in dem einen Gewissen des Menschen zwei dynamische Aspekte: *synteresis* und *conscientia*. In seiner *synteresis* ist er in der Lage, das Gute prinzipiell zu erkennen (und zu wollen); aber in seiner *conscientia* nicht immer in der Lage, das Gute im Einzelfall zu entdecken. Das Gewissen war, wie auch der Mensch, zweigeteilt: zum Guten befähigt und gerufen, wobei Fehlurteile über den konkreten Einzelfall im Irrtum wurzelten.

Gedanken und Unterscheidungen, die keinesfalls veraltet sind: »Der neue Katechismus der katholischen Kirche nimmt sie der Sache nach auf, wenn er behauptet, das Gewissen vermöge das sittlich Gute zweifelsfrei zu erkennen; Fehlurteile über den konkreten Einzelfall wurzelten nur in Unwissenheit.«[466]

Was dieser katholischen Lehre vom Gewissen vorgehalten werden kann: sie ist anthropologisch pessimistischer als die ostkirchliche und optimistischer als die protestantische. Die evangelische Theologin Christiane Tietz spricht letzteres auf einem Vortrag in Bad Boll ganz offen aus, um danach die Optik Luthers für sakrosankt zu erklären: »Die Prämissen der mittelalterlichen Lehre vom Gewissen sind falsch, weil sie den Menschen zu positiv sehen. (...) Der Mensch will grundsätzlich das Gute

465 Vgl. Hieronymus: Ezechielkommentar, *Patrologia Latina* 25, 22b.

466 Christiane Tietz: *Aufstand des Gewissens. Am Beispiel von Martin Luther und Dietrich Bonhoeffer*, Mai 2007, Internetdokument, S. 3.

nicht. Er sucht immer nur nach dem, was für ihn selbst gut ist.«[467]

Christiane Tietz feiert das pessimistische, jegliche Gottesebenbildlichkeit negierende Menschenbild des Reformators und seine »Problematisierung« des Gewissens, »es könne lügen«, als erkenntnistheoretischen Durchbruch; dabei hatte Thomas von Aquin, *der Sache nach*, kaum anderes gelehrt, wenn er davon ausging, das Gewissen könne irren.

Die Akzentverschiebung, die Luther tatsächlich vornimmt, hängt an den Stimmen, die beide Kirchenväter im Gewissen zu vernehmen glauben: bei Thomas von Aquin ist es – mal mehr, mal weniger deutlich – die Stimme Gottes; bei Luther vor allem die des Teufels, der das protestantische Gewissen kirre macht, anklagt, es »lügen« läßt: »Luther behauptet vom Gewissen, es sei das ›blöde, verzagte, erschrockene, furchtsame, schuldige‹ Gewissen. Es ›schreit und lärmt. Es ist unruhig, es fürchtet sich, ängstigt sich, es zittert oder bebt, es ist verzweifelt‹.«[468]

Es geht also wieder einmal nicht ohne den Satan und die Heilsangst ab; auch nicht bei der sogenannten »evangelischen Freiheit des Gewissens«, die ein systematisches Analogon zum »Rechtfertigungsgeschehen« bildet. Und so wie der Mensch nichts tun kann, um seine Errettung zu befördern, ihm sogar »die Liebe« zur Lüge gerät (so Luther), wird ihm auch »die Hoffnung«, auf dem rechten Weg zu sein, als trügerisch zerschlagen; damit,

467 Tietz, *Aufstand*, 2007, S. 3; vgl. *Römerbriefvorlesung*, WA 56, 355.

468 Bei Tietz, ebd., S. 4.

in offenem Widerspruch zur paulinischen Trias *Glaube, Hoffnung, Liebe,* »allein der Glaube« rettet.

Das protestantische Gewissen wird zum geistigen Forum des Verdachts; einem dem Fegefeuer analogen Turnierplatz, auf dem, wie Luther glaubt, entweder Gott oder der Teufel den Menschen »reitet«. Es ist eine Spekulation auf den lieben Gott im Sattel, der die Sporen gibt, den Luther voraussetzt und statuiert. Das durch diese Art Glauben befreite »gute Gewissen« ist eins, das sich ums Genügen oder Ungenügen nicht mehr schert, befriedet in Gott ruht und sich nicht mehr ängstigen muß; ein Gewissen, das frei ist vom Gewissen[469]; auch von außen nicht mehr irritierbar. Es kann gegebenenfalls – wie Luther vorschlägt – seelenruhig die Probe aufs Exempel machen, »etwas ganz Ungeheures an Sünde anstellen, bloß um den Teufel zum besten zu haben, damit er einsehe, daß ich keine Sünde anerkenne und mir keiner Sünde bewußt bin«.[470] Hier wird sich selbst ein Freibrief ausgestellt, der unfrankiert durch die Jahrhunderte geistert. Nicht zum Besten, wie man wissen kann:

War der Glaubenszweifel vorreformatorisch ein unberechenbarer Stolperstein auf einem Lebensweg, den man dennoch vertrauensvoll und mutig gehen konnte, so steht seine konzeptionelle Adelung zur lutherischen *Anfechtung* für den Beginn der »Verfehlung des Bösen im deutschen Bewußtsein«[471]. Ein Böses, das fortan

469 Vgl. Gerhard Ebeling: »Das Gewissen in Luthers Verständnis«, in: ders.: *Lutherstudien, Bd. 3,* Tübingen 1985, S. 108, 114.

470 Luther, BR, in: WA 5, 518ff; bei Hacker, *Ich,* 2009, S. 266.

471 Karl Heinz Bohrer: *Imaginationen des Bösen. Zur Begründung einer ästhetischen Kategorie,* München, Wien 2004, S. 33 ff.

nicht mehr primär als Schmerz induzierend begriffen wird, sondern nur noch (Heils-)Angst machen kann; dabei entweder zu groß oder zu klein gedacht wird; zu personal oder eben ganz a-personal; mal als »Gott dieser Welt«, mal ohne eigenständiges Sein (bei Hegel). Immer aber weiß man darüber Bescheid; darf mit Gewißheit postulieren, statuieren, reflektieren: »Nie fällt man tiefer als in Gottes Hand« (Käßmann), weil an der Heilsgewißheit nicht gerüttelt wird, nicht gerüttelt werden darf. Das in der *tentatio* auftauchende Böse ist eines, mit dem man gerechnet hat, ein bereits erwartetes, eingepreistes; in Systematik eingehegtes Böses, daß leider irgendwann zum entgrenzten, systematischen Bösen wurde; zu einem Fall für die Historiker, während die evangelischen Theologen sich die Hände in Unschuld wuschen.

Es ist also ebenso naheliegend wie falsch, wenn Ex-Präses Manfred Kock befindet: »Das Gewissen ist bei Luther kein moralisches Phänomen, das auf Tugend ausgerichtet ist, es ist vielmehr ein theologisches Kriterium, in dem es um das Heil des Menschen geht.«[472] Oder eben: um sein Unheil; um Einschluß oder den finalen Ausschluß. Auch die vorgebliche Abwesenheit von Moral bleibt Moral; die weltenthoben höhere Moral einer *unsichtbaren Kirche.*

Mit Luthers Rede in Worms, in der er sich auf sein Gewissen beruft, hält – gewollt oder ungewollt – erstmals der handlungsbeurteilende Modus, und damit das Prinzip des Moralischen, Einzug in die westkirchliche Kon-

472 Manfred Kock: *Gewissensfragen. Über die Beziehung von Menschenbild und moderner Forschungsentwicklung,* 10. September 2002, Internetdokument.

zeption des Gewissens, das bis dahin vor allem orientierend, also primär ethisch, verstanden wurde.

Worms markiert einen eschatologisch aufgeladenen *moral turn* im Westen; die Verabschiedung einer Tugendethik durch uneingestandene Moralistik. Aus einem Sollen wird ein Müssen; ein Glaubenmüssen (*sola fide*), ein Lesenmüssen (*sola scriptura*), ein Begnadetseinmüssen (*sola gratia*). Aus einem (Pilger-)Weg, der einen hält, während man ihn beschreitet, wird der angstvolle Blick auf ein Ziel, das man nicht verfehlen darf. Wegvergessenheit und Zielversessenheit dieser verschärften Teleologie sind weitgehend unkenntlich gemacht durch systematisch-theologische Anstrengungen; es sind dieselben, die das Gewissen vom Gewissen befreien; die neue Moral als Nicht-Moral ausweisen; die Angst mit Angst austreiben und den Teufel mit dem Belzebub:

> »Ein existentielles Verständnis der Angst setzt sich hier durch, in dem Angst nicht mehr betrachtet wird mit ihrer Stellung in einem *ordo salutis* (einer Heilsordnung, Anm. Verf.), auf dem Weg von der anfangenden Liebe zur vollkommenen Liebe, sondern personal als den Menschen bestimmende Macht. Die Reduktion der begrifflichen Distinktionen verweist insgesamt auf eine personale Konzentration der Erfahrung der Angst. In dieser Bewegung zeigt sich zugleich Luthers Denken in seinem Charakter als erfahrungsbezogene Theologie.«[473]

473 Thorsten Dietz: *Der Begriff der Furcht bei Luther*, Tübingen 2009, S. 171.

Folgt man dem evangelischen Theologen Thorsten Dietz, ist nichts Verwerfliches daran, wenn die Welt zum »Wirtshaus des Teufels«[474] erklärt wird, die »erfahrungsbezogenen« Gewissensnöte eines einzelnen Augustinermönches paradigmatisiert, für alle Menschen maßstäblich gemacht werden und Luthers Heilsangst auf diese Weise die Signatur einer ewigen Angst in die westliche Welt trägt; von der spezifischen »German Angst« gar nicht zu reden:

> »Dem Erleben von Furcht kommt insofern unüberbietbare Heilsrelevanz zu, weil nur in dieser affektiven Dimension wahrhafte Selbsterkenntnis als Sünder vor dem Urteil Gottes möglich ist. Diese Aufwertung menschlicher Furcht macht zugleich ihre Umwertung in ein Heilszeichen möglich. Dieses Annehmen der Furcht verhindert eine Dynamik der Verzweiflung und macht Furcht integrationsfähig in den Lebensvollzug. Die so gedeutete Furcht erweist sich jedoch zugleich auch als notwendiges Moment bzw. grundlegende Stimmung christlicher Frömmigkeit.«[475]

Dem Geschäft mit der Angst »unüberbietbare Heilsrelevanz (...) vor dem Urteil Gottes« zuzuweisen, darin ein »Heilszeichen« zu erkennen, ist überaus fragwürdig: Heiligt der Heils-Zweck wirklich jedes dialektische Mittel? Das Großmachen der Sünde; das Öffnen der Höllenpforten? Was, wenn die »Integration« der nurmehr

474 Luther, WA 28, 329.

475 Dietz, *Furcht*, 2009, S. 181.

»Furcht« genannten Heilsangst in die »christliche Frömmigkeit« nicht gelingt; die »affektive Dimension wahrhafter Selbsterkenntnis« verfehlt wird?

Dietz behauptet auch: »Um der Totalität der menschlichen Sünde willen, beruht die Furchtlosigkeit der Sicheren auf Selbsttäuschung. (...) Die Furchtlosigkeit ist deutlichstes Zeichen mangelnder Gotteserkenntnis.«[476] Wie aber steht es mit der Selbsttäuschungsmöglichkeit derjenigen, die Gott zu erkennen glauben; und die mit einer angemaßten Gottesperspektive auf sich als gerechtfertigte Sünder schauen und sich mittels *Furcht und Zittern* selbst aus der Verdammnis befreien: durch die »Vorwegnahme des Gerichts Gottes in innerer Selbstzerknirschung«?[477]

Weder Dietz, noch Tietz, noch Ebeling schauen in den Abgrund einer Mentalität, in der das befreite Gewissen seiner selbst gewiß ist und durch die Verlagerung und Verschiebung der Zusage des Gerettetseins von außen (*ab extra*) nach innen und »für mich« (*pro me*) eine protestantische Monade konstituiert, die um sich selber kreist.

Wenn, um dem Befund zu entgehen, auf die Schrift (*sola scriptura*) und die Gnade (*sola gratia*) rekurriert wird, als relationale Korrektive *ab extra*, steht dem entgegen, daß diese »Beziehungen« phänomenologisch oft genug als Biblizismus (*sola scriptura*) oder Erwähltsein (*sola gratia*) in Erscheinung treten und nie, ohne das individuelle Gewissen in Anschlag gebracht zu haben.

476 Ebd., S. 176.

477 Ebd., S. 177.

Verkürzt gesagt: Ein innerlicher Prozeß behauptet, die Höheren Weihen *ab extra* erhalten zu haben.

Die zeitgenössische protestantische Gewissenskonzeption eines Wilfried Härle buchstabiert denselben Sachverhalt wie folgt aus: »Das Gewissen beurteilt nicht die ethische Qualität von Handlungen an sich, sondern es beurteilt die ethische Qualität von Handlungen anhand des Kriteriums der Übereinstimmung oder Nichtübereinstimmung mit dem eigenen ethischen Normbewußtsein.«[478]

In Überdehnung des lateinischen *con-scientia* (»Mit-Wissen«, »durch das Wissen«) wird ein innerpsychisch prozedurales Geschehen statuiert; ein »Mit-Wissen mit sich Selbst«. Wilfried Härle formuliert: »Ich bin mein eigener Mit-Wisser«.[479]

Eine reine Selbstbezüglichkeit, die unterschlägt, daß *con-scientia,* mehr noch aber das griechische *syn-eidesis* (»Zusammenwissen«, »etwas zusammenbringend verstehen«) offen sind für Alterität, Objektivität, das Gegenüber- und Entgegenstehende, das Befremdende, das auf die Subjektivität zukommt und einwirken kann. Gewissen, auch als synergistisches Mit-Wissen-Können mit einem ganz Anderen. Eine Möglichkeit, die bei Härle nicht mehr in Betracht kommt.

Der ambivalenzfeindlichen Innenschau und dem sentimental obsessiven Bekenntnis- und Selbstrechtfertigungs-Grundrauschen dürfte kaum mehr zu entgehen

478 Wilfried Härle: *Der Begriff des Gewissens aus theologischer Sicht und seine Bedeutung für das Verständnis von Schuld* (Vortragsmanuskript), IPSE-Symposion, Köln 19. November 2011, Internetdokument, S. 4.

479 Ebd., S. 3.

sein. Was aus der »evangelischen Freiheit des Gewissens« wird, wenn die Schrift verblaßt, die Hölle erkaltet ist und man den lieben Gott einen guten Mann sein läßt, steht also keinesfalls in den Sternen. Es droht die *Austreibung des Anderen.*[480]

### *Marginalie 24: Das Damaskus-Erlebnis von Rostock – Anmerkungen zur Metanoia der Notbischöfin*

Wenn Luther das erleben könnte: fast fünfhundert Jahre nach der Reformation sind nicht nur die beiden großen Kirchen, sondern auch die weltlichen Regenten in ihren Zielen weitgehend vereint. »Wie finde ich einen gnädigen Gott?« war die Frage des Reformators gewesen. »Wie finde ich eine gnädige Presse, gnädige soziale Medien?« ist die Frage von heute. Sie bewegt das öffentliche Personal: Politikerinnen wie Politiker, Kirchenmänner ebenso wie Kirchenfrauen. *Roma locuta, causa finita.* (Rom hat gesprochen, die Sache ist entschieden.) – Das ist nur scheinbar katholisch, also allumfassend; ist vielmehr *old school* und war einmal. Erst wenn »Oslo« gesprochen hat, gilts: wenn der Friedensnobelpreis dem nächsten verehrungswürdigen Heiligen zugesprochen worden ist, in einer zivilreligiösen, säkularen Weihe, die eine ontologische Eigenart markiert: Denn Nobelpreisträger ist man eine kleine Ewigkeit lang, ähnlich dem Weltmeister-Sein im Fußball, das »immer bleibt«. (Andreas Bourani; vgl. auch Rudi Völler)

480 Byung-Chul Han: *Die Austreibung des Anderen. Gesellschaft, Wahrnehmung und Kommunikation heute,* Frankfurt am Main 2016

Angela Merkel stand schon 2015 auf der Liste der Aspiranten, und warum das Komitee in Oslo sie noch ein wenig im Fegefeuer leiden läßt, weiß der Himmel. Schlechtes Karma aus der unnachsichtigen Behandlung Griechenlands 2014/2015 mag eine Rolle spielen. Wer den griechischen Ikonenmalern ein Jahr lang als Abbild des Ur-Bösen im Zeichen des Hakenkreuzes, als ganz Europa und vor allem Athen unterjochende Führerin eines »Vierten Reiches« Modell gestanden hat (auf »gestohlenem« Goldgrund), der bzw. die kann nicht die Unschuld vom Lande gewesen sein.

Nicht weiter schlimm: »Alternativlos« ist vielmehr, daß zu einem richtigen Heiligenleben eben auch das dunkle Vorleben gehört. Im Falle von Barack Obama durfte es auch ein drohnengestütztes dunkles Nachleben sein. Bei dem Amerikaner ging Oslo die Kür nicht ganz folgerichtig an, konsequent nur im Sinne einer absoluten Relativität von Vorher und Nachher; also unter Berücksichtigung eines Nobelpreises für Physik. Wie dem auch sei: Obama bestätigt im Grunde nur die Regel, die bereits für die Heiligen alter Schule galt: Sie sind erst durch *Metanoia*, durch Umkehr, vom Saulus zum Paulus geworden. Sie waren alle einstmals Sünder und Sünderinnen vor dem Herrn.

Daß die Umkehr des Apostels Paulus und anderer *old school saints* keine moralische Wende, sondern eine transmoralische Verwandlung markierte, als Folge der Umgestaltung ihres Gottesverhältnisses, sei an dieser Stelle lediglich angemerkt.

Merkels Damaskus-Erlebnis hat sich in Rostock ereignet, am 15. Juli 2015, während eines sogenannten »Bürgerdialogs«. Und wie schon dem Heiligen Paulus ist auch der Kanzlerin erst einmal Hören und Sehen vergangen: Das »weinende Flüchtlingsmädchen« Reem Sahwil gebot über Licht und Dunkelheit, und mit der Frage: »Angela, Angela, warum schiebst Du mich ab?« war sogleich ein neutestamentlicher Ton angeschlagen, der forderte, »tiefer einzudringen als nur in das armselige Gehör« (Kafka) und der die Pfarrerstochter in dunkelstes Licht zu tauchen imstande war.

Ob ausgerechnet in Rostock – auf für das Christentum verlorenen Territorium – die Stimme des christlichen Gottes zur Umkehr rief, darf zumindest in Zweifel gezogen werden. Vielleicht war man ja auch Zeuge der Rückkehr des Heidentums mit der Herrschaft von »Schicksalsgöttinen« und »Medien« wie ANNE WILL, MAISCHBERGER, ILLNER oder eben REEM. Die Kanzlerin: fortan der Macht dieser Versalien (der Großgeschriebenen) unterworfen. REEM erwies sich in Rostock als Nemesis für die rautenförmige Verteidigungslinie einer ebenso ungelenken wie unbarmherzigen Spielführerin, die an den deutschen Strafraumgrenzen nichts zuzulassen bestrebt war. Unter dem Hashtag »merkelstreichelt« kulminierten im Nu Netz-Empörungen und Netz-Abfälligkeiten; schnell kam der Hashtag »nichtmeineKanzlerin« hinzu; ausgiebig diskutiert und disliked: Merkels »Eisköniginnenkeit«.

Und so folgte auf Rostock bald Merkels *Metanoia*; die Grenzöffnung im summer of love 2015, dem Sommer der grenzenlosen moralischen Selbstbegeisterung über das »freundliche Gesicht«, das man nun in die sozialen Netzwerke einzupflegen Willens war; »whatever it takes« (Mario Draghi). Das Selfie mit Merkel ging um die Welt und verabschiedete die *Denkfigur der Repräsentation* zugunsten einer uneingeschränkten »Willkommenskultur«, in der die gute Absicht der Regentin bereits die Sache selbst war. Merkel vermied zwar dezidiert ein Verzichtspathos im Sinne des Paulus-Bekenntnisses: »Nicht mehr ich lebe, sondern Christus lebt in mir.« Die Rechtspopulisten im Lande haben die Kanzlerin dennoch durchaus in diesem selbstdekonstruktiven Sinne verstanden, obwohl sie die Worte »Nicht mehr Deutschland lebe, sondern alle Refugees« nie gesprochen hat. Auch war Merkels »Wir schaffen das!« kein Eins-zu-Eins-Cover von Luthers ebenso legendenhaften wie legendären »Hier stehe ich, ich kann nicht anders.« Der *Frankfurter Allgemeinen Zeitung* war dennoch die gleichsam synoptische Überblendung des argumentfreien, autosuggestiven Gewißheitspathos vom Reformator hin zur Kanzlerin zahlreiche kritische Kommentare wert. Eine gewisse *performative Unschärferelation* ist im kommunikativ-medialen Kosmos also immer in Rechnung zu stellen.

Was die Kritiker der Kanzlerin im Kern verstört hat und alle gegen Merkel gewendeten Invektiven letztlich ins Leere laufen läßt, ist der Umstand, daß Merkel einen entscheidenden und verhängnisvollen Fehler Martin Luthers nicht gemacht hat: Luther war nicht in der Lage gewesen, geweihte Bischöfe für seine Reformation zu gewinnen, und er verspielte damit die *Apostolische Sukzession.* In der Folge wurden territoriale Landesherren, die die Reformation auch deshalb unterstützten, weil sie sich dadurch am landesweiten Klostereigentum bereichern konnten, als sogenannte »Notbischöfe« eingesetzt, was Luther wohl mehr Bauchschmerzen bereitete als seinem Freund Melanchthon; denn diese »Notbischöfe« sollten und durften sogar in geistlichen Dingen das letzte Wort haben. Eine Entwicklung, die als »landesherrliches Kirchenregiment« vor allem auf deutschem Boden zu Untertanengeist und Obrigkeitsdenken unter evangelischen Christen geführt hat. Hundert Jahre bevor es diesbezüglich zum Äußersten kam, schreibt Jacob Burckhardt geradezu hellsichtig: »Die enorme Macht des Staates über die Kirche im 16. Jahrhundert war auf einmal faktisch da (…). Der Protestantismus ist als Staatskirche entstanden, und wenn der Staat indifferent wird, ist er in dubioser Lage.«[481]

Merkel hat nach Rostock zumindest diese eine Lektion aus der Geschichte gelernt: Hol Dir Rom mit ins Boot und dann klappt es bestimmt auch bald mit der finalen Rechtfertigung durch Oslo. Daß die Notbischöfin Merkel auf eine in dogmatischer Anorexie verdämmernde, performativ hochmoralisierte Katholische Kirche in Deutschland trifft, macht ihre nichtlegitimierte, gegebenenfalls das (kanonische) EU-Recht freihändig außer Kraft setzende Gewissensentscheidung auch konfessionell alternativlos. »Ich halte es mit Kardinal Marx, der gesagt hat: ›Der Herrgott hat uns diese Aufgabe jetzt auf den Tisch gelegt‹ «, erklärte Merkel im Deutschlandfunk und lieferte damit den Beweis für eine real existierende Ökumene der Moralisten, die für das staatlich verordnete, Generationen übergreifende Inklusionsprojekt einen pochenden Glauben statuieren, der Berge versetzen soll.

481 Burckhardt, *Bilder*, 1997, S. 504.

»Was soll das heißen? Weiß sich die Kanzlerin womöglich in einer heilsgeschichtlichen Mission, wenn es um die Flüchtlingspolitik geht?« fragt Christian Geyer in der *Frankfurter Allgemeinen Zeitung* vom 5. Oktober 2015, die kardinale apostolische Rückversicherung der sich selbstrechtfertigenden Kanzlerin im Blick.[482]

Daß individuelle Christusnachfolge den freiwilligen individuellen Souveränitätsverzicht, bis hin zum Sichselbst-Verschenken, meint und voraussetzt, nicht aber eine »alternativlose« staatliche Bevormundung zum Guten, und daß Nächstenliebe nicht kollektivierbar ist, haben nach Rostock nur wenige Katholiken wie etwa Martin Mosebach öffentlich angemerkt.

Die beiden Moral-Pole Inklusion und Exklusion, performativ als »Achtungs- und Mißachtungs-Kommunikation«[483] allgegenwärtig, sind nur durch Politiker in Schach zu halten, die Politik als Kunst des Möglichen im Wissen um Alternativen begreifen und die jedes Bekenntnis für einen der Pole scheuen wie der Teufel das Weihwasser.

Mit ein wenig Systemtheorie würde verständlich werden: Je radikaler beide Pole vertreten werden, umso mehr Angst steckt dahinter und umso mehr Identitätslosigkeit. Die labile Identität der »Ausschließer«, der xenophoben »Modernisierungsabgehängten«, ist ja bereits *common sense* unter Bescheidwissern; die nicht minder prekäre Identität der Inklusionsverfechter ist hingegen das Tabu, an das nicht gerührt werden darf. Inklusion und Exklusi-

482 Christian Geyer: »Wink vom Herrgott?«, in: *Frankfurter Allgemeine Zeitung* vom 5. Oktober 2015

483 Luhmann, *Paradigm*, 1990, S. 17 f.

on sind die beiden Seiten der moralischen Medaille, und beide sind auch deshalb hoch gefährlich, weil ihre »mimetische Rivalität« (René Girard) nicht erkannt wird; ihre unheimliche mentale Nähe: Daß »Ja« zu grenzschrankenloser Migration *auch* als ein Schuld-Tilgungsverfahren für den uneingestandenen Selbsthaß von Identitätslosen zu begreifen, als einen zivilreligiösen Verheißungshorizont, dürfte dabei der weitaus unangenehmere Befund sein.

Das bedingungslose Hereinholen des Fremden soll ein Identitätsvakuum füllen, soll das Heimweh nach sich selbst kurieren und die eigenen Dämonen exorzieren. »Und erlöse uns von dem Bösen« ist hier kein Gebet mehr, sondern die Bitte von seßhaften Ortlosen an migrierende Ortlose, sie nicht allein zu lassen, mit den Einheimischen: dem autochthonen Spiegelbild. Es tut not, im milden, nach innen leuchtenden »freundlichen Gesicht« dasselbe Maß an Selbstgewißheit, Ressentiment und Nichtanfragbarkeit zu erkennen wie in der Fratze der Fremdenfeindlichkeit.

Moralpolitik ist – paradox gewendet – »das Verhindern guter Entscheidungen zugunsten von richtigen Entscheidungen« oder wie Niklas Luhmann formuliert: »Angesichts dieser Sachlage ist es die vielleicht vordringlichste Aufgabe der Ethik, vor Moral zu warnen.«[484]

Die Polarisierung der Gesellschaft durch die Parteinahme der Notbischöfin markiert eine Eskalation säkularisierter Heilsgewißheit, die im Kernland der Reformation alte Frontstellungen und Mechanismen verschärft aktiviert. Delegitimierung, Denunziation und Verdäch-

484 Luhmann, *Paradigm*, 1990, S. 41.

tigung, Achtung und Mißachtung sind Modi, die in Deutschland seit fünfhundert Jahren schnell und nachhaltig zu forcieren sind; sowohl bei den Inklusions- wie bei den Exklusionsverfechtern, die sich aber heutzutage, aufgrund der Ubiquität des *Moralapostolats*, nicht mehr entlang von Konfessionsgrenzen verorten lassen.

Den Unterschied zu anderen Ländern und Nationen macht das deutsche Copyright auf Redlichkeit und Gründlichkeit, mit dem auf dem Territorium des ehemaligen *Heiligen Römischen Reiches deutscher Nation* schon mancher Idee durch Realisierung der Garaus gemacht worden ist; oder aber wo Ideen aus Angst vor der Realisierung schnell unter Verdacht geraten. Zu besichtigen ist eine Unfähigkeit für Maß und Mitte und eine Präferenz für »Sonderwege«, die sich durch die deutsche Geschichte zieht und bei der, blickt man auf die *timeline*, entweder eine »verspätete Nation« (Helmuth Plessner) oder eine zu früh verzichtende, Souveränität nach Brüssel delegierende ins Visier kommt. Eine Nation, unfähig zur zivilisierten kontroversen Debatte. Und das seit fünfhundert Jahren.

Liest man heute noch einmal die Rede, die Thomas Mann 1945 – bezeichnenderweise in New York – anläßlich seines 70. Geburtstages über *Deutschland und die Deutschen* gehalten hat, kommt der Literaturnobelpreisträger irgendwann auf Martin Luther als »riesenhafte Inkarnation deutschen Wesens« zu sprechen. Daß mit dem Reformator auch die Inkarnation des deutschen Debatten-Unwesens – der *spiritus rector* der selbstgewissen Alternativlosigkeit – in den Blick kommt, erschließt sich sofort, wenn Thomas Mann bekennt:

> »Ich liebe ihn nicht, das gestehe ich ganz offen. Das Deutsche in Reinkultur, das Separatistisch-Antirömische, Anti-Europäische befremdet und ängstigt mich, auch wenn es als evangelische Freiheit und geistliche Emanzipation erscheint, und das spezifisch Lutherische, das Cholerisch-Grobianische, das Schimpfen, Speien und Wüten, das fürchterlich Robuste, verbunden mit zarter Gemütstiefe und dem massivsten Aberglauben an Dämonen, (...) erregt meine instinktive Abneigung. Ich hätte nicht Luthers Tischgast sein mögen«.[485]

Warum haben die deutschen akademischen Eliten das Campus-Debattieren eigentlich bis heute nicht gelernt? Debatten mit Rede und Gegenrede? Debatten, in denen man Punkte nicht machen kann, indem man dem Kontrahenten schlechte Absichten unterstellt, sondern schlechten Argumenten mit besseren zu begegnen weiß. In freier Rede und möglichst pointiert. »Ich habe mir nichts vorzuwerfen.« Daß mit diesem Merkel-Satz, der auch von Luther stammen könnte, sehr wohl die jährliche (!) Bundespressekonferenz zu anästhesieren ist, aber niemals ein diskursives Fegefeuer wie *Prime Minister´s Questions*, also die wöchentliche institutionalisierte Fragestunde im britischen Unterhaus überstanden werden könnte; warum gibt dieser Abstand zur westlichen Demokratie, der ein Diskurs-Defizit markiert, eigentlich niemandem zu denken?

Warum ist im deutschen Grundgesetz keine uneingeschränkte Redefreiheit verankert, wie in der US-Verfassung, sondern eine sogenannte »Meinungsfreiheit« un-

485 Thomas Mann: »Deutschland und die Deutschen«, in: ders.: *Gesammelte Werke XI, Reden und Aufsätze 3*, Frankfurt am Main 1974, S.1132 f.

ter diversen Vorbehalten? Der Verweis auf die unselige NS-Vergangenheit greift viel zu kurz. In Deutschland ist schon lange eine Mentalität zuhause, die der freien Rede zutraut, sofort in freie Taten zu münden und die Jagd auf »geistige Brandstifter« macht, noch ehe es brennt. Eine Mentalität, die dies sogar für den Ausweis höchster Redlichkeit hält. »Die Sprache kommt vor der Tat«[486], dekretierte unlängst BKA-Präsident Holger Münch, nachdem der Bundesjustizminister sich bereits ähnlich geäußert hatte. *Speakers' Corner?* In welcher Ecke des Universums liegt das eigentlich?

Die Vorstellung eines authentischen, unverstellten Selbst, das sich aller zivilisatorischen Masken und symbolischen Ordnungen entledigt, das danach trachtet, Innen und Außen in aller Redlichkeit zusammenzubringen, mindestens zusammen zu denken, bedient ein nie dogmatisiertes aber wirkungsgeschichtlich eindeutig als protestantisch auszuweisendes Narrativ, das bis heute jede öffentliche Debatte in Deutschland über kurz oder lang in die ressentimentgrundierte Moral-Entropie überführt. Ambivalenzfähigkeit erscheint in diesem Kosmos als »Doppelmoral« und Politik per se als schmutziges Geschäft. Ein im Kern tribales Selbstvergewisserungsverständnis kommt in den Blick, das mit der »teutschen« Variante der Reformation zu tun hat, eventuell sogar mit ihrem tiefsten Nukleus:

Der von Carl Schmitt konstatierte »anti-römische Affekt«[487] im Protestantismus hatte weder in England

486 Holger Münch: »Die Sprache kommt vor der Tat« (Interview), in: *Frankfurter Allgemeine Zeitung* vom 4. Juni 2016, S. 2.

487 Carl Schmitt: *Römischer Katholizismus und politische Form*, Stuttgart 1984, S. 5.

noch in den Niederlanden oder in Frankreich dazu verführt, sich jenseits der Geschichte der europäischen Zivilisation zu begreifen, als davon verschieden zu imaginieren. Mit Luthers Pochen auf das Eigene, das Gewissen und *das Ich im Glauben* (Paul Hacker) hingegen kam eine deutsche Entwicklung ins Rollen, die recht bald nicht nur den Glauben, sondern auch *nationbuilding* als Akt einer »Kultur der reinen Innerlichkeit« verstand; in Feindschaft zur Form – der liturgischen ebenso wie der politischen.

In Luthers Gewissensaufstand kulminierten zudem – wie in einem Brennglas – die Versuche zahlreicher deutscher Humanisten um 1500, zu rein deutschen Quellen der Selbstvergewisserung vorzustoßen. In den Blick geriet dabei ein narzißtisch kränkendes, zivilisatorisches Defizit: Das Fremdbild des germanischen Barbaren, des Nicht-Römers in der Lesart des Tacitus: Keine Philosophie, keine Polis, keine Agora, keine Kunst und keine Architektur in den antiken deutschen Landen weit und breit, »mit seinen Wäldern schaurig, mit seinen Sümpfen widerwärtig« (Tacitus). Selbst die innige Beziehung, die der Deutsche zu seinem Walde pflegt, war Erweis einer Identität *ex negativo*.

Klaus von See schreibt in seiner Aufsatzsammlung *Barbar, Germane, Arier. Die Suche nach der Identität der Deutschen*: »Die humanistische Tacitus-Rezeption hatte weitreichende Folgen. Aus ihr stammt die Neigung, die zivilisatorisch-intellektuelle Überlegenheit der Römer, Romanen und Westeuropäer kompensiert zu sehen durch moralisch-gemüthafte Werte, durch ein germanisch-deutsches Tugendmonopol, wie es schon Jacob

Wimpfelings Schrift *Germania* im Jahr 1501 vorführt: Die Germanen seien den Römern ganz und gar nicht unterlegen, weil sie ja immer ›Treue, Keuschheit, Gerechtigkeit, Freigebigkeit und Lauterkeit pflegten‹.«[488] Die Tacitus-Rezeption der Reformationszeit erweist sich bis in die Gegenwart hinein als erstaunlich zählebig im Selbst- und im Fremdbild der Deutschen mit der sattsam bekannten Entgegensetzung von »deutscher Kultur« und der »westlichen Zivilisation« der Römer, der Welschen (sprich: der Franzosen), der Engländer und Amerikaner. Giorgio Agambens Essay *Ein »lateinisches Reich« gegen die deutsche Übermacht* datiert von 2013.

Daß mit dem Wort »Kultur« die höheren Weihen im deutschen Sprachkosmos erteilt werden, zeigt nicht zuletzt der Begriff der »Willkommenskultur« (die Steilvorlage des Deutschen zu entlegensten Substantivkombinationen nutzend). Ähnlich wie bei »Freikörperkultur« betritt man hier einen grenzen- und auch formlosen Denkraum des Herzensguten bzw. des unverstellt Entblößten, der sich selbst genug ist und der allenfalls der Grammatik, die ihn ermöglicht, Verantwortung schuldet. Im Kern ist die eine wie die andere »Kultur« unübersetzbar in andere Sprachen und Mentalitäten, beide erscheinen dort unverständlich und unzivilisiert; auch weil es dabei so ungeschminkt »wahrhaftig« zugeht und so ernst.

(Im Gegensatz übrigens zu einem »welschen« Wort wie *decolleté*, das, seinerseits unübersetzbar (dt. Dekolleté), einen Ort des textilen Vorbehaltes, des changieren-

488 Bei Walter Klier: »Die deutsche Differenz«, in: *Merkur* 558/559, September/Oktober 1995, S. 973, 975.

den Spiels markiert, bei dem kunstvoll niemals »alles« gezeigt wird und – *Push-up* sei Dank – heute mehr denn je »geschummelt« wird.)

»Im Deutschen lügt man, wenn man höflich ist« (Goethe, Faust II). Gelogen wird also ganz bestimmt nicht, wenn sich nun die »freundlichen« und die »unfreundlichen Gesichter« feindlich gegenüberstehen und ihrer Herkunft als deutsche Gesichter alle Ehre machen, sich Parallelen also nicht erst im Unendlichen berühren. An diesem Punkt schenkt man sich nichts, sondern macht seinem Herzen Luft und ist dabei ganz bei sich und seinem zweifelsfreien Glauben an die eigene Anständigkeit und Redlichkeit.

Die europäischen Nachbarn haben ihre eigenen Erfahrungen damit gemacht, wenn der (deutsche) »Staat indifferent wird« (wie Jacob Burckhardt schreibt), wenn Deutsche »Ernst machen«. Sie beobachten deshalb mit einer Mischung aus Faszination und Beklemmung, wie eine im evangelischen Pfarrhaus sozialisierte, gelernte Physikerin mit einer selbstgewissen, einseitigen Positionierung für xenophile Inklusion das polare Gegenüber scharf macht und herausfordert. Daß Merkel damit ihre alten Promotionsforschungen, ihre »Untersuchungen über den Mechanismus von Zerfallsreaktionen mit einfachem Bindungsbruch« (so der Titel der Arbeit), im größeren Maßstab weiter treibt, soll hier nicht verschwiegen werden.

Verharrte die Doktorandin (und Kanzlerin in spe) vor 30 Jahren bei ihren Berechnungen noch im deskriptiven Bereich und war »lediglich in der Lage, (...) die Vibrationszustände zu beschreiben; ihr korrekter Übergang in die Rotationszustände der Fragmente konnte nicht berücksichtigt werden«, so scheint Merkels aktuelle gesellschaftspolitische Versuchsanordnung die Theorie des Übergangszustandes der sozialen *Elementarteilchen* (Michel Houellebecq) in die Praxis überführt zu haben: »Vibrierende« demographische Zerfallsprodukte werden in »Rotationszustände« versetzt. Es findet also ein genuin physikalisches Experiment statt, dessen gesellschaftliche Dimension nur im Blick auf den gnadenlos instrumentellen physikalischen Mechanismus, der induziert ist, in Gänze erkennbar wird.

Ob sich also Oslo oder am Ende doch Stockholm bei Merkel melden wird, bleibt offen. In Stockholm jedenfalls entscheidet man über den Nobelpreis für *Physik*.

## *Marginalie 25: Die postreformatorische Belastungsstörung*

Polemisches Postscriptum: Es gibt eine postreformatorische Belastungsstörung. Sie ist ein Tabu. Wir alle in Deutschland sind Menschen mit Reformationshintergrund; sind – ob protestantisch oder katholisch, gläubig oder ungläubig – angesteckt und infiziert mit Luthers Rechtfertigungslehre: Fünfhundert Jahre nach ihrer Inkubationszeit ist im fortschreitenden Verlauf natürlich nicht mehr von einer »vollständigen Verworfenheit des Menschen« und einer »geschenkten Gerechtigkeit« die Rede; auch die angemaßte Gottesperspektive dieser Lutherlehre hat nach dem »Tod Gottes« (Nietzsche) viel von ihrer Auto-Suggestivität verloren.

Mit der Apoptose der Rechtfertigungsidee, ihrer gutartigen Selbstauslöschung, ist aber weiterhin nicht zu rechnen, denn der Reformations-Erreger ist *Shapeshifter*; er wechselt seine Gestalt, das politische Regime, zur Not auch die Konfession; will einfach nicht sterben und freut sich, in der allgegenwärtigen Selbst-Rechtfertigungs-Praxis mit der (de-)konstruktivistischen anthropologischen Vorgabe *anything goes* – der Selbstermächtigung des Menschen – weiterhin quicklebendig zu sein; als konvertierte DNA der Reformation.

Es ist lohnend, an Nietzsches Anamnese zu erinnern, der im Protestantismus »die halbseitige Lähmung des Christentums – und der Vernunft (...)«[489] ausmachte, ein »Gift«[490]; »die unsauberste Art Christentum, die es gibt, die unheilbarste, die unwiderlegbarste«[491]; und der für diese »einem südländischen Argwohne über die Natur des Menschen« gegenüber feindselige Mentalität *die Deutschen* verantwortlich machte: »Wenn man nicht fertig wird mit dem Christentum, die Deutschen werden daran schuld sein (...)«[492].

Nietzsches Befund einer *deutschen Pathologie* könnte auch heute noch – abzüglich aller Polemik – durchaus erkenntnisleitend einen Unterschied markieren, wenn eine hypermoralisierte deutsche Gesellschaft 2017 auf die Zielgerade der Lutherdekade einbiegt. Nicht von ungefähr: Denn das Erbe der Reformation ist Moral; obwohl

489 Nietzsche, ANT, in: KSA 2005, 10.

490 Friedrich Nietzsche: *Menschliches, Allzumenschliches, Anhang vermischte Meinungen u. Sprüche*, 1897, in: KSA 2005, Bd. 2, 244.

491 Nietzsche, ANT, in: KSA 2005, 61, 6, 252.

492 Ebd.

sich Luther ja eigentlich aller Moral (der guten Werke) entledigen wollte. Will man nicht sagen: »Dumm gelaufen!«, kann man mit Hegel auch von »Dialektik« sprechen, was in unserem Fall auf dasselbe hinausläuft.

Die Resistenz, ja Resilienz des Rechtfertigungs-Erregers im Lauf der Jahrhunderte, seine Adaptions- und Anschlußfähigkeit an alle möglichen Moralisierungsdiskurse, dürfte auch mit der inhärenten Reinheitsagenda zu tun haben, die bereits den vier lutherischen *soli* zu eigen ist, den berühmten »allein«: »Allein Christus, allein die Gnade, allein die Schrift, allein der Glaube« sorgten von Anfang an für einen ambivalenzfeindlichen systematischen Tunnelblick, der nach Verblassen der Bezugsgrößen *solus Christus* und *sola gratia* nurmehr »allein« auf Texttreue und guten Glauben, auf gute Absichten und ein reines Gewissen rekurriert und bei dem das Ich am Ende allein auf sich selbst blickt; selbstrechtfertigend – und in diesem Geist ein Selfie nach dem anderen macht.

*Sola scriptura,* das bedeutet im aktuellen gesellschaftspolitischen und medialen Kontext: Allein Paragraph 16a GG, allein das kanonisierte Recht auf Asyl ist der hermeneutische Filter zum Phänomen der Masseneinwanderung, keinesfalls der politische, von den Realitäten kontaminierte und womöglich selektierende Blick, welche Einwanderer eigentlich gewünscht und gebraucht werden. Der reformatorische Tunnelblick suspendiert Politik, ja er »befreit« von Politik und erlaubt es, sich der Reinheit der eigenen Absichten zu vergewissern, um darin zu baden. Im Vollbild der postreformatorischen Belastungsstörung verschmelzen die evangelischen Antipoden: der moralisierende Impetus des *Kulturprotestantismus* mit dem Jargon der *Dialektischen Theologie*; die »gute Gesinnung« wird zur »Frage überhaupt«, zur Gewissensfrage: »Ich habe mir nichts vorzuwerfen!« tönt es, Luther-like und Adolf von Harnack mit Karl Barth vereinigend, heil- und »alternativlos«, aus dem zum Pfarrhaus umgebauten Bundeskanzleramt.

### *Marginalie 26: Eingebettete Hirten: »man erschrecke nicht zu sehr!« – Die totalitäre Versuchung der Zivilreligion*

Was haben der Patriarch von Moskau und der Metropolit der Kirchenprovinz Köln gemeinsam? Es ist ihre Nähe zur weltlichen Obrigkeit. Die Agenda der Regenten ist auch ihre Agenda und ihr Reich ist darum ganz von dieser Welt. Das Hohelied der Liebe, das sie anstimmen, hört auf die Melodie »Wes Brot ich eß, des Lied ich sing«. Sie sind eingebettete Kombattanten.

Ist das überspitzt und ungerecht? Ungerecht nur, wenn man auf dem systemtheoretischen Auge blind ist und von Strukturähnlichkeiten nichts wissen will; ungerecht nur, wenn Rainer Maria Woelki nicht im Kölner Dom, sondern in Notre-Dame de Paris seine Heiligen Messen feiern würde; und er damit über das Budget einer Kirchenmaus verfügen würde; ungerecht nur, wenn er nicht eine Ergebenheitsadresse nach der anderen nach Berlin übermitteln würde oder gen Düsseldorf, wo er seinen Treueeid dem Staat gegenüber geleistet hat vor der Ministerpräsidentin Hannelore Kraft:

»Vor Gott und auf die Heiligen Evangelien schwöre und verspreche ich, so wie es einem Bischof geziemt, Deutschland, dem Land Nordrhein-Westfalen und dem Land Rheinland-Pfalz Treue. Ich schwöre und verspreche, die verfassungsmäßig gebildeten Regierungen zu achten und von meinem Klerus achten zu lassen. In der pflichtmäßigen Sorge um das Wohl und das Interesse des deutschen Staatswesens werde ich in Ausübung des mir übertragenen geistlichen Amtes jeden Schaden zu verhüten trachten, der es bedrohen könnte.«[493]

Dem *Kölner Stadtanzeiger* sagte Woelki, er »halte nichts davon, das nachzubeten, was andere falsch vorgedacht haben«[494], um dann jedoch das nachzubeten, was Angela Merkel nach Zwiesprache mit ihrem Gewissen ausgebrütet hat. Woelki warnt, daß die Sprache verrohe. Es werde »auf Kosten anderer argumentiert und gelebt«[495]. Könnte stimmen – aber ist nicht noch viel schlimmer, wenn gar nicht argumentiert werden darf, weil das Dogma der unbefleckten Alternativlosigkeit verkündigt wird; wenn die Sprache also lügt und so getan wird, als ob dieser Bischof nicht auch auf Kosten anderer argumentiert und auf Kosten anderer lebt? Ob eine regierungsamtlich verordnete Alternativlosigkeit womöglich erst den Wind säte, der

493 Nordrhein-Westfalen (Landesregierung): »Kardinal Woelki leistet Treueeid auf die freiheitlich-demokratische Grundordnung«, 18. September 2014, Internetdokument.

494 Rainer Maria Woelki: »Kardinal Woelki wettert gegen CSU-Positionen« (berichtet von Joachim Frank), in: *Kölner Stadtanzeiger* vom 10. September 2016, Internetdokument.

495 Ebd.

sich nun zum Orkan auswächst, ist Woelki keinen Gedanken wert; was damit zusammenhängen könnte, daß auch sein Erzbistum am Tropf einer Alternativlosigkeit hängt – sogar einer ganz besonders perfiden:

Denn der Bischof ist ein Hirte, der äußerst unbarmherzig mit Menschen umspringt, die sehr wohl dem Kaiser geben wollen, was des Kaisers ist, die aber mit sehr guten theologischen Gründen nichts von einer steuerlichen Alimentierung von Bischofsexistenzen halten, sondern darin einen sowohl die Einheit der Weltkirche, als auch die Sakramente beschädigenden deutschsprachigen Sonderweg erkennen und die sich mit dieser Kritik sogar auf Benedikt XVI. berufen können. Woelkis Rede aus der (Flüchtlings-)Bootskulisse heraus verdunkelt sein Kapitänspatent für die »MS Erzbistum Köln«, eine Mega-Luxusyacht, die mit dem »Schifflein Petri« (Benedikt XVI.) überhaupt nichts mehr gemein hat.

In einem Dokument des Päpstlichen Rates für die Gesetzestexte vom 13. März 2006, das von Papst Benedikt approbiert wurde, heißt es in Bezug auf jene, die sich der fidelen fiskalischen »Kreuzfahrt« verweigern:

»In jedem Fall bleibt klar, daß das sakramentale Band der Zugehörigkeit zum Leib Christi, der die Kirche ist, aufgrund des Taufcharakters ein ontologisches Band ist, das fortdauert und wegen des Aktes oder der Tatsache des Abfalls nicht erlischt.«[496]

Der Präsident des Päpstlichen Rates, Erzbischof Francesco Coccopalmerio, hat bestätigt:

496 Päpstlicher Rat für die Gesetzestexte: actus formalis defectionis ab ecclesia catholica, Prot. N. 10279/2006, Vatikanstadt, 12. März 2006, Punkt 7.

»Die Erklärungen der deutschen Bischöfe zum Kirchenaustritt sind keine bindenden Gesetze. Die 2006 vom Päpstlichen Rat festgelegten Kriterien für einen Ausschluß aus der katholischen Glaubensgemeinschaft gelten auch für Deutschland. (...) Der renommierte Kirchenrechtler Dr. Gero Weishaupt schlußfolgert daraus, ›daß eine Körperschaftsaustrittserklärung vor staatlichen Behörden in Deutschland nicht den Tatbestand eines formalen Aktes des Abfalls von der Katholischen Kirche erfüllt. Darum tritt eine Exkommunikation nicht ein.‹ Im Klartext: Wer keine Kirchensteuer zahlt, darf nicht automatisch exkommuniziert werden.«[497]

»It´s the economy, stupid!« könnte man mit Bill Clinton im Blick auf die unausgesprochene fiskalische Agenda des deutschsprachigen Klerus formulieren, und es wird ja fleißig weiter exkommuniziert, wie eh und je bei (ausgetretenen) »Kirchensteuer-Sündern«, die es bekanntlich nur in Deutschland, in Österreich und in der Schweiz gibt.

In seiner Kolumne mit dem Titel *Caritas et Furor* erweist sich Woelki in der Online-Ausgabe des *Stern* als ein gänzlich auf dem Ticket des Mainstream Reisender, der sich nicht einmal mehr die Mühe macht, auf alle Populisten zu schimpfen; als eine typische *Stern*-Stimme, die auf dem linken Auge blind ist. Es gehört schon eine große Portion Chuzpe dazu, »Besserwisserei und Selbstbestätigungszirkel«[498] allein in rechts-

497 Stephan Aigner: »Katholisch ohne Kirchensteuer? Zustimmung aus dem Vatikan«, 1. September 2010, Internetdokument.

498 Rainer Maria Woelki: »Rechte Sektierer vergiften das gesellschaftliche Klima«, 9. August 2016, Internetdokument.

populistischen Kreisen und nicht auch im breitest aufgestellten Regierungslager zu verorten.

Woelki hat laut *Stern* »einen weiten Horizont im Blick (...) bei uns schreibt er über ewige Wahrheiten für Menschen mit wenig Zeit«. Nun – etwas mehr Zeit zum Nachdenken hätte sich Woelki ruhig nehmen können, wenn er schreibt: »Demokratie gedeiht nur in einem gemäßigten Klima.«[499]

Zu empfehlen ist dem Kardinal ein Flug von Köln nach London: Ein paar Tage im Unterhaus oder at *Speakers' Corner* zuzuhören, könnte die »ewigen Wahrheiten« dieser *Stern*-Schnuppe recht schnell zum Verglühen bringen; könnte aufklären, über die Redefreiheit und Robustheit des politischen Diskurses im Mutterland der Demokratie und eventuell das eigene Denken – im Spiegel des Anderen – als typisch deutsches Denken relativieren: als hin- und hergerissen zwischen heruntergedimmt sediert oder potentiell totalitär.

Der Satz »Ich mag verdammen, was du sagst, aber ich werde mein Leben dafür einsetzen, daß du es sagen darfst«[500] ist leider kein Wort aus der kardinalen Umlaufbahn, sondern ein Satz der englischen Schriftstellerin Evelyn Beatrice Hall[501], die den Zusammenhang von Redefreiheit und Demokratie verstanden hat. Wenn Woelki hingegen schreibt: »Die Toleranz gegenüber der Intoleranz kann nicht grenzenlos sein«[502], ist das autoritär und potentiell totalitär. Es ist eine Drohung – aus berufenem Munde.

499 Ebd.

500 Evelyn Beatrice Hall: *The Friends of Voltaire*, London 1906, S. 199.

501 Diess., S. 199.

502 Woelki, CSU-Positionen, 2016.

Dem Kardinal und seinen Kollegen im Bischofsamt sollte man daraufhin antworten: Ich trete aus, aus dem fiskalischen Rückversicherungssystem zur Förderung einer Zivilreligion – der Sakralisierung des Politischen und Gesellschaftlichen – und ich spende den gleichen Betrag zweckgebunden an die Kirchengemeinde xyz oder die Kommunität meines Vertrauens; denn meine Wege sind nicht eure Wege und meine Gedanken sind nicht eure Gedanken – spricht der Herr (und die Herrin) übers eigene Portemonnaie.

Was ist davon zu halten, wenn katholische Laien wie Martin Mosebach den deutschen Klerus an elementare Voraussetzungen für die ganz persönliche Christusnachfolge erinnern müssen? Daß sie nicht agendatauglich ist, nicht als »öffentliche Theologie« dekretiert werden kann, daß das Christentum keine Zivilreligion oder Moralveranstaltung ist, sondern daß das Kreuz, das jeder Christ und jede Christin zu schultern hat, individuell und in diesem Sinne »gottesunmittelbar« ist.

Die Weigerung, zwischen Flüchtlingen und Migranten zu differenzieren, ist ein Kategorienfehler, der eine Unterscheidung der Geister unmöglich macht und alles über die rechtspopulistische Klinge springen läßt. Die symbolische Geste von Papst Franziskus, keine christlichen Familien aus einem Flüchtlingscamp auf Lesbos mit in den Vatikan zu nehmen, sondern ausschließlich drei muslimische, ist eine veritable »Bevorzugung« und führt die Kritik der beiden Kirchen an der CSU-Position – sich besonders der christlichen Flüchtlinge anzunehmen – ad absurdum. Papst Franziskus darf das, darf bevorzugen, der will nur spielen; den Seitenblick immer auf euphorisierte Medien gerichtet, die sich an solchen Bildern berauschen. (Denn die selbstgetragene Aktentasche und die ausgelatschten Schuhe des Pontifex haben ihre mediale Halbwertzeit schon lange überschritten.)

Verlorenen Schafen nachzugehen, auch geistlich an die Peripherie zu treten, wie es dieser Papst gerne vorgibt – was müßte das eigentlich für deutsche Christen im Bischofsamt bedeuten? Sind die Rechtspopulisten nicht genau jene in die Irre gegangenen Schafe, denen nun nachzugehen wäre und die aufzusuchen sind; im Geiste Jesu, der mit den Sündern und Pharisäern bei Tisch sitzt und sie nicht moralisierend verurteilt? Wo sind denn die Bilder, die deutsche Hirten zeigen, wie sie mit den »neurechten Verirrten« zwanglos und selbstverständlich an einem Tisch sitzen und für diese Unbefangenheit Prügel vom medialen Establishment beziehen?

Nein, solch neutestamentliche, überraschende, selbstverständliche und dadurch verstörende Sündernähe ist von diesen Hirten nicht zu erwarten. Eher lockt der Nahe Osten, locken Fototermine in Sachen Ökumene auf dem Tempelberg und an der Klagemauer, wo sich die *Men in black* umstandslos der Last ihres Kreuzes entledigen, indem sie ihre Kreuze ablegen. *Mission? Impossible! Not intended.* Zeugnis ablegen? Zeichen setzen? Nicht so gerne – wenn die »muslimischen und jüdischen Zuständigen für die heiligen Stätten« um Anderes »bitten«, wie Bedford-Strohm aus der evangelischen Reisegruppe verlauten ließ.[503]

503 Heinrich Bedford-Strohm: »Warum hat Bedford-Strohm sein Kreuz in Jerusalem abgelegt?«, 6. November 2016, Internetdokument.

Die Frage, wer diese »Zuständigen« gewesen seien, und wie genau die »Bitte« oder Aufforderung lautete, wollten weder die EKD noch die Deutsche Bischofskonferenz beantworten, nachdem der israelische Armeesprecher Major Arye Sharuz Shalicar zu Protokoll gegeben hatte, daß auf jüdischer Seite »keine Sicherheitsbedenken bestanden haben und keine Polizei oder Armee etc. die Herrschaften aufgefordert hat, ihre religiösen Merkmale zu verstecken.« »Wir werden das nicht weiter konkretisieren«, so der Sprecher der Deutschen Bischofskonferenz, Matthias Kopp. Er wolle das »nicht weiter vertiefen«, sagte EKD-Sprecher Carsten Splitt.[504]

Die Region ist ein Hexenkessel, wer wollte da Öl ins Feuer gießen? Hier stehen sie und können nicht anders; sie wollten einfach auf keinen Sightseeing-Termin verzichten, niemandem Bedingungen diktieren. Verrat im Gewand der Rücksichtnahme? Geht´s darum, mit heiler Haut davon zu kommen, die eigenen Hauptrollen beim sogenannten »Christusfest 2017« nicht zu gefährden? Nein! Das Kreuz »demonstrativ vorneweg zu tragen«, sagte Bedford-Strohm, würde eben »Zwietracht säen.«[505] Gut, daß das einmal so deutlich ausgesprochen worden ist. Und, Moment – war das nicht auch der Kern der Reformation? Alles Demonstrative, alles Veräußerlichte als anstößig zu verwerfen? Kreuze, Altäre, Liturgien? Das Christsein ganz in die Innerlichkeit verlegen? In die gute Absicht?

504 Bei Alexander Wendt: »Kreuz ab zum Besuch – und nichts als Ärger mit den Juden«, 17. November 2016, Internetdokument.

505 Bedford-Strohm, Kreuz, 2016.

Die Christen im Heiligen Land – im Nahen Osten überhaupt – sind es in dieser Logik selbst schuld, wenn sie massakriert werden. Sie könnten das Risiko ihres Christseins minimieren, wenn sie sich an diesen deeskalierenden, »friedensstiftenden« Hirten aus Deutschland ein Beispiel nehmen würden: einfach den Wünschen der nichtchristlichen Autoritäten umstandslos und am besten vorauseilend entsprechen.

Sich eine Nähe zur jeweiligen Obrigkeit als evangeliumsgemäß zurechtbasteln – das gab es ja schon einmal in den 1930er Jahren bei den protestantischen *Deutschen Christen,* die dem Rassenwahn der Nazis die höheren Weihen erteilten: Daß zeitweilig 80 Prozent der protestantischen Pfarrerschaft ihr Heil beim »Führer« suchte, fällt gern dem Vergessen anheim; während – »Kleine Taschenlampe, brenn!« (Marcus) – das Licht der als widerständig imaginierten *Bekennenden Kirche,* des innerevangelischen Counterparts, umso heller leuchten soll.

Von diesen *Bekennern von Barmen,* allen voran Karl Barth, ging allerdings – bei Flutlicht betrachtet – im sogenannten »Kirchenkampf« von 1934 alles andere als ein Geist des Widerstands zugunsten der Demokratie aus; vielmehr enthüllte der »Bruderkampf im eigenen Haus ein gravierendes Identitätsproblem, das der vom Nationalsozialismus tief beeindruckte Protestantismus mit sich selbst hatte.«[506] Die Semantik vom »Kirchenkampf«

506 Manfred Gailus: »Keine gute Performance. Die deutschen Protestanten im ›Dritten Reich‹ «, in: Manfred Gailus/Armin Nolzen (Hrsg.): *Zerstrittene »Volksgemeinschaft«. Glaube, Konfession und Religion im Nationalsozialismus,* Göttingen 2011, S. 96, 104.

hingegen suggeriert einen Kampf *der* Kirche und verschleiert, daß hier ein Kampf *in* der Kirche um die Macht in der Kirche geführt wurde.

»Gegen langlebige Widerstands- und Kirchenkampflegenden ist zu betonen: Es bedurfte 1933 überhaupt keines Zwangs, keines gewaltsamen Angriffs von außen – der Protestantismus öffnete dem anschwellenden Nationalsozialismus bereitwillig, vielfach fasziniert seine Türen, um die ›Ideen von 1933‹ einstömen zu lassen. Auf allen Ebenen, in allen Fraktionen und Lagern des Milieus wurde der Umbruch freudig begrüßt und weckte hohe Erwartungen«[507], bevor sich die Verächter der Weimarer »Gottlosenrepublik«[508] dann in *Deutsche Christen* und in *Bekenner von Barmen* aufspalteten:

Der Zusammenschluß von Lutheranern und Barthianern in Barmen fußte auf einer gemeinsamen »Aufklärungs- und Emanzipationsfeindlichkeit (...), über deren politische Konsequenzen man sich durchaus im klaren gewesen (ist), da man bereitwillig zustimmte, den politischen Umbruch des Jahres 1933 als die Widerlegung des Jahres 1789 (der französischen Revolution, Anm. Verf.) zu betrachten.«[509] Die wenigsten *Bekenner von Barmen* waren Verfechter der parlamentarischen Demokratie, sondern verfolgten eine von rechts bzw. ab 1938 zunehmend von links imprägnierte antidemokratische, antiliberale, totalitäre theokratische Agenda, die

507 Ebd., S. 102 f.

508 Ebd., S. 103.

509 Klaus Tanner: *Die fromme Verstaatlichung des Gewissens. Zur Auseinandersetzung um die Legitimität der Weimarer Reichsverfassung in Staatsrechtswissenschaft und Theologie der zwanziger Jahre*, Göttingen 1989, S. 66.

im Falle Karl Barths als »religiöser Bolschewismus«[510] nicht unzutreffend etikettiert ist: »Könnte in christlicher Sicht als politische Entsprechung der Kirche im Staat (wenn diese die Form einer Partei haben sollte) etwas anderes erlaubt und möglich sein als – man erschrecke nicht zu sehr! – eine einzige, alle anderen ausschließende Staatspartei, deren Programm mit der umfassend verstandenen Aufgabe des Staates (unter Ausschluß aller Sonderideen und Sonderinteressen) identisch sein müsste?«[511] – »(...), man erschrecke nicht zu sehr!«

Karl Barths Vortrag *Menschenrecht und Bürgerpflicht* zeigt, daß sich schon 1911 niemand Illusionen machen konnte, was der spätere Stalin-Apologet unter Theologie verstand, nämlich kategorial einen »Katechismus der richtigen Politik«[512], bei dem anno 1911 lediglich die (politische) Systemfrage offenblieb: »Moral und Politik darf nicht zweierlei sein. Sie sind ein und dasselbe. Eine Moral, die nicht politische Moral wäre, ist überhaupt keine Moral. Denn das Wesen des Moralischen ist gerade das Politische.«[513]

Daß Karl Barth nach einem Diktum des evangelischen Kirchenhistorikers Klaus Scholder zu jenen zu zählen ist, die dann »mithalfen, die Weimarer Republik ›sturm-

510 Ziegert, *Zivilreligion*, 2013, S. 139; vgl. auch Friedrich Wilhelm Marquardt: *Verwegenheiten. Theologische Stücke aus Berlin*, München 1987, S. 457.

511 Karl Barth: *Christengemeinde und Bürgergemeinde*, München 1946, S. 44; auch bei Ziegert, *Zivilreligion*, 2013, S. 139.

512 Karl Barth: »Menschenrecht und Bürgerpflicht« (1911), in ders.: *Vorträge und kleine Arbeiten 1909-1914*, Zürich 1993, S. 361, 374; vgl. auch Ziegert, *Zivilreligion*, 2013, S. 135.

513 Ebd., S. 371.

reif‹ zu schießen«[514], liegt auch an Barths *Römerbrief* von 1919; mit seinem theologisch verbrämten »Sozial-Anarchismus«[515] und der Verteufelung des Staates: »Der Machtstaat der Gegenwart ist den Absichten Gottes diametral entgegengesetzt; er ist an sich böse.«[516] Die Aufgabe des Christen könne nicht sein, den Staat zu erhalten oder zu verbessern, das Ziel sei es, ihn »zu ersetzen«[517]. »Nehmt die göttliche Weltrevolution nicht einzeln vorweg, sondern schafft an ihrer Voraussetzung!«[518] »Sofern ihr euren Weg geht und an eurer Arbeit steht, braucht euch eure notwendige Komplizität mit den politischen Vorgängen keine Gedanken zu machen (...). Eure Sünden, auch eure politischen Sünden sind euch dann vergeben.«[519]

Pikant an dieser Absolution zukünftiger politischer Sünden im *Römerbrief* 1919 und auch 1922: Sie wird dem linken Totalitarismus von Anfang an großzügig gewährt, während Barth nach 1945 derjenige Theologe sein wird, der ein gnadenloses politisches Gottesgericht nicht über einzelne deutsche Täter, sondern über »die Schuld aller Deutschen« verhängen wird. Daß Barth selbst – im Mäntelchen des »unpolitischste(n) Universitätstheologen

514 Klaus Scholder: »Neuere deutsche Geschichte und protestantische Theologie. Aspekte und Fragen« (1963), in: Karl Otmar von Aretin/Gerhard Besier (Hrsg.): *Die Kirchen zwischen Republik und Gewaltherrschaft. Gesammelte Aufsätze (v. Klaus Scholder)*, Berlin 1988, S. 84; auch bei Ziegert, Zivilreligion, 2013, S. 138.

515 Vgl. Gottfried Mehnert: *Evangelische Kirche und Politik, 1917-1919. Die politischen Strömungen im deutschen Protestantismus von der Julikrise 1917 bis zum Herbst 1919*, Düsseldorf 1959, S. 197 ff.

516 Barth, *Römerbrief*, 1919, S. 376.

517 Ebd., S. 379.

518 Ebd., S. 383.

519 Ebd., S. 391.

der zwanziger Jahre«[520] – noch bis 1938 abgewartet hat, ob nicht vielleicht doch *das Soziale* im national-*sozialistischen* »Experiment« den Sieg davon tragen würde, wird gerne unterschlagen.

Der Nationalsozialismus besaß für Barth und die *Bekennende Kirche* »1933, 1934, ja noch bis 1938«[521] etwas, was dem politischen Liberalismus und Weimar, der Republik des Bösen, nicht zugestanden wurde: Legitimität. »Es war billig und recht, auch dem politischen Experiment des Nationalsozialismus als solchem seine Zeit und Chance zunächst zu lassen.«[522]

Was Barth am »Experiment des Nationalsozialismus« so beeindruckte, daß er darüber jahrelang kein Anathema aussprach, war wohl der unverhohlen geäußerte Wille des Regimes zur chiliastischen Geschichtsmächtigkeit; zum apokalyptischen »Tausendjährigen Reich« *nach* aller Geschichte. Hier war der Nerv der eigenen theologisch-theokratischen Agenda berührt: »Der kategoriale Messianismus erzwingt irgendwann doch den vollständigen Parteicharakter des religiös-politischen Engagements.«[523]

Wenn Barth dazu aufruft, die Kirche müsse Parteicharakter annehmen, zur »Einheitspartei« werden, formiert auf einen »nicht außerhalb, sondern innerhalb der Zeit liegenden und zu verwirklichenden Zielzustand, (...) auf die Idee eines reinen Wollens hin, auf die Idee einer To-

520 Graf, *Zeitgeist*, 2011, S. 433.

521 Ziegert, *Zivilreligion*, 2013, S. 137.

522 Karl Barth: »Das Problem der Ethik in der Gegenwart« (Wiesbaden 1922), in ders.: *Das Wort Gottes und die Theologie*, München 1925, S. 81.

523 Ziegert, *Zivilreligion*, 2013, S. 137.

talität guten Handelns«[524], dann trifft hier *Calvins Genf* ganz folgerichtig auf *Moskau oder Berlin – Hauptsache: »christlich entschieden«;* trifft auf totalitäre »Experimente«, zur Besserung und Veredelung der Menschennatur; mal dem Klassen-, mal dem Rassen-Kampf den Vorzug gebend.

In der *Frankfurter Allgemeinen Zeitung* vom 15. Mai 2017 findet sich unter dem Titel *Die zwei Regimente* ein ganzseitiger, theologisch unterkomplexer Relaunch des autoritär-prophetischen barthschen Ansatzes aus der Feder von Heinrich Bedford-Strohm. Ein Manifest zur Legitimierung eines prophetischen Wächteramtes der Kirche, zugleich ein Dokument höchstpersönlicher Selbstermächtigung, das sich bereits im Untertitel bizarrerweise auf die Geschichte beruft: »Im Rückblick gilt die Einmischung der Kirche in die Politik oft als verdienstvoll. (...) Was tun?« Anstatt diese selbstgestellte Lenin-Frage mit Luther zu kontern: »Wir müssen nichts tun. Wir müssen nur glauben!«, fahndet der EKD-Vorsitzende nach den Zeichen der eigenen Erwählung, wenn er fünf Kriterien ausbuchstabiert, die zur öffentlichen prophetischen Rede legitimieren:

»Erstens muß die Situation so sein, daß das moralische Problem offensichtlich ist.« »Zweitens bedarf prophetische Rede einer besonderen Autorität«, zugebilligter »Vollmacht«, die »von dem jeweiliger Amtsträger auch ausgestrahlt wird.« »Drittens muß sich prophetisches Reden der Kirche auf besondere Situationen beschränken«, auf »geistlich Bedrängendes.« Viertens: »die Angesprochenen (können) die tiefe Wahrheit des Gesagten

524 Barth, Ethik, 1925, S. 139 f.

spüren.« »Fünftens ist prophetisches Reden der Kirche auf Demut angewiesen«, auf »das geduldige Bohren dikker Bretter im politischen Alltagshandeln.«[525]

Sieht man von der dramatischen Theologieverflüchtigung einmal ab: Im Manifest von Bedford-Strohm weht der Geist Karl Barths; die Fähigkeit, im »Zeitgeschehen den Willen und die Regierung Gottes erkennen zu können, obwohl sie verborgen sind.«[526] Die Amalgamierung von *Verheißung und Verantwortung* (Barth) mit einer »besonderen Autorität« und mit »Vollmacht« zeigt indes auch: Selten war »mehr Papst« in der moralapostolischen *Kirche der Freiheit* zu besichtigen. Ganz ohne weißen Rauch. Aber mit viel heißer Luft.

Die »Evangelische Kirche in Deutschland« hat sich einer zivilreligiösen Handlungsphilosophie verschrieben, einer »öffentlichen Theologie« (Huber), die selbstreferentiell auf »Relevanz« pochend den innergesellschaftlichen Premium-Lieferanten für »Werte« und Moral geben will: Daß mit dieser Selbstordination zur Zerknirschungs-, Besserungs- und Rechtfertigungsinstanz nebenbei auch die eigenen Dämonen exorziert werden, erschließt sich beim Blick auf die Anfänge der EKD, die sich bereits im August 1945, nach der geistlichen Katastrophe mit den Nazi-nahen protestantischen *Deutschen Christen,* in der »Konvention von Treysa« recht flott zum »öffentlichen Anwalt und Bewährungshelfer der Deutschen«[527] bestellte.

525 Heinrich Bedford-Strohm: »Die zwei Regimente«, in: *Frankfurter Allgemeine Zeitung* vom 15. Mai 2017, S. 6.

526 Barth, *Verheißung,* 1944, S. 7.

527 Inacker, *Transzendenz,* 1994, S. 178.

Ein anmaßendes Selbstverständnis der protestantischen Gremienvertreter bis heute, das durch die schaumsprachige Rede von der »Augenhöhe« innerhalb der »Kirche der Freiheit« vernebelt werden soll. Die eindimensionale Politisierung des Evangeliums und die Selbstsäkularisierung der EKD gehen Hand in Hand. Sie bergen die Gefahr einer aus »institutionellem Narzißmus«[528] geborenen »theologischen Diktatur, die das Geschichtliche unserer Religion auflöst und die Gewissen anderer mit der eigenen Erfahrung zu foltern sucht«.[529]

»Fast alle EKD-Theologen akzeptieren die Rolle der Kirchenführer als privilegierte Mitspieler des politischen Souveräns, wie es einst in Byzanz und in Moskau die Symbiose von Kirche und Staat vorgeführt hat.«[530] Wo genau der systematische Unterschied zum Patriarchen von Moskau besteht, wenn er Putin die Hand auflegt, und den EKD-Granden, die im Kanzleramt ein- und ausgehen, erschließt sich nicht. Die EKD ist eingebetteter Mitstreiter der politischen Klasse im heiligen Krieg gegen die »neurechten« Feinde des Systems.

Die Historikerin Rebekka Habermas hat 2010 auf dem Berliner Historikertag die Trennung von Kirche und Staat konsequenterweise als »Fiktion« und »bürgerliche Ideologie« verworfen: »Der Protestantismus habe die Position des neutralen und objektiven Wächters über den öffentlichen Raum okkupiert und den Katholizis-

528 Karl Richard Ziegert: »Dieses Spiel ist aus«, in: *Deutsches Pfarrerblatt,* Heft 10/2015. S. 8.

529 Adolf von Harnack bei Trutz Rendtorff: *Kirche und Theologie. Die systematische Funktion des Kirchenbegriffs in der neueren Theologie,* Gütersloh 1966, S. 187 f.

530 Ziegert, Spiel, 2015. S.3.

mus wie das orthodoxe Judentum einer vormodernen Sphäre des Aberglaubens zugeschlagen.«[531] Das nicht mehr allzu ferne Ziel dieser »Kirche der Freiheit« heißt wohl: »Kirche für alle« sein – auch für Nichtchristen und Ungläubige.

Dämmert es niemandem, daß ideologische Abstinenz und maximale geistliche Distanz zum Staat die eigentliche Lehre aus der Vergangenheit wäre; nicht eine Rolle rückwärts im Vollwaschgang, bei der man sich – ganz reingewaschen – unter konvertierten Vorzeichen wiederum *embedded*, eingebettet vorfindet, als Büttel und Einflüsterer der Mächtigen; spirituell entkernt und mittlerweile in Ökumene vereint. Denn die traditionelle protestantische Staatsnähe hat nun auch die katholischen deutschen Bischöfe bei ihrer Fluchtbewegung aus der »vormodernen Sphäre des Aberglaubens«[532] ganz ergriffen und wird – seit diesem Pontifikat – durch keinerlei »antirömischen Affekt«[533] mehr überlagert.

Die *gemeinsamen Erklärungen zur Rechtfertigung* des landesherrlichen Moral-Regiments der Kanzlerin zeigen an, daß man hier – Kaiser Wilhelm II. nur unwesentlich abwandelnd – keine Konfessionen mehr kennt, sondern nurmehr »Deutsche Christen«, die man aber nicht so nennen darf und die bei diesem Begriff rot sehen werden; sind sie ja gerade keine Nazis und haben auch mit »Deutschland« und dem »Abendland« überhaupt nichts mehr am Hut. Wer den systemtheoretisch gnadenlosen

531 Bei Patrick Bahners: »Deutscher Historikertag. Warum wir nicht in der Provinz bleiben«, in: *Frankfurter Allgemeine Zeitung* vom 4. Oktober 2010, S. 27.

532 Ebd.

533 Schmitt, *Katholizismus*, 1984, S. 5.

Blick scheut, rekurriert auf die vermeintlich gute Gesinnung und findet es eben in Ordnung, wenn sich Bischöfe im Berliner Kanzleramt die Klinke in die Hand geben und danach so klingen, wie die Stimme ihrer Herrin. Nichts ist gut in diesem Absurdistan, in dem alles zu Moralpolitik und Erziehungsdiktatur gerinnt.

Die »Neuen Rechten« fest im verdammenden Blick, erblindet der Sinn für das Totalitäre des Gutgemeinten und das wenig Demütige der eigenen Ambitionen: Es geht dem kirchlichen Spitzenpersonal um Deutungshoheit, um »Relevanz« (EKD) und die Nähe zur Macht. Damals wie heute.

### *Marginalie 27: Blumen des Bösen, Granatsplitter des Guten – Außerhalb der Paulskirche kein Heil*

Die Religionsausübung ist frei. Frei auch von Fragen des Copyright. Stufengebet, Schuldbekenntnis, Predigt, Credo, Allerheiligenlitanei und Sanctus sind nicht mehr allein in der katholischen Heiligen Messe zu Hause; sind dort sogar eher flüchtig und erscheinen, nimmt man die Binnenkritik am Vaticanum II zum Nennwert, fast wie Vertriebene, Ausgestoßene, Ausgebürgerte; sind Ex-Elementarteilchen, die nunmehr als Ritual-Reste und Liturgie-Partikel vagabundieren und migrieren; in alle möglichen und unmöglichen säkularen Bezüge einwandern; um Asyl nachsuchen und überall dort auf eine Willkommenskultur treffen, wo in der religiös unmusikalischen Zivilgesellschaft von Sinn und Form nicht viel übrig geblieben ist.

Es wird *à la longue* natürlich nicht beim christlich grundierten Ritual-Transfer bleiben. Die öffentlich-rechtliche Beflissenheit, muslimische Rituale phonetisch korrekt beim Namen zu nennen, läßt hier bereits tiefer blicken. In Bezug auf den ramaḍān dürfte der Aspekt des Fasten*brechens* schon heute im Emanzipationshorizont aller Selbstdenker uneingeschränkt als »Bereicherung« empfunden werden. Der Ḥaǧǧ hingegen, der symbolischen Steinigung des Teufels, dürfte der Weg über die elitären Zirkel hinaus, die im Kern bereits konvertiert sind, noch bevorstehen.

Die Frankfurter Paulskirche war am Sonntag, den 23. Oktober 2016 bis zum letzten Platz besetzt mit den Hohepriestern einer säkularen Sekte, die seit einigen Jahren die Schlüsselgewalt über den *Friedenspreis des Deutschen Buchhandels* ausübt; ihn zum Friedenspreis der Frankfurter Schule konfirmiert hat.

Es ist dies eine protestantisierende Glaubensgemeinschaft, die mit kleinen Abweichungen zum großen, verhaßten römisch-katholischen Vorbild eine Person mit höchster Lehrgewalt ausstattet, jährlich alternierend und großzügig dotiert, und die sich mehr und mehr anschickt, auch die Heilige Inquisition in einem Akt »mimetischer Rivalität« (René Girard) zu covern. (Das Treffen von Joseph Ratzinger mit Jürgen Habermas im Jahr 2004 konnte schon immer als diesbezüglicher Fingerzeig gelesen werden: Römische traf auf Frankfurter Scholastik – Glaubenswächter unter sich.)

Und nun also: Carolin Emcke. Ihre Investitur unter den Augen seiner Heiligkeit, des *Frankfurter emeritierten Pontifex,* mag nur für Emcke selbst überraschend gewesen sein.

Das römisch-katholische Konklave von 2013 hatte absehbar den Druck erhöht, auch bei den zivilreligiösen Bischofsweihen sichtbar »an die Peripherie zu gehen«. Mit Navid Kermani wurde 2015 ein Friedenspreisträger vom anderen Ende der (Glaubens-)Welt gekürt, mit Emcke nun eine vom anderen Ufer: »Wir dürfen Reden halten in der Paulskirche, aber heiraten oder Kinder adoptieren dürfen wir nicht.«[534] So what? *Extra ecclesiam nulla salus*: Außerhalb der Paulskirche kein Heil. Selten waren sich Frankfurt und Rom in weiter Ferne so nah.

Daß in Emckes kryptoprotestantischer Paulskirchenpredigt auch katholisierende Elemente, eine Art Introitus, eine Allerheiligenlitanei, ein Schuldbekenntnis u.v.a.m. variiert wurden, wird keinen Eingeweihten mehr verwundert haben.

*Introibo ad altare Boni;* zum Altar des Guten will ich treten, das mich erfreut von Jugend auf: Die Preisträgerin erinnerte sich, das jährlich wiederkehrende »Ritual«[535] der televisionären *Sendung* der Zivil-Religiosi schon als Kind am Bildschirm verfolgt zu haben, zunächst »vom Fußboden aus. Irgendwie schien das auch angemessen zu sein.« Später als geladener Gast der Preisverleihung. Irgendwann, weniger angemessen, mit dem Ziel, »die Tischordnung für das Festessen zu manipulieren.« *Mea culpa.*

Darüber nicht in Ungnade gefallen zu sein, verdankte sich wohl den zahllosen Fürsprecherinnen und Fürsprechern der reuigen Sünderin, von denen einige in der

534 Carolin Emcke: »Anfangen«, Carolin Emckes Dankesrede anläßlich der Verleihung des Friedenspreises 2016, Internetdokument.

535 Ebd.

*Allerheiligenlitanei* memoriert wurden. Emckes Anrufung der Kirchenväter und -mütter beließ es bei den für ihr »Denken existentiell« wichtigen: »Martin Buber und Nelly Sachs, David Grossman und Jorge Semprún und in besonderer Weise Jürgen Habermas und Susan Sontag.« *Bittet für uns!*

Denn vor *tentatio,* vor Anfechtung sind, dies überaus evangelisch, selbst Friedenspreisträger nicht gefeit: Emkke erinnerte an einen Judas unter ihren Vorgängern, der seiner Erwählung nicht würdig war, die Paulskirche entweihte und zum Verräter wurde, weil er die »Grenzen des Sagbaren« (Emcke) in Bezug auf die Shoah überschritten hatte und zu denen konvertierte, die »hassen lassen«. Emcke nannte den Judas nicht bei seinem Namen und erwies sich darin als gelehrige Schülerin aller Großmeister im Totschweigen.

Es ist unnötig, Emckes *Sanctus* mit dem *Hosianna* auf Diversity, auf »Vielfalt« – *Hochgelobt sei, die da kommt* – hier *en détail* in seiner Plattitüdenhaftigkeit, Absehbarkeit und Zirkelschlüssigkeit nachzubeten. Auch ihr *Credo,* »Menschenrechte sind voraussetzungslos«, gilt nur dann, wenn man die dekonstruktivistische Abrißbirne einmal ruhen läßt oder mit Scheuklappen an der Gottesebenbildlichkeit, die diesen Rechten ihr spezifisches Gewicht gegeben hat, vorbei schielt.

Die Akklamationen und Ausführungen der erleuchteten Widerständigen sind nicht der Rede wert. Joachim Güntner beobachtete für die *Neue Zürcher Zeitung* »lauter Menschen guten Gewissens, die stets an den ›richtigen Stellen‹ klatschen. (...) Die Feier der Menschenfreundlichkeit, die in der Paulskirche zelebriert wurde, schmeckte nach Selbstgerechtigkeit«.[536] Thomas Schmid diagnostizierte in der *Welt* »das Ritual einer nach innen gerichteten Selbstbestätigung, einer Binnenapotheose, wie wir sie beispielsweise auch von Sekten kennen.«[537]

Der Unterschied, auf den es hier ankommt, liegt im unduldsam *Doktrinären*, das bei Emcke im spätstrukturalistisch-dekonstruktivistischen Gewand daherkommt und eigentümlich kontrastiert mit dem zeitgleichen normativen Freestyle des aktuellen römischen Pontifex, der sich von Theologie, Dogmatik oder Orientierung auf dem Weg zur Wahrheit und zum Leben verabschiedet hat. Nur die Liebe zählt: Barmherzigkeit, wie Franziskus sie ad hoc versteht. In Rom wird wohl noch eine Zeit lang auf Sicht gefahren werden, bis sich der Nebel etwas gelichtet hat. Sei es drum. Die Katholische Kirche wird auch diesen Papst als Nachfolger des Fischers verkraften, denn sie denkt in Jahrhunderten.

Emcke hingegen läuft die Zeit davon. Entsprechend versteht sie ihr kurzes Pontifikat als eines der reinen Lehre. Sie kann es sich nicht leisten, pastoral unterwegs zu sein; dem Höcke und dem Haß in ihren Irrungen und Wirrungen nachzusteigen, womöglich den Geruch dieser verlorenen Schafe anzunehmen. »Herrschaftsfreie Kommunikation« hieß im Frankfurter Dialekt schon immer: Diskurszugänge blockieren, Gesinnungsfilter vorschalten, im freien Redner den Brandstifter diskreditieren, die Ge-

536 Joachim Güntner: »Lob des Andersseins«, in: *Neue Zürcher Zeitung* vom 23. Oktober 2016.

537 Thomas Schmid: »Jeder kriegt den Preisträger, den er verdient«, in: *Die Welt* vom 23. Oktober 2016.

betsmühlen des Guten anwerfen und sie in einer medialen Dauerwerbesendung unter die Leute bringen.

Die *Dogmengeschichte* der Ära Habermas sucht noch immer ihren Adolf von Harnack; ihren Chronisten. Heraus käme: Die Kritische Theorie, die in der *Dialektik der Aufklärung* noch bereit war, sich gegen ihren *modus operandi* zu wenden und in einem Akt der »letzten Enthüllung« über die Fusion von Vernunft und Macht aufzuklären, baut mit der (nachfolgenden) »Habermas-Methode« (Egon Flaig) lieber weiter an der Kathedrale des Deutschen Idealismus, am Hochchor der idealen Sprechsituation, in der »die Diskursteilnehmer *unterstellen müssen,* daß unter den unausweichlichen Kommunikationsvoraussetzungen der argumentativen Rede nur der zwanglose Zwang des besseren Arguments zum Zuge kommt.«[538]

Daß in diesem sorgsam errichteten öffentlichen Raum, nach Jahrzehnten des »zwanglosen Zwangs«, alle *Blumen des Bösen* verdorren und nurmehr unisono die Stimmen des Guten zu vernehmen sind, scheint nicht weiter zu beunruhigen. In Wahrheit köchelt hier seit der Selbstgleichschaltung aller relevanten öffentlichen Akteure ein Gesinnungs-Purgatorium, das von Fall zu Fall einen »Aufzug nach (ganz) unten« (Mathias Döpfner) bereithält: die ewige mediale Verdammnis. Für Botho Strauß wegen anschwellender Bocksgesänge, für Philipp Jenninger wegen fehlender »Gänsefüßchen«, für Peter Handke wegen Milošević, für Martin Walser wegen Bubis, für Benedikt XVI. wegen Williamson. *To be continued.*

538 Habermas, Mythos, 1983, S. 429, Kursives im Original.

Ihrer aller Vergehen: Sie haben die »Grenzen des Sagbaren« (Emcke) überschritten und stehen damit im Verdacht, zu hassen oder »hassen zu lassen« (Emcke). Im Falle von Benedikt XVI. war es gar ein Wort der päpstlichen Begnadigung gewesen, das Anstoß erregte und den Anfang vom Ende seines Pontifikats einleitete. *No mercy*.

Über die Sektoren des Sagbaren zu wachen, ist zur zentralen Aufgabenstellung des Stiftungsrates des Friedenspreises geworden. Daß weder Literatur, noch Wissenschaft oder Kunst befördert werden, vielmehr deren Autonomie untergraben wird, wenn nicht in erster Linie Künstler, sondern Gruftwächter des Guten prämiert werden, scheint bereits *eingepreist* – und kommt von weit her:

Der langjährige *Merkur*-Herausgeber Karl Heinz Bohrer hat dem »verfehlte(n) Bösen im deutschen Bewußtsein«[539], am Beispiel der Unterschlagung und Ausgrenzung des Bösen in der Literatur, mehrere Studien gewidmet und macht den protestantisch grundierten Deutschen Idealismus, Hegel und seine Nachfolger, verantwortlich für die Überführung von Luthers Teufelsglauben in einen nicht minder dialektisch verstandenen Glauben an den Weltgeist – heute: an das Gute, in dessen Namen zur Jagd auf »dunkle« oder auch »schwarze« Schriftsteller des Bürgertums, »allen voran der Marquis de Sade und Nietzsche«[540] geblasen wird, zur Jagd auf Ambivalenz, Uneindeutigkeit und Schlimmeres.

»Seit Hegel wird die romantische und die ihr folgende ›schwarze‹ Literatur der Moderne unter jenen Verdacht

539 Bohrer, *Imaginationen*, 2004, S. 33.

540 Habermas, Mythos, 1983, S. 405.

des ›Bösen‹ gestellt, der im Kategoriesystem von Habermas (...) bis heute wiederkehrt«[541] und in der Kaperung des Frankfurter Friedenspreises durch die Frankfurter Schule seinen ritualfähigen Schlußpunkt findet.

Daß mit der Selbstinvestitur einer fachfremden Inquisition des Guten außerästhetische, moralische Kriterien zum Maßstab auch der poetischen Rede erklärt werden; damit im Kern die in der Romantik gewonnene Autonomie der Kunst bestritten und ein vormodernes, klassizistisches Bündnis von Ethik und Ästhetik eingefordert wird, dürfte der hyperaufgeklärten Paulskirchen-Versammlung nicht in den Sinn kommen. Sie feiert, wenn ihr alles Politik ist und deshalb auch Literatur Politik werden soll, die eigene künstlerisch-zivilisatorische Rückständigkeit, die eine perennierende ist.

Bohrer erinnert daran, daß die Imagination des ästhetischen Bösen – nicht nur als Darstellung des Bösen, sondern auch als böse Darstellung – in Deutschland bis auf wenige Ausnahmen wie Kleist, Nietzsche, E. T. A. Hoffmann und Kafka, nicht im Entferntesten konkurrieren kann mit dem ästhetischen Zugriff auf das Negative in Frankreich und England:

Während sich Baudelaire, de Sade, Poe u.v.a. dem Gravitationsfeld eines ästhetischen Negativen ganz überlassen konnten und »das Böse als zentrales Phantasma ihres Werks erfunden«[542] haben, eine *Ecole du mal* begründeten, versuchte Hegel in den *Vorlesungen über Ästhetik* das Werk E. T. A. Hoffmanns »als ein Bei-

541 Bohrer, *Imaginationen*, 2004, S. 11.

542 Ebd. S. 7.

spiel des ›Bösen‹, d. h. des wesenlos ›Negativen‹ aus dem künstlerisch Zulässigen auszugrenzen«[543]; hier gewissermaßen einen »ästhetischen Idealismus« (Bohrer) begründend; ganz im Sinne seiner *Vorlesungen über die Philosophie der Geschichte,* in denen das »Negative zu einem Untergeordneten und Überwundenen verschwindet.«[544] Mehr noch: Bei seiner Fahndung nach Kriterien für unbotmäßiges Imaginieren geriet auch die Ironie eines Friedrich Schlegel in Hegels Visier und wurde von ihm – die inhärente Skepsis jeder Ironie verkennend – als »subjektivistisch« anathematisiert; vom Weltgeist gewogen und für »unernst« befunden (vermutlich auch: für katholisch).

Bohrer hat auf Hegels Blindheit für Schlegels innovatorisches Forminteresse hingewiesen, ohne darin gleichzeitig das Resonanzfeld für Schlegels Konversion zum Katholizismus kenntlich zu machen. Auch wenn Bohrer Schlegels »Definition der Ironie als ›transzendentale Buffonerie‹ (Albernheit, Anm. Verf.), der unendlichen Erhebung über die eigene Kunst durch ihre Reflexion«[545] feiert, unterbleibt die Markierung von Ambivalenzfähigkeit, Selbstdistanz, Unernst und auch Abgründigkeit als *strange fruits* des Katholizismus: »Der Inhalt der Romantik war wesentlich katholisch«, schreibt Joseph von Eichendorff, gleichwohl sie als innerprotestantische, pietistische Gegenbewegung zu einer leerlaufenden Aufklärung begann. Für die Spätromantik wurde die Hinwendung zum Katholizismus gar zu einem Stilmerkmal.

543 Bohrer, *Imaginationen,* 2004, S. 11.

544 Hegel, *Philosophie,* 1986, S. 28.

545 Bohrer, *Imaginationen,* 2004, S. 71.

Karl Heinz Bohrer beschweigt den katholischen Glutkern seines ästhetischen Theorems, während er die Feinde der *Blumen des Bösen* unzweideutig im Protestantismus verortet, er hier gerne Roß und Reiter nennt und kein Name von Rang ungeschoren davonkommt. Nicht zuletzt nimmt er in seiner Studie *Imaginationen des Bösen* auch den eklatanten Mangel an Dämonie in der Gestaltung des Bösen bei Goethe und Thomas Mann aufs Korn. Den Adaptionen des historischen Faust-Stoffes der beiden deutschen Literaturgiganten bescheinigt Bohrer ein weitgehend unerkanntes ästhetisches Scheitern am Sujet des Bösen. Im *Faust* und in *Doktor Faustus* werde eine emblematisch gewordene Verharmlosung ins Werk gesetzt; auch und gerade durch Personalisierung: Das Böse, als *der* Böse, bleibt imaginativ unterkomplex, stets rational einholbar, psychologisch motiviert, »mit Sinn applizierbar« (Bohrer), in Dialektik und/oder Geschichtlichkeit eingehegt. Zwei Fälle von Paulskirchen-Literatur mithin, die die Grenzen des Denk- und Sagbaren im Hinblick auf »des Pudels Kern« tatsächlich niemals überschreiten.

Goethe und Thomas Mann arbeiten an einer literarischen Theodizee. Sie liefern – darin dem dialektisch-funktionalen Teufelsglauben Luthers in weiter Ferne so nah – formal wie inhaltlich die Imaginationen einer heilsgeschichtlichen Kumpanei; mit dem Teufel als nicht ganz ernstzunehmendem *Buddy* oder *Sidekick* des Menschen. Nie steht in Frage: »Wer immer strebend sich bemüht« – auf Lutherdeutsch: »Wer glaubt« – denkt positiv, nicht negativ, kriegt damit noch die Kurve zum Guten und schlägt so dem Teufel ein dialektisches Schnippchen. (Bei Thomas Mann auch gerne unter Injektion erheblicher Mengen an reflektierter Kunstfertigkeit und bildungsbürgerlich gesättigter, konventioneller, niemals abgründiger Selbstironie.)

*Die Passion Christi*, jener umstrittene Film von Mel Gibson, wartet mit einer Szene auf, in der sich der androgyn, kühl und emotionslos gezeichnete Teufel fast abwenden will angesichts der Brutalität der Geißelung Jesu durch die römischen Folterknechte, der er inmitten der Schaulustigen beiwohnt. Der Teufel wirkt ernst, betroffen, nahezu mitleidig.

Das Bild des Menschen als des größeren Teufels steht im Raum, des eigentlichen Teufels Maßstäbe negativ überbietend: unvermittelt, urplötzlich, schmerzhaft schrecklich und darin das ästhetische Theorem Karl Heinz Bohrers ausbuchstabierend.[546]

Steht die deutsche Tradition des Nichtauslotens imaginativer Negativität – mit ihrem durch Hegel kanonisierten kategorialen Ausschluß des Bösen aus der Sphäre des Geistes – in einem untergründigen Zusammenhang mit dem realen Einbruch des Bösen im Nationalsozialismus? Oder umgekehrt: Konnte die Ausbuchstabierung des Bösen, die Versuche, das Unsagbare *zur Sprache* zu bringen, anderswo den unmittelbaren Anschluß »an eine praktizierbare Handlungsnorm«[547] verhindern?

Paradoxerweise sind in Frankreich und England, wo die *phantasiegetriebene* Verschiebung der Grenzen des

546 Vgl. dazu auch: Barbara Gerlach: »Teufelsdarstellungen in Literatur und Film«, Juli 2008, Internetdokument, S. 37 ff.

547 Bohrer, *Imaginationen*, 2004, S. 53.

Sagbaren mehr und mehr traditionsbildend geworden ist, die *Grenzen im Tun* nicht eingerissen worden; während sich das Land der idealisierenden Dichter und Denker eine Kunstpause der Barbarei gönnte. Bohrer gibt zu bedenken: »Die ideologische ›Zerstörung der Vernunft‹ wurde nicht betrieben von den Erben der Novalis und Friedrich Schlegel, die es in Deutschland nicht gegeben hat, sondern von den Erben des Deutschen Idealismus.«[548]

Wirken Exzesse der Imagination des Schreckens, der Ambivalenz und der Ironie Einzelner womöglich als vorauseilendes homöopathisches Antiodot gegen staatlich dekretierte Perversionen Vieler? Braucht es demnach zehn Künstler, analog zu den biblischen *Zehn Gerechten* in 1. Mose 18,22-33, um ein Kollektiv vor der Verdammnis zu bewahren? Zehn Bücher, »radikale Literatur, d.h. Literatur außerhalb eines moralisch-politischen Konsenses – diese Grenze bleibt konstitutiv für große Literatur«, die sich nicht orientiert »am Regulativ des gesellschaftlich Guten«[549] und deshalb *unbeabsichtigt regulativ wirkt?* – Wir sollten dieser alttestamentarischen Logik besser nicht weiter folgen, sie führt uns in des Teufels Küche.

Sagen wir lieber Ja und Amen zum latent gnostizistischen Credo der Paulskirchen-Gemeinde um Carolin Emcke und Jürgen Habermas, die, vom eigenen Gutsein berauscht, die Imaginationen wie die Realitäten dieser Welt gleichermaßen verfehlen. Nie ist Rationalität *aufge-*

548 Ebd., S. 54.

549 Ebd., S. 55.

*klärter* zu Grabe getragen worden, als in den Ritualen des uneingestandenen moralistischen Schadenzaubers mit Auschwitz als dem negativen Absoluten einer gedächtnislosen Erinnerungskultur.

### *Marginalie 28: Die Möglichkeit der Selbstdistanz – Vom katholischen Empfinden*

Klischees darüber, was typisch katholisch oder typisch evangelisch ist, haben an Unterhaltungswert dramatisch eingebüßt. Es ist wie bei der gefühlten Inflation nach Einführung des Euro: Alle Verlust-, Differenz- und Divergenzgewißheiten erscheinen im algorithmischen Einheitsbrei der Statistiker und Sozialtechniker unzutreffend oder unerheblich. Es soll dennoch hier eine Erinnerung an ein Gespräch eingespeist werden, das im Freundeskreis stattgefunden hat und das ein kurzes Schlaglicht werfen kann auf ein paar kleine Unterschiede innerhalb des westlichen Denkens und Handelns:

Eine katholische Gynäkologin, zugleich Ärztin für Psychotherapie, erzählt über ihre Schwangerschaftskonflikt-Beratungspraxis. Darüber, wie sie versucht, die Situation einer schwangeren Patientin zu erkunden, die zwischen Ablehnung, Angst und guter Hoffnung noch keinen eigenen Weg gefunden hat, die aber zu einer Abtreibung neigt, weil sie sich völlig überfordert fühlt.

Die Ärztin schildert ein Dilemma; das Bestreben, dem abwesend anwesenden neuen Leben eine Stimme zu geben, ohne der Frau ein schlechtes Gewissen zu machen und gleichzeitig auf die Nöte der Schwangeren einzugehen, die oft existentieller Art sind: »Was immer ich rate, ist falsch; es ist schlecht. Ich scheitere, ich sündige, weil ich die Frau vielleicht unverantwortlich überfordere, indem ich zur Annahme des Kindes rate, trotz eines unter Umständen katastrophalen Umfeldes, oder weil ich sie unverantwortlich unterfordere, indem ich einen Abtreibungswunsch einfachhin unterstütze.«

Ein befreundeter evangelischer Kollege will die prinzipielle Sicht der Ärztin auf das Dilemma nicht teilen; vor allem nicht die Schlußfolgerung, daß alles in bester Absicht Unternommene womöglich keine Erlösung bringen werde. Der Kollege versucht, sich psychologisch in die Freundin einzufühlen und fragt: »Wozu brauchst Du das, daß Du dich hier schlecht fühlst? Du gibst doch Dein Bestes.« Die Antwort der Ärztin: »Es geht hier überhaupt nicht darum, wie ich mich fühle oder was ich brauche. Das Ganze ist einfach schlecht. Und aus der Nummer komme ich auch gar nicht heraus. Die Schwangere übrigens auch nicht.«

Der evangelische Kollege, der sich nicht vorstellen kann, in einer solchen »negativen Perspektive, ohne Kohärenz« zu arbeiten, weil er sich dann schlecht fühlen würde, unternimmt noch mehrere Versuche, den prinzipiellen Denkansatz der Freundin zu entschärfen, ihn irgendwie psychologisch herzuleiten und dadurch zu neutralisieren. Ohne Erfolg. Der Kollege findet: »Wenn man alles versucht hat und sich nichts vorzuwerfen hat, dann ist es auch gut, sonst könnte ich gar nicht arbeiten.«

Die katholische Ärztin zieht nun folgenden Schluß: »Deine psychologisierende Frage, warum ich es bräuchte, mich schlecht zu fühlen, trifft es nicht. Du sprichst wohl von Dir. Es sind Deine Kategorien, nicht meine. Wärest Du an meiner Stelle, wäre es Dir wichtig, daß Du Dich auch gut fühlst, bei dem, was Du machst. Und wenn Du glaubst, Dich um alles Menschenmögliche bemüht zu haben, und die Patientin denkt das auch, dann war es eben gut – und Deckel drauf.

Aber das bedeutet auch: Du kannst und wirst also nur handeln, wenn vorher ein wie auch immer geartetes moralisch gutes Ergebnis nicht ausgeschlossen ist. Die Frau gerät dabei aus dem Blick. Deine Rechtfertigung wird Teil der Gesamtproblematik. Je komplexer die Fragestellung, wie bei der Frage nach Leben und Tod, umso mehr wirst Du mit Dir selbst zu Rate gehen, wie Du der Sache am besten gerecht wirst – sprich: wie Du hier unschuldig raus kommst, und Du wirst darüber einen Bekenntnisdrang entwickeln; nach dem Luther-Motto: ›Hier stehe ich…‹. Vielleicht begibst Du dich auch auf die Suche nach jemandem, der Dir dasselbe sagen soll, wie Du jetzt mir: Wenn Du Dich doch um alles bemüht hast – in bester Absicht – ist es doch moralisch gut.

Nein! – Würde ich *nicht* begreifen und akzeptieren, warum und daß ich hier nur scheitern kann und daß es bei diesem Scheitern gar nicht um Moral oder um mich geht, wäre ich überhaupt nicht frei, unabhängig von meinen Befindlichkeiten zu handeln. Nur meine grundsätzliche Klarheit diesbezüglich ermöglicht mir das überhaupt; denn natürlich handle ich so gut und so schnell ich kann und werde die Frau auf ihrem Weg unterstützen; so oder so. Aber ich werde mir das Ganze nicht auch noch schönreden.«

Daß für die katholische Ärztin die Differenz zwischen der Erkenntnis der Wahrheit und der gelebten Realität nicht, wie bei Hegel, zur Quelle eines »unglücklichen, in sich entzweiten Bewußtseins« wird, sondern zur »glücklichen Schuld« werden kann, könnte damit zusammenhängen, daß nicht auf beste Absichten, persönliche Wahrhaftigkeit und Integrität gepocht wird, sondern – gleichsam von außen – der Blick in den eigenen Abgrund riskiert wird, ein Schmerz im Bewußtsein zugelassen wird, der das eigene Scheitern zur erlösenden Verwandlung – nicht zur Rechtfertigung – in Gottes Hände legt.

In seinem Buch *Vom katholischen Fühlen* versucht der italienische Philosoph Mario Perniola das hier in den Blick kommende Distanzverhältnis zu sich selbst als einen ebenso antiken wie genuin katholischen Modus auszuweisen. Vielleicht wäre es zutreffender, nicht von einem katholischen »Fühlen«, sondern von einem katholischen »Empfinden« zu sprechen, das immer auch ein sich selbst und anderes Vorfinden meint. Dieses Vorfindenkönnen – aus einem Vorgefunden-Sein heraus – berührt den verdrängten, paradoxalen Kern des Katholischen und damit die differenzmarkierende letzte Quelle eines mentalen Restwiderstandes innerhalb des allgegenwärtigen westlichen *Moralapostolats*; aus der sich auch die Vision Giorgio Agambens von einem »lateinischen Imperium« aus dem Geist des Katholizismus speist. In den Worten von Perniola:

> »Sich selbst mit einem Blick von außen her sehen, sich als ›Welt‹ statt als ›ich‹ betrachten, Entstehendem und Geschehendem beiwohnen zu wissen, ohne es gleich

in eine vorgefertigte Interpretation oder in eine Logik lediglich persönlicher Interessen einsperren zu wollen, das sind alles Aspekte, die sich von der klassischen Antike herleiten und im Katholizismus häufig im Gewand der Demut, des Erbarmens, der Frömmigkeit überliefert worden sind.«[550]

In seiner Studie über *Die Möglichkeit der Normen* verweist der Rechtsphilosoph Christoph Möllers, möglicherweise ohne sich des katholischen Glutkerns seiner Ausführungen bewußt zu sein, auf die »ermöglichende gegenüber der beschränkenden Seite des Normativen«[551]. »Die Sichtbarmachung von Möglichkeiten dürfte daher eine der wichtigsten Leistungen normativer Praktiken darstellen«[552]. Das Plädoyer von Möllers zielt auf die »paradoxe Aufgabe, sich von der eigenen Praxis zu distanzieren, um diese Distanzierung wiederum auf diese Praxis zu beziehen (…). Denn um mit Normen umgehen zu können, müssen wir über diese zugleich verfügen und sie unserer Verfügung entziehen können, sie als gemacht *und* als gefunden behandeln (…); wir müssen aus einer Situation heraus argumentieren *und* uns von ihr lösen.«[553] »In der Welt Distanz von der Welt zu nehmen, ist der Kern normativer Praktiken«[554] – und des Katholisch-Seins.

550 Mario Perniola: *Vom Katholischen Fühlen,* Berlin 2013, S. 67 f.

551 Christoph Möllers: *Die Möglichkeit der Normen. Über eine Praxis jenseits von Moralität und Kausalität,* Berlin 2015, S. 448.

552 Ebd., S. 454.

553 Ebd., S. 399, Kursives im Original.

554 Ebd., S. 14.

Die Ausführungen von Möllers und Perniola zu einem selbstdistanzierenden Modus legen nahe, daß das protestantische Verdikt über die »katholische Doppelmoral« intellektuell noch nie besonders tiefschürfend gewesen ist: Der Vorwurf des Mangels an Konsequenz und Redlichkeit, der laxen Billigung des Kontradiktorischen, verliert sich im Vordergründigen und blendet die eventuell viel schwerer wiegende Tendenz einer »pubertären Überidentifikation«[555] und Selbstrechtfertigung bei Menschen mit Reformationshintergrund aus, für die Selbstdistanz und auch Ambivalenzfähigkeit eine Art Sündenfall aus der (imaginierten) Kohärenz bedeuten.

Das bei Möllers auftauchende selbstdistanzierende »und« zielt nicht auf das Widersprüchliche, Kontradiktorische, sondern aufs Konträre, Komplementäre, Polare – auf Entscheidungen und Gestalten *ermöglichende* Qualitäten. Ein »und«, das Horizonte und Spielräume eröffnet und – im Blick auf das Katholische – eine *complexio oppositorum* erkennen läßt: Bereits durch Adolf von Harnack war mit diesem Terminus eine, wenngleich negative, mit dem Synkretismusverdacht belegte Qualität des konfessionellen Counterparts markiert. Für von Harnack ist der Katholizismus der »unaufrichtige«, unmögliche Versuch einer Quadratur des Kreises, wenngleich er in einer Vorlesung eine gewisse Bewunderung dafür durchblicken läßt:

> »So ist die erstaunliche *complexio oppositorum* im abendländischen Katholizismus entstanden: die Kir-

555 Vgl. Bobert, *Spiritualität*, 2007, S. 6.

che des Ritus, des Rechts, der Politik, der Weltherrschaft, und die Kirche, in welcher eine höchst individuelle, zarte, sublimierte Sünden- und Gnadenempfindung und -lehre in Wirksamkeit gesetzt wird. Das Äußerlichste und das Innerlichste sollen sich verbinden! Ganz aufrichtig konnte dies von Anfang an nicht geschehen; die innere Spannung und der Widerstreit mußten sofort beginnen; die Geschichte des abendländischen Katholizismus ist von ihm erfüllt. Aber bis zu einem gewissen Grade sind die Gegensätze vereinbar, wenigstens in denselben Menschen vereinbar. Das bezeugt kein Geringerer als Augustin selbst.«[556]

Bei Jacob Burckhardt hätte von Harnack erfahren können, daß es lohnt, anthropologisch noch tiefer zu blicken: »Kräfte, wie die der Reformation, täuschen sich (...), daß sie meinen, sie seien allein auf der Welt. Hernach wundert man sich (...), wenn das Alte nicht nur in bedeutenden Resten übrig geblieben, sondern zu großer neuer Kraft gediehen ist, weil es auf dem Innern der Menschheit beruht.«[557]

Carl Schmitt sieht in der katholischen *complexio oppositorum* die Integrationskraft einer alles umfassen wollenden Fülle; eine alle Gegensätze vereinigende »Vielseitigkeit und Vieldeutigkeit«[558]. Wobei ihm das Wichtigste an dieser *complexio oppositorum* die Fähigkeit ist, souveräne Entscheidungen freizusetzen: »Die-

556 Adolf von Harnack: *Das Wesen des Christentums,* Leipzig 1908, S. 162, Kursives vom Verfasser

557 Burckhardt, *Bilder,* 1997, S. 496.

558 Schmitt, *Katholizismus,* 1984, S. 8.

se unendliche Vieldeutigkeit verbindet sich wiederum mit dem präzisesten Dogmatismus und einem Willen zur Dezision.«[559] Eine Fähigkeit, die Schmitt primär und »kulminierend« dem Lehramt der Katholischen Kirche zuordnet, an der jedoch – eine These dieser Untersuchung – jede Katholikin und jeder Katholik nach Maßgabe der Gestalt ihres oder seines Lebenszusammenhangs Anteil hat, wenn er oder sie über den persönlichen »Ausnahmezustand verfügt«; z. B. die katholische Ärztin, im Unterschied zu der mit sich selbst hadernden evangelischen Kollegin. (Wir werden am Ende der nächsten Marginalie auf diese These und auf Carl Schmitts Diktum vom »Ausnahmezustand« noch einmal zurückkommen; auf die Souveränität des »verlorenen Sohnes«, der verlorenen Tochter.)

Daß innerhalb des lateinischen Horizonts eine »aufrichtige«, aber gestaltlose und eine »unaufrichtige«, zu Gestaltbildung und (auch dogmatischen) Entscheidung durchaus fähige konfessionelle Variante darum ringen, das kleinere westkirchliche Übel zu sein, ist eine Pointe, über die nachzudenken lohnt.

### *Marginalie 29: Souverän ist, wer zum »verlorenen Sohn« taugt – Restwiderständige Zumutungen*

Haben die reformatorischen *soli*, die soteriologischen »Allein«-Formeln, tatsächlich Selbststand? Bedürfen sie nicht immer der überdehnten Spielräume des katholi-

559 Ebd., S. 14.

schen »und«, auf die sie verwiesen waren, sind und bleiben, um innerhalb des »und« einen Vorbehalt zur Geltung zu bringen; die Souveränität Gottes?[560]

Warum ist Luthers Lehre über die *von außen auf uns zukommenden Gnade* Gottes (*extra nos*) mit der steilen Ansage »Unsere Theologie ist gewiß, denn sie versetzt uns außerhalb unserer selbst.«[561] im real existierenden Protestantismus ins glatte Gegenteil umgeschlagen? Waren die spirituellen Virtuosen zu beschämen nur um den Preis, die nunmehr in Innerlichkeit schamfrei Dilettierenden zu Virtuosen zu adeln?

»Halten wir die Externität (der Gnade, Anm. Verf.) aus? Oder suchen wir Gewißheit in frommer Selbstbeobachtung, in der Wellness einer Gruppe oder der Funktion der Kirche für die Gesellschaft?«[562] fragt – auf der Suche nach der verlorenen Selbstdistanz – der evangelische Theologe Walter Schöpsdau, der noch weitere Verlustanzeigen macht: »Ein rechtfertigungstheologischer Furor benutzt die Frage nach dem allein Heilsnotwendigen als Ockhamsches Rasiermesser, um Schönheit, Liturgie, Frömmigkeit und Tradition abzuschneiden und zuletzt eine abstrakte Gnade und eine gesetzliche Moral übrig zu behalten.«[563]

Sind diese performativen Widersprüche des Protestantismus Zufall oder der dialektischen Zurichtung der reformatorischen Theologie geschuldet? Womöglich entzieht sich die Wirklichkeit auf paradoxale Weise immer allen Zugriffen und bestraft die Ingenieure des

560 Vgl. Schöpsdau, *Leben*, 2005, S. 68.

561 Luther, WA 40, 1, 589.

562 Schöpsdau, *Leben*, 2005, S. 65.

563 Ebd., S. 19.

Guten und des Glaubens mit dem Gegenteil. Ein Befund, den auch der Kulturwissenschaftler Egon Friedell in Erwägung zieht, wenn er das konfessionelle Paradoxon wie folgt zusammenfaßt:

»Der Protestantismus leugnet die Rechtfertigung durch Werke und verlegt die Buße ins Innere, in den bloßen Glauben; aber er fordert zugleich ein tätiges, praktisches Christentum und gelangt so wiederum zu einer Art Werkheiligkeit, ja er tut noch mehr, er heiligt (...) sogar die *profanen* Werke: der äußerste Grad von ›Werkheiligkeit‹! Der Katholizismus bejaht die Rechtfertigung durch Werke, erblickt in ihnen aber nur Leistungen zweiten Grades und gelangt so zur Apotheose des völlig weltfernen, weltflüchtigen, ganz auf die innere Buße und Einkehr konzentrierten Lebens, das von Werken im profanen Sinne nichts mehr weiß. Somit enden beide Richtungen bei entgegengesetzten Ausgangspunkten in genau umgekehrten Ergebnissen. Der werkfeindliche Protestantismus mündet in eine Glorifikation der weltlichsten Dinge: des Staats, der Obrigkeit, der Familie, des Handwerks, der Wissenschaft, sogar des Krieges; der weltliche Katholizismus gipfelt in der tiefsten Verachtung aller dieser Dinge: Kaiser, Weib, Vernunft, Besitz, *vita aktiva* sind Mächte, die er auf seinen Höhen flieht und verwirft. Dabei ergab sich im historischen Verlauf noch die weitere Paradoxie, daß der reaktionäre Katholizismus oft viel toleranter, konzilianter und anpassungsfähiger war als der freiheitliche Protestantismus.«[564]

564 Friedell, *Kulturgeschichte*, 2011, S. 362 f., Kursives im Original.

Zwei restwiderständige Zumutungen:

Erstens: Es gibt eine protestantische Sehnsucht nach Rechtfertigung, nach positiver Bewertung, nach Einschluß in die kleine Schar der Erwählten, die durch ihre gute Absicht und ihren guten »Glauben allein« schon immer alles Wesentliche getan haben will; Innen und Außen in Übereinstimmung wähnt; und die sich grundsätzliche, normative Erwägungen und Infragestellungen ihres Tuns lieber ersparen möchte. Und weil die radikalisierte Frage nach Einschluß oder Ausschluß, nach Himmel oder Hölle, die Frage nach dem gnädigen Gott, dem reinen Glauben und der rechten Absicht bereits Teil der reformatorischen Urszene war, deshalb ist die Präferenz für den »binären Code«[565] des Moralischen die *conditio sine qua non* des evangelischen Selbstverständnisses geworden.

Die protestantische Präferenz für rechtfertigende Moral, für eine »prozedurale Ethik«[566] fokussiert auf die Gesinnung des atomisierten Einzelnen, auf eine reflexive Innerlichkeit und ist damit auch eine erworbene Unfähigkeit, von einem transsubjektiven Anfang – einer *Arché* – her zu denken und zu erkennen. Phänomenologisch betrachtet wird eine »Sünde« dann nicht mehr an ihrem Prinzip erkannt, als Frage einer inhaltlichen Ethik, einer guten Ordnung und/oder der Dogmatik, sondern erst an der Tat oder der Handlung und sie wird *damit* zu einer Frage der Moral und der Schuld. »Das moralische Denken befaßt sich in kurzsichtiger Art mit dem, was wir *tun* sollen, ohne auch auf das einzugehen, was von

565 Luhmann, *Religion*, 2002, S. 180.

566 Taylor, *Selbst*, 2012, S. 164.

sich aus wertvoll ist bzw. was wir bewundern oder lieben sollten.«[567]

Da man nun vor dem Dilemma steht, moralisch ausschließen bzw. bewerten zu müssen, man aber gerade heutzutage nichts ausschließen will – der »geistigen Freiheit« zuliebe –, darf man eben nicht alles erkennen (wollen), weil man sonst moralisch alles ausschließen müßte. »Gutes Denken« wird mithin funktional, formal oder prozedural und nicht mehr inhaltlich definiert.[568] Anstatt die inhaltliche Schau des Guten oder Schlechten anzustreben, die in gewisser Weise *außerhalb des Subjekts*, in der Natur der Dinge selbst liegt, wird das Verhältnis umgekehrt:

> »Um (…) den Wünschen des Handelnden oder seinem Willen den Vorrang zuzubilligen, (…) muß man die praktische Vernunft mit Hilfe prozeduraler Begriffe neu definieren. Sofern das richtige Tun immer noch als das der rationalen Rechtfertigung fähige aufgefaßt wird, muß die Rechtfertigung eine prozedurale sein. Durch das spezifische Ergebnis kann sie nicht definiert werden, sondern nur durch die Art und Weise, in dem man zu ihr gelangt.«[569]

Ist Handeln aber auf diese Weise nun primär moralisch codiert und kontaminiert, liegt der Schluß überaus nahe, in sündennahen Sektoren besser gar nicht zu handeln. Es kommt dort dann gern zu einer Art Handlungslähmung, bei gleichzeitigem Bekenntnisdrang zu moralischen Di-

567 Ebd., S. 162, Kursives im Original.

568 Vgl. Taylor, *Selbst*, 2012, S. 165; vgl. auch: MacIntyre, *Ethik*, 1995, S. 244.

569 Taylor, *Selbst*, 2012, S. 165 f.

lemmata, denen man individuell ausgesetzt sei. »Betroffenheit« und bekenntnishaftes »Engagement« werden bald zu Chiffren für eine funktional alles auslotende und deshalb *auch* die Selbstrechtfertigung einbeziehende geistige Auseinandersetzung, die aber aufgrund ihrer Selbstbezüglichkeit nicht in der Lage ist, tatsächliche Orientierung bereitzustellen und die deshalb beim praktisch gebotenen Handeln oft Mitte und Maß verfehlt.

Das Übertreffen oder Unterlaufen von Maß und Mitte, die Verfehlung, weil Verabschiedung des »guten Lebens« in den reformatorischen Disziplinierungsanstrengungen; die Verwandtschaftsbeziehung von inkludierender politischer Korrektheit heute und moralisch exkludierender Kirchenzucht damals sind ja bereits hinlänglich markiert worden. Die »ausschließliche Beschäftigung mit dem Handeln läßt sich so darstellen, als sei sie ein Zeichen von moralischem Ernst; von barmherziger Entschlossenheit.«[570] Eine beanspruchte »geistige Freiheit« garantiert also immer ein Handlungshandicap.

Zweitens: Der besondere Anspruch auf so etwas wie »geistige Freiheit« wird darüber hinaus in vielen spirituellen Traditionen auf Unverständnis stoßen. Die Dimension des Geistigen ist von Haus aus unbegrenzt – als ein Vermögen, das Menschen per se transzendenzfähig macht und eine Sehnsucht nach »Gott« aufkommen läßt. Der Geist neigt aber auch dazu, sich zu zerstreuen. Alle ernst zu nehmenden religiösen Traditionen der Menschheitsgeschichte versuchen daher, fokussierend, zentrierend und Grenzen setzend der Zerstreuungstendenz des

570 Ebd., S. 163.

menschlichen Geistes zu begegnen. Durch geistliche Übungen, Rituale, Regeln und Liturgien, die immer auch den Körper im Visier behalten.

Die Reformation durchtrennt hier buchstäblich ein »geistiges Band«; nicht nur zu den beiden älteren christlichen Konfessionen, sondern auch zu anderen Hochreligionen und ihren spirituellen Traditionen. Es ist dies ein vollständiger Bruch mit der uralten Gewißheit, daß erst die Führung des menschlichen Geistes die Freiheit des Geistigen zugänglich machen kann. Martin Mosebach umkreist dieses Paradox, wenn er in Bezug auf das ostkirchliche Herzensgebet schreibt:

> »Kenner des Herzensgebetes berichten, vom Gebet in der Nacht oder am Morgen geweckt zu werden – auch im Schlaf ist das Gebet weitergelaufen. Ergebnis ist die stetig wachsende Distanz des Beters zu (...) Ehrgeiz, Besitz, Geltungssucht und überhaupt der Beschäftigung mit der eigenen Person. Das Ich hat sich unter ein fremdes Joch begeben und stellt fest, daß es die Freiheit war, die es dort erwartete.«[571]

Daß eine Tradition mit geistlicher, prinzipieller, dogmatischer Fokussierung die Körperlichkeit und Leiblichkeit des Menschen besonders herausfordert, ist *systemisch* nur zu verständlich; ein Befund, der im katholischen Erfahrungshorizont phänomenologisch immer nachweisbar blieb: Im »Feld« des Körperlichen, in Aktivität und Handlungen, wird dann geradezu nach entgren-

571 Martin Mosebach: *Der Ultramontane. Alle Wege führen nach Rom*, Augsburg 2012, S. 101.

zenden Erfahrungen gesucht. Die Erfahrung der Endlichkeit, die dieser freigesetzten Körperlichkeit letztlich beschieden ist, ist auch deshalb eine Transzendenzerfahrung, weil die Vergänglichkeit menschlichen Tuns in der Weisheit dogmatisch-prinzipiellen Denkens immer schon beschlossen liegt. (Kein Dogmatiker ist Moralist und umgekehrt. Nur der Moralist verurteilt, der Dogmatiker nie; wenn er seinen grenzgängerisch-normativen Job beherrscht.) Es ist eine erschöpfte Heimkunft – in ausgelebter Leiblichkeit; als der »verlorene Sohn«, die verlorene Tochter.

Die »Unnachsichtigkeit des moralischen Blicks«[572] findet ihr Gegenstück deshalb in der Nachsichtigkeit des dogmatischen Blicks: Die Abweichung des endlichen Menschen ist hier bereits eingepreist, dort hingegen Quell für Mäkeleien und Verbesserungswahn. Robert Spaemann hat diese Haltung der Nachsichtigkeit, die inhaltlich-prinzipiell nichts aufgibt, mit dem Begriff der »ontologischen Verzeihung« umschrieben: »In der ›ontologischen‹ Verzeihung erlauben wir es dem Anderen, das Versprechen nicht zu halten, das er als vernünftiges Wesen ist.«[573] Spaemann geht sogar so weit zu formulieren, wir verhielten uns dem Anderen gegenüber nur human, »wenn wir ihn nicht vollkommen ernst nehmen. Einen Menschen vollkommen ernst nehmen, heißt ihn vernichten. Denn vollkommen ernst genommen zu werden überfordert uns. Die Vernunft eröffnet uns eine Dimension, von der wir zugleich erkennen, daß sie von uns

572 Kodalle, *Verzeihung*, 2013, S. 114.

573 Robert Spaemann: *Glück und Wohlwollen, Versuch über Ethik*, Stuttgart 2017, S. 282.

nicht ausfüllbar ist.«[574] Spaemann erinnert in diesem Zusammenhang an die Antwort, die Ambrosius von Mailand gab, als er mit der Frage konfrontiert wurde, warum Gott nach dem *Fall der Engel* Menschen geschaffen habe: »Gott wollte es nach dieser Erfahrung mit Wesen zu tun haben, denen er würde verzeihen können.«[575]

Nur mit Takt, Nachsicht und Verzeihung als mentalitätsprägende Zivilisationstechniken »sichern wir den Anerkennungsverhältnissen, in die wir mit allen Fasern der Existenz verflochten sind, ihre Lebbarkeit. Verzeihung ist somit Ausdruck eines fundamentalen Wohlwollens.«[576]

Hat diese Mentalität eines fundamentalen Wohlwollens und der Nachsicht tatsächlich im Protestantismus Heimatrecht? Ist nicht vielmehr die »geistige Freiheit« des Christenmenschen eine Steilvorlage, das Versprechen, das der Mensch ist, unnachsichtig einzuklagen oder gar kein Versprechen mehr in ihm zu erkennen? Und trägt diese »Freiheit« nicht auch anti-inkarnatorische Züge? Weil nun – *sola fide* – ein entbundener menschlicher Geist im Zentrum der Glaubenserfahrung steht; der Körper als Handlungs- und Erfahrungssubjekt abgewertet und *systemisch* aus dem Verkehr gezogen wird; seine Leibwerdung – d. h. die Einschreibung von Transzendenz und Gleichnishaftigkeit – verunmöglicht wird? Man kehrt nicht heim; man ist ängstlich zu Hause geblieben (ganz in der Tradition Kants, des »Königsberger Stubenhockers«), respektive: man ist brav zur Arbeit gegangen. Der fragwürdige Gewinn ist avanciertes mora-

574 Ebd., S. 278.

575 Ebd.

576 Kodalle, *Verzeihung*, 2013, S. 13.

lisches Denken und das gute Gefühl, eben nicht dogmatisch zu sein.

Muriel Spark, die 1918 in Edinburgh geborene Romanautorin, Tochter eines jüdischen Ingenieurs und einer anglikanischen Mutter, legt sieben Jahre nach ihrer Konversion einen gewissen Grad an Unernsthaftigkeit und Nachsicht auch ihrem Werk gegenüber an den Tag, wenn sie formuliert:

> »Meinen Stil habe ich erst als Katholikin gefunden, weil man sich nicht anstrengen darf, und hierfür braucht man Sicherheit. In gewissem Sinne ist dies das ganze Geheimnis des Stils – sich einfach nicht zu viel Mühe zu geben, sondern nur ein bißchen. (…) Der katholische Glaube ist eine Norm, von der man abweichen kann.«[577]

In der postmodernen Normtheorie ist der *Abweichung* unter dem Begriff *Ausnahme* im Anschluß an Walter Benjamin und Carl Schmitt wieder verstärkte Aufmerksamkeit zuteil geworden.[578] Schmitts Diktum: »Souverän ist, wer über den Ausnahmezustand verfügt.«[579] klingt noch bei Jacques Derrida nach, wenn dieser selbst den Moment der Normanwendung mit der Außerkraftsetzung der Norm in Eins setzt.[580] Derridas Rede vom »epochalen« Moment, der die Ordnung als Ganzes in Frage stellt,

577 Bei Christian Heidrich: »Geistiges Entzücken«, in: *Sinn und Form*, 52, Januar/Februar 2000, S. 5, 13.

578 Vgl. Möllers, *Normen*, 2015, S. 386.

579 Schmitt, *Souveränität*, 2004, S. 13.

580 Vgl. Möllers, *Normen*, 2015, S. 386.

mag heute als zu plakativ und überdehnend empfunden werden; an der Faktizität des abgründigen Interdependenzgefüges zwischen Normen und Dogmatik auf der einen, Souveränität und Freiheit auf der anderen Seite, ändert das nichts. »Denn nur da, wo Normen gebrochen werden können, bewahren sie ihre Normativität. Und nur da, wo Normen operieren, können wir über das hinauskommen, was wir ohnehin sind.«[581]

### *Marginalie 30: »Wittenberg, wir haben ein Problem.«*

Eine zivilreligiöse Lesart der Rechtfertigungslehre war ihr von Anfang an eingeschrieben: die Gefahr der individuellen Selbstrechtfertigung. Man lese nur die *Bekenntnisse* von Jean-Jacques Rousseau, des »zivilreligiösen Kirchenvaters«[582], aus dem Jahr 1789; diese *Bekenntnisse* sind nicht mehr – wie die des Augustinus – an Gott gerichtet, sondern sie wenden sich vor Gott in jeder Hinsicht an die Gesellschaft: »Was mich angeht, so erkläre laut und ohne Scheu: Wer, selbst ohne meine Werke gelesen zu haben, mit seinen eigenen Augen meine Natur, meinen Charakter, meine Sitten, meine Neigungen, meine Vergnügungen, meine Gewohnheiten prüft, und mich dann noch für einen unredlichen Menschen halten kann, der ist selber werth, erwürgt zu werden.«[583] In der Gegenwart wird dergleichen, ganz ohne Scheu, nun auch kollektiv

581 Ebd., S. 456.

582 Dienst, Protestantismus:, 2012, S. 11.

583 Jean-Jacques Rousseau: *Rousseaus Bekenntnisse*, Zweiter Band, Hildburghausen 1870, S. 465.

ausbuchstabiert und wehe, wer sich den guten Absichten und dem guten Glauben der Vielen ans Gute widersetzt.

Die konfessionelle Selbsterkenntnis: »Wittenberg, wir haben ein Problem.« – wir haben grundsätzliche Probleme – war kein *main target* der Luther-Dekade; der *Mission 17*. Das Ziel war nicht, konfessionelle Selbstdistanz zu befördern, sondern Identitätsstiftung durch Personalisierung zu befeuern; was in reformiert-protestantischen Kreisen nicht verborgen und nicht kritiklos geblieben ist. Und daher wird mit der angestrebten sanften Punktlandung 2017 inmitten »kirchlicher und kultureller Veranstaltungen, Tagungen und großen Ausstellungen« nur ein formaler Schlußpunkt gesetzt, der »jedoch nicht das Ende der Begegnung mit Luthers Leben und Werk«[584] bedeuten soll. Das Ganze soll uns also weiter – personalisiert – verfolgen, bis auch der letzte Gutwillige begreift, wie schön sich Geschichte rundet, wenn man im rechten Moment den Mund aufmacht und man sich nichts mehr sagen lassen will: Es war ein kleiner Schritt für den Mönch, aber ein großer Schritt für die Menschheit. Haben wir das endlich verstanden? Nein, das haben nicht alle so verstanden und davon handeln diese Marginalien, die bezweifeln, daß sich aus einer Melange aus Geschichtsklitterung und systematisch-theologischer Selbstzufriedenheit eine zielführende *roadmap* fürs Christsein im 21. Jahrhundert herleiten läßt.

Was hier notgedrungen andeutungsweise, aber gleichwohl hinreichend deutlich geworden sein dürfte, läßt sich zuspitzen wie folgt:

584 EKD: *Newsletter #03 »Luther 2017 – 500 Jahre Reformation«*, 17. Juli 2009, Internetdokument.

Der Rechtfertigungsgedanke ist abzuwickeln. Er ist nicht das Ende, sondern er steht am Anfang einer Entwicklung hin zur Selbstrechtfertigung. Die vier reformatorischen *soli* (*solus Christus, sola fide, sola scriptura, sola gratia*) haben ihre Schuldigkeit getan; sie gehören aufs Altenteil. An den Glauben zu glauben ist kein Glaube, sondern schlechte Psychologie; an Politik zu glauben dito. Der Protestantismus befreit von einer Angst, die er selbst genährt hat; zu einer Freiheit, die sich selbst verhindert. Mit Gewißheit sollen Ambivalenz in Eindeutigkeit und Paradoxien in Dialektik umgeschmolzen werden. Auf einem liturgischen Trümmerfeld feiert er den Kult des Gewissens und der Bekenntnis gewordenen fixierten Adoleszenz. Diese ewige Pubertät adelt selbst niedere Beweggründe, weshalb er sein Ressentiment für einen Akt der Kritik, seine Ignoranz für Mündigkeit hält. Seine Gestaltlosigkeit will als Dekonstruktion, sein Glaubenszweifel als Anfechtung verstanden werden, als *tentatio*. Seine neu entdeckte Sehnsucht nach Mystik und Glaubenserfahrung ist bodenlos, denn sie liebäugelt mit einem *spiritual turn* ohne den *contemplative* und den *liturgical turn*. Noch im Trans-Personalen spekuliert diese Sehnsucht aufs *pro me*, auf den »persönlichen Fortschritt« und verfehlt im Erlebnis die Erfahrung, im Event den Advent – sie verfehlt die Ankunft des Herrn.

Luthers Kernanliegen markiert den wunden Punkt des Protestantismus bis heute: »Das ›Heil der Seele‹ – auf deutsch: ›die Welt dreht sich um mich‹.«[585]

585 Nietzsche, AC § 4.

## *Marginalie 31: Once Upon a Time in the West (C' era una volta il West)*

Vor fünfhundert Jahren wurde in Wittenberg Geschichte geschrieben: Religionsgeschichte, Geistesgeschichte, Philosophiegeschichte, Mentalitätsgeschichte. Die Geschichte des westlichen Abendlandes und später auch die Weltgeschichte nahmen eine neue Wendung – verteufelt von den einen, gefeiert von den anderen. Eine Wendung, die weder beabsichtigt war, noch vom Himmel fiel, sondern aus geistigen und geistlichen Bewegungen im ausgehenden Mittelalter erwuchs, in denen der Wunsch nach einer Erneuerung des Christentums mit allgemeinen Individuationsbestrebungen einherging.

Eine Vertiefung des Glaubens, der Frömmigkeit, eine Neufundierung der christlichen Existenz stand nicht zuletzt auch deswegen im Raum, weil sich die Menschen der Frühen Neuzeit vermehrt Kontingenzerfahrungen gegenübersahen, die sie verunsicherten. In Stein gemeißelte mittelalterliche Sicherheiten, der Gleichnischarakter der Schöpfungsordnung, die für jeden einen angestammten Platz in einem wohlgeordneten Kosmos bereithielt, erwiesen sich als zunehmend brüchig. Weder trug das Exil der Päpste in Avignon, die Existenz mehrerer Gegenpäpste, die sich gegenseitig exkommunizierten, zum Bild einer einheitlichen *una sancta* bei, noch die Infragestellungen durch den Renaissance-Humanismus, der weniger Gott, als vielmehr dem Menschen die Ehre geben wollte. Die mißbräuchliche Ablaßpraxis, die Monetarisierung des Heils zugunsten einer »produktiven

Zerstörung«[586] auf der Großbaustelle von (Neu-)Sankt Peter in Rom, ließ dann nördlich der Alpen nicht nur ein Faß zum Überlaufen bringen.

Wellenförmige Phänomene bedürfen immer eines Impulses, und genau das bleibt von Luthers Reformation: in der frühneuzeitlichen Welt in jeder Hinsicht eine Erregung befördert zu haben, die sich seitdem in einer Wellenfunktion mit größeren Amplituden in die Zukunft fortpflanzt. Während sich die Katholische Kirche, in seltener Bescheidenheit, nicht unzutreffend als »Schifflein Petri« imaginiert, das sich auf den Wellen im Meer der Zeit bewegt, besteht beim konfessionellen Counterpart die Gefahr eines ontologischen Mißverständnisses: das ebenso fluide wie temporale Medium – die (zeitliche) Welle – selbst sein zu wollen. Zwar ging mit Luther nicht nur *Der feiste Doktor* (Lyndal Roper), sondern ein *Körper von Gewicht* (Judith Butler) von Bord der frühneuzeitlichen Kirche und erzeugte in seinem Geworfensein und (Ab-)Fall Wellen in der Zeit, die er weder beabsichtigte noch vorhersah; Luther selbst ist jedoch nicht die Zeit, nicht die Welle; der Protestantismus nicht »die Moderne«.

Der »protestantische Geschichtsnarzißmus« (Peggy Cosmann), die Selbstidentifikation mit einer säkularen Eschatologie, der neuzeitlichen Befreiung der Subjektivität vom katholischen Gängelband, ist spätestens seit Hegel (und auch in der neukantianischen Philosophie) ein ausgeprägt kollektiv-konfessioneller Befund, dem

586 Horst Bredekamp: *Sankt Peter in Rom und das Prinzip der produktiven Zerstörung. Bau und Abbau von Bramante bis Bernini*, Berlin 2000, S. 3.

die Betrachtung des negativen Minus-Bereiches der Amplituden zugemutet werden sollte.

> »Von Geschichtsnarzißmus zu sprechen berechtigt der Befund der Dependenz der Neuzeitkonstruktion von der Selbstidentifikation im Kulturprotestantismus, die in der Positionsformel ›Neuzeit, Subjektivität, Protestantismus‹ ihren systematischen Niederschlag fand. Der für die protestantische Neuzeitkonstruktion und Selbstidentifikation neuralgische Subjektivitätsbegriff begann seine Karriere in dieser Funktion erst im 19. Jahrhundert, was heute ebenso schon nicht mehr transparent ist, wie die Tatsache, daß der Urheber dieser Selbstideologisierung der Epoche Hegel war. Mit seiner aus der Taufe gehobenen Synonymie von Protestantismus, Subjektivität und Innerlichkeit und deutschem Geschichtsauftrag wurde Hegel der Begründer jenes Interpretationshorizontes, in dem sich die von subjektivitätstheoretischen Prämissen geleitete Neuzeitkonstruktion dann bewegt.«[587]

Eine eher »wurmstichige Moderne« nimmt Elmar Salmann in den Blick, wenn er die Grundspannungen der Neuzeit wie folgt Revue passieren läßt:

> »Platonismus als Lebensgefühl und Denkstil bedeutete den Primat von Erkennen und Wollen über das Gefühl, der Idee über die Wirklichkeit, der Wirklichkeit über das Mögliche, der Einheit über die Vielheit, des

587 Cosmann, *Neuzeitkonstruktion*, 1999, S. 210.

Geistes über den Körper, der Aszese über das Leben, der Tradition über die Neuheit, der Ewigkeit über das Endliche. All dies verkehrt sich nun in einen Primat des Fühlens über den Intellekt und das Wollen, der Pluralität über die Einheit, (...) des offenen Zeichens über die Re-präsentation des Symbols, der Pro- und Transgression über die Transzendenz, der bloßen Verschiedenheit über die Differenz, des kritischen Nein über die Zustimmung zum Sein – eine Umkehr aller Werte, deren Folgen für Gesellschaft und Religion noch unabsehbar sind.«[588]

Daß Luther mit einer in die Zukunft weisenden spirituellen Agenda reüssierte, ist jedenfalls eine Legende. Luther haßte mit der Renaissance nicht nur das verweltlichte Papsttum, sondern verwarf ebenso das optimistische Menschenbild, das hier wiedergeboren werden wollte. Luther hatte die Reanimation der Urkirche der »gerechtfertigten Sünder« im Blick und bediente sich dabei einer *relecture* des Apostels Paulus und der paradigmatischen Vorgaben seines Ordensgründers, die er – erstaunlicherweise – nicht in Frage stellte, sondern verschärfte. Die reformatorische Stoßrichtung war eher rückwärtsgewandt und offen fundamentalistisch.

Es kann daher durchaus verwundern, daß sich aus diesem pessimistischen, biblizistischen, anti-intellektuellen, philosophiefeindlichen geistigen Setting »die Morgenröte« (Hegel) der westlichen Menschheit erheben sollte; zumal die Forschung zur Frühen Neuzeit gerade eher die

588 Salmann, *Logos*, 1992, S. 420.

mittelalterlichen Kontinuitäten der reformatorischen Agenda ins Gedächtnis gerufen hat. Dennoch scheint etwas Singuläres stattgefunden zu haben, das bis heute berührt und sich fortpflanzt: Daß bei allem Armseligen, in Heilsangst, Teufels- und Dämonenglaube tief verfangenen, diese eine legendenhaft überhöhte Botschaft Luthers durchaus zündete – »Hier stehe ich, ich kann nicht anders.« – argumentfrei, ressentimentgeladen, egoman; aber sich darin auf Gottes Gnade berufend.

Und nur deshalb nicht sofort einen Kopf kürzer gemacht, weil (freies Geleit sichernde) Fürsten sich das Ganze mit klammheimlich gieriger Freude anzuschauen bestrebt waren; im Geiste bereits das Klostereigentum konfiszierend. Man könnte mit Blick auf diese »fürstliche Belohnung« für die Durchsetzung der Reformation auch von ausgleichender Ungerechtigkeit sprechen; denn die *Konstantinische Schenkung,* die Übereignung der gesamten Westhälfte des Römischen Reichs, aber auch des gesamten Erdenrundes mittels Schenkung an Papst Silvester I. und sämtliche seiner Nachfolger, war ja eine veritable Urkundenfälschung gewesen.

Der individuelle Impetus, den Luther für sich beanspruchte, wurde natürlich weder »Papisten« (den Anhängern des Papstes), noch den innerkonfessionellen Konkurrenten gewährt, vielmehr fand eine Selbstinvestitur zur letzten Instanz statt, die das Gottesgericht verfügen konnte; eine Mentalität, die sich bis in die heutige zivilreligiöse Priesterkaste gehalten hat, wenn der *Heilige Zeitgeist* in Form von »Werten« herabgerufen und im öffentlich gemachten Blick nach innen Politik suspendiert wird.

Die Verabsolutierung der Innerlichkeit und die Verachtung von Politik als eines Kampfes um Interessen gehen Hand in Hand; führen zur »Gottesunmittelbarkeit« der eigenen Ambitionen und zur Feindschaft gegenüber teuflischen Widersachern, die dämonisiert werden: aus Gegnern werden Feinde. (Heute gerne: »Feinde des Menschengeschlechts«, »Verfassungsfeinde« oder Feinde der Demokratie, nachdem die Feinde Gottes bereits vor langer Zeit einen Kopf kürzer gemacht worden sind.)

*Wir sind nie modern gewesen,* solange wir diese Sukzession mit den Aposteln der angemaßten Gottesperspektive nicht unterbrechen: das Apostolat des reinen Glaubens, des reinen Gewissens, der reinen Vernunft, der reinen Erinnerung, der reinen Gesinnung, der reinen Moral.

»Ich kann nicht anders!«, »Ich habe mir nichts vorzuwerfen!«, hallt es selbstrechtfertigend aus dem Echoraum der deutschen Geschichte. Natürlich könnte man sehr wohl auch anders, und vielleicht müßte man sich durchaus vieles vorwerfen (lassen), weil dann – jenseits von Eden – die Seifenblase der (Heils-)Gewißheit platzt: wir wüßten fortan nicht mehr genau, wie es mit uns ausgehen wird und daß man unter Umständen doch noch »tiefer fallen kann, als in Gottes Hand« (Käßmann). Daß man aber hoffen darf.

2017 – und mutmaßlich darüber hinaus – wird die protestantische Theologie, die vor hundert Jahren alle Register der Dialektik zu ziehen bereit war, den einen paradoxalen Zusammenhang als ein Erbe ihrer Tradition nicht erkennen wollen: Tief im (lateinischen) Westen, im Land der Reformation, wurde nicht nur dem »Ausgang des Menschen aus seiner selbstverschuldeten Unmündigkeit« (Kant) der Weg bereitet, sondern es wurden auch die Pforten der Hölle geöffnet; hier wurde die *Ode an die Freude* angestimmt, ebenso wie *das Lied vom Tod.*

### *Marginalie 32: #regretting reformation?*

Sollte man die Reformation bereuen? Tauschte sie nicht zuletzt die apostolische gegen eine apostatische Sukzession? Nein. Man sollte die Reformation nicht bereuen. Ein entinstitutionalisiertes, liturgisch depotenziertes Christentum – eine Alternative zur klerikalen Überformung – unbeabsichtigt auf die Zeitschiene gesetzt zu haben, ist auch ein Segen. Die Botschaft des Zimmermanns auch von Zimmermännern und Zimmermädchen gegenlesen zu lassen, liegt in der Natur der Schrift – auch der Sache. Es sind Fischer zur Nachfolge gerufen worden, keine Erleuchteten; Irrende, keine Unfehlbaren. Die sogenannte »Kirche der Freiheit« entbindet deshalb bis heute weitere Freikirchen; auch als vielfältige Korrektive ihrer selbst.

»Es ist, wie es ist, und es ist gut.« Der Grazer Philosoph Peter Strasser versucht seit mehreren Jahren, als ein Journalist der letzten Dinge, mit der kaleidoskopischen Einübung dieses Mantras den *Weg nach draußen,* aus der Immanenzfalle, zu ertasten: »Es ist, wie es ist, und es ist gut.«[589]

Was den protestantischen Brüdern und Schwestern im Geiste dieses Mantras zu wünschen wäre: sich vom Müssen

589 Peter Strasser: *Journal der letzten Dinge,* Frankfurt am Main 1998, S. 82.

verabschieden (auch vom Glaubenmüssen), sich eventuell dem Sollen erneut zuwenden. Selbstdistanz, Gelassenheit, Nachsichtigkeit einüben. Spirituell erwachsen werden. Angst verlieren – und gegen Schmerz eintauschen; einen Schmerz im Bewußtsein, der »die eigentümliche Erfahrung (bietet), sich selbst buchstäblich zu objektivieren.«[590] Schmerz als ein »Organon der Enthüllung«[591].

»Fürchte Dich nicht!« lautet die Frohe Botschaft. »Es wird nicht weh tun!« dürfte hingegen die Message des Widersachers sein, in der Rolle eines verführerischen Anästhesisten.

Ein schmerzfreies Christentum ist prinzipiell unmöglich – die Ostkirche weiß das – weiß das am allerbesten, denn sie versteht sich als ein »Krankenhaus der Seelen«, nicht als Werte generierende Moral-Agentur mit Drohkulisse oder »Bibeltanz«. Man sollte in den Westkirchen also nach Wegen suchen, die aus dem *Moralapostolat* herausführen; aus Selbstermächtigungen, Bescheidwissen und Rechthabenwollen. Vielleicht sind es ungesicherte, krumme, abschüssige, gefährliche Wege, die beunruhigen, irritieren, verstören, objektivieren, differenzieren und transzendieren, indem sie an den Schmerz der Unvollständigkeit und Endlichkeit heranführen. Möglicherweise enden sie im Schweigen und in der Anbetung; in Bildern und Worten, jenseits von richtig und falsch, die aber wahr und deshalb gut sind und die Verheißung aufleuchten lassen, auf die hin wir geschaffen sind.

590 Karl Heinz Bohrer: *Plötzlichkeit. Zum Augenblick des ästhetischen Scheins*, Frankfurt am Main 1981, S. 140.

591 Ebd. S. 145.

Die Menschen von heute da abzuholen, wo sie gerade stehen, sie nicht mit zu viel Theorie, Theologie, Eschatologie zuzuschütten, ist das Gebot der Stunde. Ok. Holen wir die aufgeklärt kritischen mittel- und nordeuropäischen Selbstdenker einmal da ab, wo sie oft genug *stehen*: an der menschenleeren Vorstadtkreuzung. Die Ampel zeigt Rot. Sie bringen ihren Wagen zum Stehen und sie wissen Bescheid: Diese Ampel...hier... an dieser Stelle... eine Fehlplanung... eine Verschwendung von Steuergeldern... darüber hinaus: Benzinvergeudung und ja: Lichtverschmutzung; zum tausendfachen Tod vieler Insekten beitragend... ein Ärgernis... und – im Blick auf die »Lebensrechte nichtmenschlicher Tiere« (Martha Nussbaum) – möglicherweise auch: ein »Tatort«.

Die Fähigkeit des mündigen, postdogmatischen Menschen, sämtliche Bestimmungen – und seien es die profanen Bestimmungen der Straßenverkehrsordnung – theoretisch in Zweifel zu ziehen, ist ebenso massenhaft ausgeprägt wie praktisch folgenlos: Man flucht bei Rot und fährt brav bei Grün. Es ist kein Zufall, daß dogmatisch grundierte Südeuropäer nicht einen Gedanken daran verschwenden, das Prinzip einer Ordnung in Frage zu stellen, jedoch – im Handeln frei – die konkrete Ausprägung einer Bestimmung stets als Herausforderung, ja durchaus als Versuchung begreifen und auf diese Weise dem Aphrodisiakum des Dogmatischen Tribut zollen.

Fakt ist, daß die wohl besten und am wenigsten ängstlichen Autofahrer Europas in Italien unterwegs sind. Weniger Angst, mehr Freiheit, gleichzeitig keine theoretische Diskussion über das Prinzip der Ampel.

Nietzsche, der in *Die Fröhliche Wissenschaft* die Reformation als *Bauernaufstand des Geistes* entsorgt, vermutete: »Es scheint, die Deutschen verstehen das Wesen einer Kirche nicht. (...) Der Bau der Kirche ruht jedenfalls auf einer südländischen Freiheit und Freisinnigkeit des Geistes und ebenso auf einem südländischen Verdachte gegen Natur, Mensch und Geist, – er ruht auf einer ganz andren Kenntnis des Menschen, Erfahrung vom Menschen, als der Norden gehabt hat.«[592] Der Italien-Liebhaber Nietzsche, einmal als Autofahrer vorgestellt, wäre wohl ergänzend zu dem Schluß gekommen: »Die Deutschen verstehen auch das Wesen des Straßenverkehrs nicht.«

Das Denken und Handeln des westlichen Menschen – ist er nun gläubig oder nicht – vollzieht sich womöglich als paradoxales Geschehen mit zwei konfessionsgrundierten Ausgangsoptionen:

a) Eine dogmatische, geistige Gebundenheit des Menschen (Ansage: es gibt Grenzen, Vorgegebenes, Normen) führt und provoziert zu undogmatischem, souveränem, freiem Handeln. Aber man ist und bleibt prinzipiell orientiert – schmerzhaft orientiert – über die Unmöglichkeit einer Erlösung hier und jetzt. Spätere Rückkehr nicht ausgeschlossen als Versöhnung mit der Grenze der Endlichkeit.

b) Eine undogmatische, freigesetzte Geistigkeit (Ansage: es gibt keine Grenzen, nichts Vorgegebenes, keine Normen) führt und provoziert letztlich zu unfreiem,

592 Nietzsche, FRÖ, in: KSA 2005, Bd. 3, Fünftes Buch, 358, S. 603.

unsouveränem,immer moralisch gebundenem Handeln, das – ängstlich – bewertet und gerechtfertigt werden will hier und jetzt. Rückreise? Von wo? Wohin? Letzte Ausfahrt: Immanenz.

*In nuce*: Wer sich dem Schmerz verweigert, bekommt es mit der (Heils-)Angst zu tun.

Die Freiheitsversprechen des reformatorischen Glaubens sind unter diesen paradoxalen phänomenologischen Vorzeichen ebenso wie unter theologiegeschichtlichen Aspekten in Zweifel zu ziehen.

Ob eine kollektive Wiedergewinnung verloren gegangener Reflexionsformen und spiritueller Zugänge überhaupt möglich ist, steht dahin. Es wäre im Westen vonnöten, wieder zum verdrängten paradoxalen Kern des Katholischen vorzustoßen: dem Aphrodisiakum des Dogmatischen; einem schmerzhaft prinzipiellen Orientiert-Sein – auch in der Übertretung und im Scheitern – und der dadurch möglich werdenden Versöhnung mit der Endlichkeit des Daseins, das zu feiern ist.

## *Epilog*
## *Thank you for the Music*

Gute Absichten – und die weitreichenden, paradoxalen Folgen. Die vorangegangenen Marginalien haben Letzteres in den Blick genommen.

Was fehlt, ist der Dank für die Kirchenmusik; die transzendente Dimension. Danke, Johann Sebastian Bach! Und auch: Danke, Paul Gerhardt! In ihrer Musik und ihrer Lyrik scheint buchstäblich »werkgerecht«, und darin auch sehr katholisch, der Geist auf, der alle Menschen erleuchtet und zur Überschreitung ihres Selbst in Liebe anstiftet. Vielleicht wird *dieser* Geist der Reformation noch wehen und überdauern, wenn ansonsten kaum mehr eine Erinnerung ans Christentum auf der Erde lebendig sein wird. Eine Ewigkeit, die ihm gegönnt sei.

Dieses Buch hat sich in vielen Begegnungen, Gesprächen und e-mails mit evangelischen Freunden und Kollegen entwickelt und ver-fertigt. Es hatte den konfessionell Anderen immer zur inspirierenden Voraussetzung, mußte ihn mit bedenken und in Betracht ziehen. Die dialogische Genese, der mitunter gemeinsame freundschaftliche Blick in den westkirchlichen Abgrund, ist dem Text nicht mehr anzumerken; vielmehr seine Entscheidung für Schlagseite: für Ironie und mitunter auch für Polemik – allerdings nicht für konfessionelle. Denn ganz überwiegend kommen protestantische Stimmen zu Gehör: die »evangelischen Freunde« und – im Geiste – auch mein evangelischer Vater, der das Protestantische überaus verführerisch zu verkörpern verstand und ein kongenialer Counterpart zur katholischen Mutter war.

Als ein Leuchtturm der belesenen Toleranz führte er bereits uns Kindern gegenüber Kant ins Feld. Wenn es daran ging, Gut von Böse zu scheiden, kam der »bestirnte Himmel über uns und das moralische Gesetz in uns« in den Blick. Auch war er mit seiner »evangelischen Freiheit von der Sonntagspflicht« für mich und meine jüngere Schwester durchaus ein Neidobjekt. Spannend und unvergeßlich, wie er die immer wiederkehrende Frage des 14jährigen zu beantworten pflegte, warum man denn nicht, wie er, evangelisch getauft worden sei, wo doch die Vorteile auf der Hand lägen. Seine Antworten, eher lakonisch und fern aller kritischen Untertöne, kreisten immer um diese eine, unvergeßliche Wendung: »Das Katholische ist eben das stärkere Prinzip.«

In Liebe Ambivalenztoleranz zu üben, mag für Katholiken selbstverständlicher sein, aber auch Protestanten können das. Danke auch dafür, geliebter Vater.

Dank an Frank Klinkenberg, Ernst Britten, Birgit Schumacher, Marion Hierl und Andreas Toelke für Zuspruch, Anregungen, Kritik; für buchstäbliches In-Resonanz-Treten. Dank an Stefan und Bettina Noesser für das Aufwerfen der Fragestellung, verbunden mit der Bitte um Nachsicht angesichts der Unausgewogenheit meiner Antwort. Dank an Tatjana von der Beek für verlagsrechtlich Zielführendes. Dank an Hannah Noesser für die Anregung zur Merkel-Marginalie und für diverse nächtliche Telefongespräche zur »postreformatorischen Belastungsstörung«. Dank an Frank Böckelmann für die Bereitstellung »tumultöser« Spielfelder im Format 20 x 28,5 cm. Dank an Karl Heinz Bohrer für eine weit zurückreichende Anstiftung zur bösen, ironischen Form. Dank an Charles Taylor für die wortmächtige Bilanzierung des *säkularen Zeitalters*; für eine Gewinn- und Verlustrechnung, der mein Versuch Vieles verdankt. Dank an Peter Hersche für den auf 1200 Seiten geführten historischen Nachweis einer katholischen Widerständigkeit gegenüber Moralisierung und Disziplinierung; für *Muße und Verschwendung* als wiederzuentdeckendes katholisches Paradigma; Dank auch für Hinweise zu Jahreszahlen die sich im Manuskript vergaloppiert hatten. Dank an Kurt Hübner († 2013) für Inspirationen, Gespräche und Korrespondenzen zum Spätwerk *Glaube und Denken*, welches das Thema Religion im Jahr 2001– weit vor der Zeit – in Deutschland wieder auf die intellektuelle Agenda setzte. Dank an Marco Tödter-Lüdemann, den »evangelischen Freund« und Webmaster meiner Netzidentitäten, für inspirierende, ebenso uferlose wie präzise Telefongespräche und für unzählige e-mails hin und her, die das Manuskript und die Argumentation besser gemacht haben; besser machen wollten – *contre cœur*.

Luther, Martin [WA]: D. Martin Luthers Werke. Kritische Gesamtausgabe (Weimarer Ausgabe), Weimar 1883 ff.

Luther, Martin [TR]: Tischreden, in: WA

Luther, Martin [DB]: Deutsche Bibel, in: WA

Luther, Martin [BR]: Briefe, in: WA

Luther, Martin [W/SCH]: Werke/Schriften in: WA

Luther, Martin [GA]: Dr. Martin Luthers sämtliche Schriften, 25 Bde., hrg. v. Johann Georg Walch, St. Louis et al., 2. Aufl. (Nachdruck) 1880 ff.

Luther, Martin [Sendbrief]: Sendbrief vom Dolmetschen, in: WA 30, 2, 632–646

Luther, Martin [Papst und Bischöfe]: Wider den falsch genannten geistlichen Stand des Papstes und der Bischöfe, in: WA 10, 2, 105–158

Luther, Martin [Warnung]: Warnung an seine lieben Deutschen, in: WA 30, 3, 276–230

Luther, Martin [Wille]: De servo arbitrio – Vom unfreien Willen, in: WA 18, 600-787

Luther, Martin [gute Werke]: Von den guten Werken, in: WA 6, 202-276

Luther, Martin [Freiheit]: Von der Freiheit eines Christenmenschen, in: WA 7, 20–38

Luther, Martin [Adel]: An den christlichen Adel deutscher Nation von des christlichen Standes Besserung, in: WA 6, 404–469

Agamben, Giorgio [Pilatus, 2014]: *Pilatus und Jesus*, Berlin 2014

Aigner, Stephan [Katholisch, 2010]: »Katholisch ohne Kirchensteuer? Zustimmung aus dem Vatikan«, 1. September 2010, http://www.regensburg-digital.de/katholisch-ohne-kirchensteuer-der-vatikan-sagt%E2%80%9Eja%E2%80%9C/01092010/ (abgerufen am 28.08.2017)

Armstrong, Karen [Geschichte, 2012]: *Die Geschichte von Gott. 4000 Jahre Judentum, Christentum und Islam*, München 2012

Assmann, Jan [Weltreligion, 2001]: Eine neue Weltreligion? (Interview), in: *Focus* Nr. 16 vom 14. April 2001, http://www.focus.de/kultur/medien/kultur-eine-neue-weltreligion_aid_189986.html (abgerufen am 29.08.2017)

Assmann, Jan [Gedächtnis, 2000]: *Religion und kulturelles Gedächtnis. Zehn Studien*, München 2000

Augustinus [Contra, 2010]: Contra epistolam Manichaei quam vocant fundamenti, V, 6: PL 42, in: Benedikt XVI.: *Nachsynodales Apostolisches Schreiben Verbum Domine*, Vatikanstadt 2010, S. 176

Augustinus: [Liebe]: Epistulam Ioannis ad Parthos

Bahners, Patrick [Habermas, 2011]: Wie einmal sogar Habermas überrascht war, in: *Frankfurter Allgemeine Zeitung* vom 14. Januar 2011, S. 33

Bahners, Patrick [Historikertag, 2010]: Deutscher Historikertag. Warum wir nicht in der Provinz bleiben, in: *Frankfurter Allgemeine Zeitung* vom 4. Oktober 2010, S. 27

Baring, Arnulf [Aufarbeitung, 1998]: Aufarbeitung – eine deutsche Spezialität?, in: *Frankfurter Allgemeine Zeitung* vom 25. Juli 1998, S. 6

Barth, Hans-Martin [Theologie, 2009]: *Die Theologie Martin Luthers. Eine kritische Würdigung,* Gütersloh 2009

Barth, Karl [Leben, 1976]: Das christliche Leben, in: *Die kirchliche Dogmatik IV/4, Fragmente aus dem Nachlaß,* Zürich 1976, S. 223–235

Barth, Karl [Menschenrecht, 1993]: Menschenrecht und Bürgerpflicht (1911), in ders.: *Vorträge und kleine Arbeiten 1909–1914,* Zürich 1993, S. 361–379

Barth, Karl [Ethik, 1925]: Das Problem der Ethik in der Gegenwart (Wiesbaden 1922), in: *Das Wort Gottes und die Theologie,* München 1925, S. 125–154

Barth, Karl [Römerbrief, 1919]: *Der Römerbrief* (unveränderter Nachdruck der 1. Auflage 1919), Zürich 1963

Barth, Karl [Verheißung, 1944]: *Verheißung und Verantwortung der christlichen Gemeinde im heutigen Zeitgeschehen,* Zürich 1944

Barth, Karl [Christengemeinde, 1946]: *Christengemeinde und Bürgergemeinde,* München 1946

Barth, Karl [Brief, 1945]: Ein Brief nach Frankreich (Basel, im Dezember 1939), in: ders.: *Eine Schweizer Stimme 1938–1945,* Zürich 1945, S. 108–117

Barth, Karl [Römerbrief 1922]: *Römerbrief* (zweite Fassung 1922), Zürich 2010

Bayer, Oswald [Kraft, 2007]: »Das ist gewißlich wahr!« Kraft und Profil des reformatorischen Glaubens. Vortrag beim Kongreß des Gemeindehilfsbundes in Krelingen am 9. März 2007, https://www.staff.uni-giessen.de/~g71026/tagungen/krelingen/bayer (abgerufen am 29.08.2017)

Bedford-Strohm, Heinrich [Regimente, 2017]: »Die zwei Regimente«, in: *Frankfurter Allgemeine Zeitung* vom 15. Mai 2017, S. 6

Bedford-Strohm, Heinrich [Millieu, 2017]: »Kirche muss aus ihren Millieus heraus«, 13. Juni 2017, https://www.ekd.de/heinrich-bedford-strohm-taddeusz-kirche-milieus-24080.htm (abgerufen am 29.08.2017)

Bedford-Strohm, Heinrich [Kreuz, 2016]: »Warum hat Bedford-Strohm sein Kreuz in Jerusalem abgelegt?«, im Netz unter: https://www.evangelisch.de/inhalte/140018/06-11-2016/bedford-strohm-kreuz-jerusalem-reinhard-marx

Behnk, Wolfgang [Liberum, 1982]: *Contra Liberum Arbitrium Pro Gratia Dei. Willenslehre und Christuszeugnis bei Luther und ihre Interpretation durch die neuere Lutherforschung. Eine systematisch-theologiegeschichtliche Untersuchung,* Frankfurt am Main 1982

Berger, Klaus [Glaubensspaltung, 2006]: *Glaubensspaltung ist Gottesverrat. Wege aus der zerrissenen Christenheit,* München 2006

Bering, Dietz [Antisemit, 2014]: *War Luther Antisemit? Das deutsch-jüdische Verhältnis als Tragödie der Nähe,* Berlin 2014

*Bibel in gerechter Sprache,* hrsg. v. Ulrike Bail et al., Gütersloh 2006

Bischof, Norbert [Moral, 2012]: *Moral. Ihre Natur, ihre Dynamik und ihr Schatten,* Wien et al. 2012

Bloomstein, Rex [KZ, 2006]: KZ, Großbritannien 2005. Einführende Worte des Regisseurs bei der Jüdischen Filmwoche Wien, 13. November 2006

Bobert, Sabine [Spiritualität, 2007]: Autonom spirituell sein. Protestantische Spiritualität zwischen Atomisierung und Stellvertretung. in: Spiritualität. Baustein oder Stolperstein für die Kirche? – Eine Tagung zum Spannungsfeld von Aszetik und Kybernetik im interkonfessionellen Gespräch, Universität Zürich 9./10. Juli 2007 (unveröffentlichtes Tagungspapier)

Bobert, Sabine [Mystik, 2012]: *Jesus-Gebet und neue Mystik. Grundlagen einer christlichen Mystagogik,* Kiel 2012

Bohrer, Karl Heinz [Imaginationen, 2004]: *Imaginationen des Bösen. Zur Begründung einer ästhetischen Kategorie,* München, Wien 2004

Bohrer, Karl Heinz [Provinzialismus, 2000]: *Provinzialismus. Ein pysiognomisches Panorama,* München, Wien 2000

Bohrer, Karl Heinz (Hrsg.) [Mythos, 1983]: *Mythos und Moderne. Begriff und Bild einer Rekonstruktion,* Frankfurt am Main 1983

Bohrer, Karl Heinz [Ekstasen, 2003]: *Ekstasen der Zeit. Augenblick, Gegenwart, Erinnerung,* München, Wien 2003

Bohrer, Karl Heinz [PS, 1992]: P.S., in: *Merkur* 514, Januar 1992, S. 88

Bohrer, Karl Heinz [Plötzlichkeit, 1981]: *Plötzlichkeit. Zum Augenblick des ästhetischen Scheins,* Frankfurt am Main 1981

Bonhoeffer, Dietrich [Nachfolge, 1937]: *Nachfolge,* München 1937

Bonhoeffer, Dietrich [Illegal, 1996]: Illegale Theologenausbildung: Finkenwalde 1935–1937, in: Otto Dudzus (Hrsg.), *Werkausgabe,* Bd. 14, Gütersloh 1996

Brecht, Martin [Erhaltung, 2013]: *Martin Luther, Band 3: Die Erhaltung der Kirche: 1532–1546,* Stuttgart 1987

Bredekamp, Horst [Rom, 2008]: *Sankt Peter in Rom und das Prinzip der produktiven Zerstörung. Bau und Abbau von Bramante bis Bernini,* Berlin 2000

Breit, Dieter [Demokratiefähigkeit]: Mühsames Ringen um Demokratiefähigkeit. Ein Rückblick auf kirchliche Positionierungen zur Entstehung des Grundgesetzes 1948/1949, in http://www.pfarrerblatt.de/text_288.htm (abgerufen am 29.08.2017)

Breithaupt, Fritz [Empathie, 2017]: *Die dunklen Seiten der Empathie,* Berlin 2017

Brinks, Jan Herman [Instrumentalisierung, 1995]: Einige Überlegungen zur politischen Instrumentalisierung Martin Luthers durch die deutsche Historiographie im neunzehnten und zwanzigsten Jahrhundert, in: zeitgeschichte Heft 7–8/1995, S. 233–248

Burckhardt, Jacob [Bilder, 1997]: *Bilder des Ewigen. Ein kulturgeschichtliches Lesebuch* (hrsg. v. Hanno Helbling), Zürich 1997

Burckhardt, Jacob [Betrachtungen, 1987]: *Weltgeschichtliche Betrachtungen,* Gütersloh 1987

Burghartz, Susanna [Reinheit, 1999]: *Zeiten der Reinheit – Orte der Unzucht. Ehe und Sexualität in Basel während der Frühen Neuzeit,* Paderborn 1999

Burghartz, Susanna [Gender, 2003]: Gender und Wissen. Umordnung statt Unordnung? Ehe, Geschlecht und Reformationsgeschichte, in: Helmut Puff/ Christopher Wild (Hrsg.): *Zwischen den Disziplinen? Perspektiven der Frühneuzeitforschung,* Göttingen 2003, 165–185

Burghartz, Susanna [Wandel, 2000]: Wandel durch Kontinuität, in: *Traverse. Zeitschrift für Geschichte*, 7, 2000, S. 23–35

Burghartz, Susanna [Integration, 1997]: Zwischen Integration und Ausgrenzung, in: *L'Homme. Zeitschrift für feministische Geschichtswissenschaft*, 8, 1997, S. 30–42

Butler, Judith [Körper, 1995]: *Körper von Gewicht. Die diskursiven Grenzen des Geschlechts*, Berlin 1995

Calasso, Roberto [Glut, 2015]: *Die Glut*, München 2015

Christe, Wilhelm [Sünder, 2014]: *Gerechte Sünder. Eine Untersuchung zu Martin Luthers »simul iustus et peccator«*, Leipzig 2014

Cosmann, Peggy [Neuzeitkonstruktion, 1999]: *Protestantische Neuzeitkonstruktion. Zur Geschichte des Subjektivitätsbegriffs im 19. Jahrhundert*, Würzburg 1999

Dalferth, Ingolf Ulrich [Ewige, 2006]: Der Ewige und die Ewige, in: *Neue Zürcher Zeitung* 18./19. November 2006, S. 65

Dalin, Rabbi David [Myth, 2005]: *The Myth of Hitler's pope. How pope Pius XII rescued jews from the Nazis.* Washington 2005

Danz, Christian [Religion, 1998]: Religion als symbolische Vergegenwärtigung unbedingten Sinnes. Erwägungen zum Begriff des Symbols bei Paul Tillich, in: *Tabula Rasa* 14, 10. November 1998, http://www.tabvlarasa.de/14/religion.php (abgerufen am 29.08.2017)

Delikostantis, Konstantinos [Luther, 1992]: Luther und der europäische Subjektivismus. Gedanken zu Max Schelers Lutherkritik, in: Heiner Bielefeldt/Winfried

Brugger/Klaus Dicke (Hrsg.): *Würde und Recht des Menschen. Festschrift für Johannes Schwartländer zum 70. Geburtstag,* Würzburg 1992, S. 289–307
Derrida, Jacques [Jahrhundert, 2000]: Das Jahrhundert der Vergebung. Verzeihen ohne Macht - unbedingt und jenseits der Souveränität (Interview mit Michel Wieviorka), in: *Lettre International,* 48, 2000, S. 10–18
Dienst, Karl [Protestantismus, 2012]: Das Ende des Protestantismus: Moral als Religionsersatz? in: *Journal of Religious Culture. Journal für Religionskultur,* Nr. 162, 2012
Dietz, Thorsten [Furcht, 2009]: *Der Begriff der Furcht bei Luther,* Tübingen 2009
Douglas, Mary [Ritual, 1981]: *Ritual, Tabu und Körpersymbolik. Sozialanthropologische Studien in Industriegesellschaft und Stammeskultur,* Frankfurt 1981
Dubiel, Helmut [Souveränität, 1994]: Über moralische Souveränität, in: *Merkur* 546/547, September/Oktober 1994, S. 884–897
Ebeling, Gerhard [Luther, 1964]: *Luther: Einführung in sein Denken,* Tübingen 1964
Ebeling, Gerhard [Gewissen, 1985]: Das Gewissen in Luthers Verständnis, in: ders., *Lutherstudien,* Bd. 3, Tübingen 1985, S. 108–125
EKD [Orientierungshilfe, 2014]: *Es ist normal, verschieden zu sein. Orientierungshilfe 2014,* Gütersloh 2014
EKD [Newsletter, 2009]: Newsletter #03 »Luther 2017 – 500 Jahre Reformtaion«, 17. Juli 2009, https://www.luther2017.de/fileadmin/luther2017/newsletter/newsletter_nr._3.pdf (abgerufen am 29.08.2017)

Emcke, Carolin [Hass, 2016]: *Gegen den Hass,* Frankfurt am Main 2016
Emcke, Carolin [Anfangen, 2016]: »Anfangen«. Carolin Emckes Dankesrede anläßlich der Verleihung des Friedenspreises 2016, http://www.friedenspreis-des-deutschen-buchhandels.de/1244997/ (abgerufen am 29.08.2017)
Ernesti, Jörg [Widerstand, 2017]: Der Widerstand gegen Hitler schuf seine eigene Ökumene. Rezension des Buches von Mark Riebling: Die Spione des Papstes. Der Vatikan im Kampf gegen Hitler, in: *Frankfurter Allgemeine Zeitung* vom 21. Juli 2017, S. 10
Felmy, Karl Christian [Einführung, 2014]: *Einführung in die orthodoxe Theologie der Gegenwart,* Berlin 2014
Filipović, Alexander [Luhmann, 2003]: Niklas Luhmann ernst nehmen? (Un-)Möglichkeiten einer ironischen Ethik öffentlicher Kommunikation, in: Bernhard Debatin/Rüdiger Funiok (Hrsg.): Kommunikations- und Medienethik. Grundlagen, Ansätze, Anwendungen, Konstanz 2003, S. 83–95, abrufbar unter http://www.un-beliebigkeitsraum.de/wp-content/uploads/2015/07/Luhmann-ernst-nehmen-f%C3%BCr-internet-ver%C3%B6ffentlichung.pdf (abgerufen am 29.08.2017)
Flasch, Kurt [Denken, 2013]: *Das philosophische Denken im Mittelalter. Von Augustin zu Machiavelli,* Stuttgart 2013
Flasch, Kurt [Logik 1990]: *Logik des Schreckens. Augustinus von Hippo: Die Gnadenlehre von 397,* Lat./Dt., Mainz 1990
Flogaus, Reinhard [Theosis, 1997]: *Theosis bei Palamas und Luther. Ein Beitrag zum ökumenischen Gespräch,* Göttingen 1997

Franziskus, Papst [Himmel, 2013]: *Über Himmel und Erde. Jorge Bergoglio im Gespräch mit dem Rabbiner Abraham Skorka. Das persönliche Credo des neuen Papstes* (German Edition) e-book, 2013

Friedell, Egon [Kulturgeschichte, 2011]: *Kulturgeschichte der Neuzeit. Die Krisis der Europäischen Seele von der Schwarzen Pest bis zum Ersten Weltkrieg,* Zürich 2011

Gailus, Manfred [Performance, 2011]: Keine gute Performance. Die deutschen Protestanten im »Dritten Reich«, in: Manfred Gailus/Armin Nolzen (Hrsg.): *Zerstrittene »Volksgemeinschaft«. Glaube, Konfession und Religion im Nationalsozialismus,* Göttingen 2011, S. 96–121

Gehlen, Arnold [Moral, 2016]: *Moral und Hypermoral. Eine pluralistische Ethik,* Frankfurt am Main 2016

Gerlach, Barbara [Teufelsdarstellungen, 2008]: »Teufelsdarstellungen in Literatur und Film«, Juli/2008, http://www.mythos-magazin.de/mythosforschung/bg_teufelsdarstellungen.pdf (abgerufen am 29.08.2017)

Geyer, Christian [Frauenhasser, 2016]: Frauenhasser, in: *Frankfurter Allgemeine Zeitung* vom 20. Februar 2016. S. 9

Geyer, Christian [Wink, 2015]: Ein Wink vom Herrgott, in: *Frankfurter Allgemeine Zeitung* vom 5. Oktober 2015

Girard, René [Gewalt, 2009]: *Das Ende der Gewalt. Analyse eines Menschheitsverhängnisses,* Freiburg 2009

Graf, Friedrich Wilhelm [Zeitgeist, 2011]: *Der heilige Zeitgeist. Studien zur Ideengeschichte der protestantischen Theologie in der Weimarer Republik,* Tübingen 2011

Graf, Friedrich Wilhelm [Auseinanderfallen, 2017]: »Das Auseinanderfallen des Corpus Christianum war das Beste, was uns passieren konnte«, in: *Frankfurter Allgemeine Zeitung* vom 10. April 2017, S. 5

Grass, Günter (et al. im Fernsehgespräch) [Vaterland, 1990]: Deutschland, einig Vaterland? Streit ums »Einig Vaterland«: 1960 - 1990. Eine Diskussion mit Günter Grass und Rudolf Augstein, 14. Februar 1990, http://webdatenbank.grass-medienarchiv.de/receive/ggrass_mods_00000734 (abgerufen am 29.08.2017)

Greshake, Gisbert [Gott, 2007]: *Der Dreiene Gott. Eine trinitarische Theologie,* Freiburg 2007

Greshake, Gisbert [Priester, 2005]: *Priester sein in dieser Zeit. Theologie, pastorale Praxis, Spiritualität,* Würzburg 2005

Groß, Walter [Bibel, 2006]: »Bibel in gerechter Sprache« – in richtiger und angemessener Sprache?, in: *Theologische Quartalschrift* 186/4 (2006), S. 343–345

Grözinger, Karl Erich [Gedenken, 1992]: Gedenken, Erinnern und Fest als Wege zur Erlösung des Menschen und zur Transzendenzerfahrung im Judentum, in: Hendrik Adriaanse/Bernhard Casper (Hrsg.): *Alltag und Transzendenz. Studien zur religiösen Erfahrung in der gegenwärtigen Gesellschaft,* Freiburg und München 1992, S. 19–49

Grünbart, Michael (berichtet von han) [Hüter, 2013]: »Hüter der Orthodoxie«. Byzantinist Grünbart über Häresiebekämpfung im byzantinischen Mittelalter, April 2013, https://www.uni-muenster.de/Religion-und-Politik/aktuelles/2013/apr/News_Haeresie_Byzanz.html (abgerufen am 29.08.2017)

Guardini, Romano [Geist, 2013]: *Vom Geist der Liturgie,* Freiburg 2013

Guardini, Romano [Neuzeit, 1989]: *Das Ende der Neuzeit.* Die Macht, Mainz, Paderborn 1989

Güntner, Joachim [Anderssein, 2016]: Lob des Andersseins, in: *Neue Zürcher Zeitung* vom 23. Oktober 2016

Habermas, Jürgen [Diskurs, 1988]: *Der philosophische Diskurs der Moderne. Zwölf Vorlesungen,* Frankfurt am Main 1988

Habermas, Jürgen [Theorie, 2011]: *Theorie des kommunikativen Handelns,* Band 1, Handlungsrationalität und gesellschaftliche Rationalisierung, Frankfurt am Main 2011

Habermas, Jürgen [Texte, 1991]: Zu Max Horkheimers Satz: »Einen unbedingten Sinn zu retten ohne Gott, ist eitel«, in: ders, *Texte und Kontexte,* Frankfurt am Main 1991, S. 110–126

Habermas, Jürgen [Mythos, 1983]: Die Verschlingung von Mythos und Aufklärung. Bemerkung zur Dialektik der Aufklärung – nach einer erneuten Lektüre, in: Karl Heinz Bohrer (Hrsg.): *Mythos und Moderne,* Frankfurt am Main 1983, S. 429–431

Habermas, Jürgen [Faktizität, 1992]: *Faktizität und Geltung. Beiträge zur Diskurstheorie des Rechts und des demokratischen Rechtsstaats,* Frankfurt am Main 1992

Hacker, Paul [Ich, 2009]: *Das Ich im Glauben bei Martin Luther. Der Ursprung der anthropozentrischen Religion,* Bonn 2009

Hall, Evelyn Beatrice [Friends, 1906]: *The Friends of Voltaire* (erschienen unter dem Pseudonym Stephen G. Tallentyre), London 1906

Han, Byung-Chul [Austreibung, 2016]: *Die Austreibung des Anderen. Gesellschaft, Wahrnehmung und Kommunikation heute,* Frankfurt am Main 2016

Häring, Hermann [Unheil, 2004]: Unheil der Welt – Unheil der Menschen? in: *Concilium*, 40. Jahrgang, März 2004, S. 43–60

Härle, Wilfried [Begriff]: Der Begriff des Gewissens aus theologischer Sicht und seine Bedeutung für das Verständnis von Schuld (Vortragsmanuskript), IPSE-Symposion, Köln, 19. November 2011, http://www.ipse-contact.de/files/downloads/Veroeffentlichungen/Haerle_IPSE-Symposion_19.11.11.pdf

Harnack, Adolf von [Dogmengeschichte, 1910]: *Lehrbuch der Dogmengeschichte,* Bd. 3, Die Entwicklung des kirchlichen Dogmas, Tübingen 1910

Harnack, Adolf von [Wesen, 1908]: *Das Wesen des Christentums,* Leipzig 1908

Harnack, Adolf von [Marcion, 1921]: *Marcion. Das Evangelium vom fremden Gott,* Leipzig 1921

Hegel, Georg Wilhelm Friedrich [Philosophie, 1986]: *Vorlesungen über die Philosophie der Geschichte,* in: *Werke,* Band 12, Frankfurt am Main 1986

Hegel, Georg Wilhelm Friedrich [Geschichte, 1986]: *Vorlesungen über die Geschichte der Philosophie,* in: Werke, Band 20, Frankfurt am Main 1986

Heidrich, Christian [Entzücken, 2000]: Geistiges Entzücken, in: *Sinn und Form,* 52, Januar/Februar 2000, S. 5–31

Heil, Johannes [Antijudaismus, 1997]: Antijudaismus und Antisemitismus, Begriffe als Bedeutungsträger, in: *Jahrbuch für Antisemitismusforschung,* 6, 1997, S. 92–114

Hersche, Peter [Muße, 2006]: *Muße und Verschwendung. Europäische Gesellschaft und Kultur im Barockzeitalter,* 2 Bde., Freiburg 2006

Herzog, Isaak HaLevy [Roncalli, 1980]: an Roncalli (Pius XII.), am 28. Februar 1944, in: Actes et documents du Saint-Siège relatifs à la Seconde Guerre mondiale, Bd. X, Vaticanstadt 1980, http://www.vatican.va/archive/actes/documents/Volume-10.pdf (abgerufen am 29.08.2017)

Hieronymus [Patrologia]: Ezechielkommentar, in Jaques Paul Migne (Hrsg.): *Patrologia Latina*, 25,22b

Holl, Karl [Hermeneutik, 1948]: Hermeneutik der Gewalt, in: ders. (Hrsg.), *Gesammelte Aufsätze zur Kirchengeschichte, Teil 1: Luther,* Tübingen 1948

Horkheimer, Max/Adorno, Theodor W. [Dialektik, 2013]: *Dialektik der Aufklärung. Philosophische Fragmente,* Frankfurt am Main 2013

Huber, Wolfgang [Seelsorge, 2007]: Seelsorge ist auch für Terroristen da, in: *Der Tagesspiegel* vom 11. Februar 2007

Inacker, Michael J. [Transzendenz, 1994]: *Zwischen Transzendenz, Totalitarismus und Demokratie. Die Entwicklung des kirchlichen Demokratieverständnisses von der Weimarer Republik bis zu den Anfängen der Bundesrepublik (1918–1959),* Neukirchen-Vluyn 1994

Iserloh, Erwin [Stellung, 1966]: Luthers Stellung in der theologischen Tradition, in: *Wandlungen des Lutherbildes. Studien und Berichte der Katholischen Akademie in Bayern,* Würzburg 1966, S. 15-47

Jankélévitch, Vladimir [Verzeihen, 2003]: *Verzeihen?,* Frankfurt am Main 2006 (Originaltitel: Pardonner?, 1971, Neuauflage unter L´Imprescriptible, Paris 1986, Das Unverjährbare). Zitiert wird nach der ersten deutschen Veröffentlichung der Übersetzung in: Jankélévitch. Das Verzeihen. Essays zur Moral und zur Kulturphilosophie, hrgs. v. R. Konersmann mit einem

Vorwort von Jürg Altwegg, Frankfurt am Main 2003, S. 243–283
Jaumann, Herbert [Rebell, 2013]: »Der Rebell ohne Hammer«, Rezension der Luther-Biographie von Heinz Schilling, http://literaturkritik.de/id/17642 (abgerufen am 05.09.2017
July, Frank Otfried [Jahr, 2011]: »2017 soll unser heiliges Jahr werden«, in: *Evangelisches Sonntagsblatt*, Nr. 25 vom 29. Juli
Jüngel, Eberhard [Evangelium, 1998]: *Das Evangelium von der Rechtfertigung des Gottlosen als Zentrum des christlichen Glaubens*, Tübingen 1998
Jureit, Ulrike/Schneider, Christian [Opfer, 2010]: *Gefühlte Opfer. Illusionen der Vergangenheitsbewältigung*, Stuttgart 2010
Kallis, Anastasios [Fragen, 2003]: *100 Fragen an einen orthodoxen Theologen*, Münster 2003
Käßmann, Margot [Interview, 2012]: Interview, in: *Idea-Spektrum*, Nr. 24/2012 vom 13. Juni 2012
Käßmann, Margot [Frauenfreund, 2016]: Frauenfreund, in: *Die Zeit* vom 18. Februar 2016, S. 52
Kattan, Assaad Elias [Heilsökonomie, 2011]: Das Verhältnis von Heilsökonomie und Immanenztheologie. Zu den erkenntnistheoretischen Grundsätzen der Trinitätslehre, Freiburg 2011, http://www. uni-muenster.de/imperia/md/content/crs/ot/das_verh_ltnis_von_heils_konomie_und_immanenztheologie._die_filioque-kontroverse._freiburg_im_breisgau_2011.pdf (abgerufen am 29.08.2017)
Kaufmann, Thomas [Europa, 2015]: Europa und die Reformation, in: *Frankfurter Allgemeine Zeitung* vom 26. Oktober 2015, S. 6

Kaufmann, Thomas [Erlöste, 2016]: *Erlöste und Verdammte. Eine Geschichte der Reformation,* München 2016

Kermani, Navid [Auschwitz, 2017]: Auschwitz morgen – Die Zukunft der Erinnerung, in: *Frankfurter Allgemeine Zeitung* vom 7. Juli 2017, S. 9, 11

Kierkegaard, Sören [Brocken, 1992]: *Philosophische Brocken,* Hamburg 1992

Klier, Walter [Differenz, 1995]: Die deutsche Differenz, in: *Merkur* 558/559, September/Oktober 1995, S. 973–980

Knott, Marie Luise/Brovot, Thomas/Blumenbach, Ulrich (Hrsg.) [Deutsch, 2015]: *Denn wir haben Deutsch. Luthers Sprache aus dem Geist der Übersetzung,* Berlin 2015

Kock, Manfred [Gewissensfragen, 2002]: Gewissensfragen. Über die Beziehung von Menschenbild und moderner Forschungsentwicklung, 10. September 2002, https://www.ekd.de/vortraege/kock/kock_020910_menschenbild_und_forschung.html (abgerufen am 29.08.2017)

Kodalle, Klaus-Michael [Gnade, 2010]: Gnade vor Recht? in: *Die Zeit,* Nr. 9 vom 25. Februar 2010

Kodalle, Klaus-Michael [Verzeihung, 2013]: *Verzeihung denken. Die verkannte Grundlage humaner Verhältnisse,* München 2013

Köhler, Henning [Raumdenker, 2010]: Raumdenker oder Edelmenschträumer? Bücher über den frühen Hitler mit vielen Ungenauigkeiten und vagen Hinweisen, in: *Frankfurter Allgemeine Zeitung* vom 17. Mai 2010, S. 8

Korff, Wilhelm [Medizin, 1980]: Medizin und Ethik, in: Helmut Weber (Hrsg.): *Anspruch der Wirklichkeit und*

*christlicher Glaube. Probleme und Wege theologischer Ethik heute,* Düsseldorf 1980, S. 155–165
Körtner, Ulrich H. J. [Theologie, 2010]: *Reformatorische Theologie im 21. Jahrhundert,* Zürich 2010
Krötke, Wolf [Konzentration, 2015]: »Verengt« christologische Konzentration die Möglichkeiten von Gotteserfahrung? Vortrag beim Konvent des Kirchenkreises Cottbus in Guben am 15.04.2015, http://wolf-kroetke.de/vortraege/ansicht/eintrag/180.html (abgerufen am 29.08.2017) 2011
Lauster, Jörg [Verzauberung, 2014]: *Die Verzauberung der Welt. Eine Kulturgeschichte des Christentums,* München 2014
Leppin, Volker [Reformation, 2013]: *Die Reformation,* Darmstadt 2013
Leppin, Volker [Wurzeln, 2016]: *Die fremde Reformation. Luthers mystische Wurzeln,* München 2016
Locher, Gottfried Wilhelm [Zeichen, 2000]: »Zeichen des Advents. Protestantische Perspektiven einer sichtbaren Kirche«, 2000, http://www.unifr.ch/iso/assets/files/Locher_Advent.pdf (abgerufen am 29.08.2017)
Lossky, Vladimir [Theologie, 1961]: *Die mystische Theologie der morgenländischen Kirche,* Graz et al. 1961
Luhmann, Niklas [Gesellschaftsstruktur, 1993]: *Gesellschaftsstruktur und Semantik. Studien zur Wissenssoziologie der modernen Gesellschaft,* Bd. 3, Frankfurt am Main 1993
Luhmann, Niklas [Gesellschaft, 1997]: *Die Gesellschaft der Gesellschaft,* 2 Bde., Frankfurt am Main 1997
Luhmann, Niklas [Paradigm, 1990]: *Paradigm lost: Über die ethische Reflexion der Moral. Rede anläßlich der Verleihung des Hegel-Preises 1989,* Frankfurt am Main 1990

Luhmann, Niklas [Religion, 2002]: *Die Religion der Gesellschaft,* Frankfurt am Main 2002
Luhmann, Niklas [Politik, 1996]: Politik, Demokratie, Moral, in: Konferenz der Deutschen Akademien der Wissenschaften (Hrsg.): *Normen, Ethik und Gesellschaft,* Mainz 1996, S. 17–39
MacCulloch, Diarmaid [Reformation, 2008]: *Die Reformation 1490–1700,* München 2008
MacIntyre, Alasdair [Ethik, 1995]: *Geschichte der Ethik im Überblick. Vom Zeitalter Homers bis zum 20. Jahrhundert,* Weinheim 1995
MacIntyre, Alasdair [Tugend, 2014]: *Der Verlust der Tugend. Zur moralischen Krise der Gegenwart,* Frankfurt am Main 2014
Maier, Hans [Zeitalter, 1992]: Das totalitäre Zeitalter und die Kirchen, in: Spieker, Manfred (Hrsg.): *Vom Sozialismus zum demokratischen Rechtsstaaat. Der Beitrag der katholischen Soziallehre zu den Transformationsprozessen in Polen und in der ehemaligen DDR,* Paderborn et al. 1992, S. 11–37
Mainberger, Gonsalv K. [Erbsünde, 2004]: Die Erbsünde als »kulturelle Matrix« heute (1), in: *Concilium,* 40. Jahrgang, März 2004, S. 71–78
Mann, Thomas [Deutschland, 1945]: Deutschland und die Deutschen. Rede anläßlich seines 70. Geburtstags, 1945, in: ders.: *Gesammelte Werke,* 13 Bde., XI, Reden und Aufsätze 3, Frankfurt am Main 1974, S.1126–1148
Marchart, Oliver [Gedächtnis, 2005]: Das historisch-politische Gedächtnis. Für eine politische Theorie kollektiver Erinnerung, in: Christian Gerbel et al. (Hrsg.), *Transformationen gesellschaftlicher Erinnerung. Studien*

*zur »Gedächtnisgeschichte« der Zweiten Republik*, Wien 2005, S. 21–49

Marquard, Odo [Glück, 1995]: *Glück im Unglück. Philosophische Überlegungen*, München 1995

Marquardt, Friedrich Wilhelm [Verwegenheiten, 1987]: *Verwegenheiten. Theologische Stücke aus Berlin*, München 1987

Maurer, Ernstpeter [Luther, 1999]: *Luther*, Freiburg et al. 1999

Mehnert, Gottfried [Politik, 1959]: *Evangelische Kirche und Politik, 1917-1919. Die politischen Strömungen im deutschen Protestantismus von der Julikrise 1917 bis zum Herbst 1919*, Düsseldorf 1959

Melzer, Chris [Feindstaat, 2012]: Deutschland ist »Feindstaat«, 22. September 2012, http://www.n-tv.de/politik/Deutschland-ist-Feindstaat-article7267441.html (abgerufen am 29.08.2017)

Möllers, Christoph [Normen, 2015]: *Die Möglichkeit der Normen. Über eine Praxis jenseits von Moralität und Kausalität*, Berlin 2015

Mosebach, Martin [Ultramontaner, 2012]: *Der Ultramontane. Alle Wege führen nach Rom*, Augsburg 2012

Mosebach, Martin [Häresie, 2003]: *Häresie der Formlosigkeit. Die römische Liturgie und ihr Feind*, Wien 2003

Münch, Holger [Sprache, 2016]: »Die Sprache kommt vor der Tat« (Interview), in: *Frankfurter Allgemeine Zeitung* vom 4. Juni 2016, S. 2

Nichtweiß, Barbara [Peterson, 1994]: *Erik Peterson. Neue Sicht auf Leben und Werk*, Freiburg et al., 2. Aufl. 1994

Nietzsche, Friedrich [JEN]: *Jenseits von Gut und Böse. Vorspiel einer Philosophie der Zukunft*, 1886, in: KSA 2005, Bd. 5

Nietzsche, Friedrich [FRÖ]: *Die fröhliche Wissenschaft*, 1887, in: KSA 2005, Bd. 3

Nietzsche, Friedrich [GÖT]: *Götzen-Dämmerung*, 1888, in: KSA 2005, Bd. 6

Nietzsche, Friedrich [ANT]: *Der Antichrist*, 1888, in: KSA 2005, Bd. 6

Nietzsche, Friedrich [MEN I]: *Menschliches, Allzumenschliches*, 1887; Bd. 1 der Ausgabe von 1886, in: KSA 2005, Bd. 2

Nietzsche, Friedrich [MEN II Mei]: *Menschliches, Allzumenschliches, Anhang vermischte Meinungen u. Sprüche*, 1879; Bd. 2, 1. Abtg. 1886, in KSA 2005, Bd. 2

Nietzsche, Friedrich [MEN II Wan]: *Menschliches, Allzumenschliches, zweiter Nachtrag: Der Wanderer und sein Schatten* 1880; Bd. 2, Abtg. 1886, in KSA 2005, Bd.2

Nietzsche, Friedrich [KSA, 2005]: *Sämtliche Werke. Kritische Studienausgabe*, 15 Bde., München 2005

Nikolaou, Theodor [Confessio, 1980]: Confessio Augustana Graeca. Die orthodox-lutherischen Beziehungen im 16. Jahrhundert, KNA – Ökumenische Information Nr. 14/15, 2. April 1980, https://epub.ub.uni-muenchen.de/5167/1/5167.pdf (abgerufen am 29.08.2017)

Nordrhein-Westfalen (Landesregierung) [Treueeid, 2014]: »Kardinal Woelki leistet Treueeid auf die freiheitlich-demokratische Grundordnung«, 18. September 2014, https://www.land.nrw/de/pressemitteilung/kardinal-woelki-leistet-treueeid-auf-die-freiheitlich-demokratische-grundordnung (abegrufen am 29.08.2017)

Päpstlicher Rat für die Gesetzestexte: actus formalis defectionis ab ecclesia catholica, Prot. N. 10279/2006, Vatikanstadt, 12. März 2006, Punkt 7
Perniola, Mario [Fühlen, 2013]: *Vom Katholischen Fühlen*, Berlin 2013
Peterson, Erik [Kirche, 1994]: Die Kirche, in: *Ausgewählte Schriften*, Bd. 1, Theologische Traktate, Würzburg 1994
Peterson, Erik [Theologie, 1994]: Was ist Theologie?, in: *Ausgewählte Schriften*, Bd. 1, Theologische Traktate, Würzburg 1994
Peterson, Erik [Briefwechsel, 1994]: Briefwechsel mit Harnack, in: *Ausgewählte Schriften*, Bd. 1, Theologische Traktate, Würzburg 1994
Pinzani, Alessandro [Strukturwandel, 2005]: Strukturwandel der Weltöffentlichkeit?, in: Jean-Christophe Merle (Hrsg): *Globale Gerechtigkeit – Global Justice*, Stuttgart-Bad Cannstatt 2005, S. 279-290
Plessner, Helmuth [Grenzen, 2015]: *Grenzen der Gemeinschaft. Eine Kritik des sozialen Radikalismus*, Frankfurt am Main 2015
Probst, Lothar/Thaa, Winfried [Zivilreligion]: Welche Zivilreligion braucht Europa? Die Erinnerung an den Holocaust sollte es nicht sein. Eine Antwort auf Dan Diner, in: *Die Welt* vom 13. März 2000
Puff, Helmut [Sodomy, 2003]: *Sodomy in Reformation Germany and Switzerland*, 1400–1600, Chicago 2003
Rahner, Karl [Theologie, 1980]: Zur Theologie und Spiritualität der Pfarrseelsorge, in: ders.: *Schriften zur Theologie*, Bd. 14, In Sorge um die Kirche, Zürich et al. 1980

Ratzinger, Joseph [Eschatologie, 1968]: *Eschatologie, Tod und ewiges Leben*, Regensburg 1968

Reck, Norbert [Singularität, 2012]: Der Topos der Singularität des Holocaust. Politisch-theologische Anmerkungen, in: Lucia Scherzberg (Hrsg.): *»Doppelte Vergangenheitsbewältigung« und die Singularität des Holocaust*, Saarbrücken 2012, S. 251–275

Reinhardt, Volker [Tyrannei, 2009]: *Die Tyrannei der Tugend. Calvin und die Reformation in Genf*, München 2009

Reinhardt, Volker [Luther, 2016]: *Luther, der Ketzer. Rom und die Reformation*, München 2016

Rendtorff, Trutz [Kirchenbegriff, 1966]: *Kirche und Theologie. Die systematische Funktion des Kirchenbegriffs in der neueren Theologie (Habil.)*, Gütersloh 1966

Rendtorff, Trutz [Gleichzeitigkeit, 1998]: Reflexiver Protestantismus. Die Gleichzeitigkeit von »Altprotestantismus« und »Neuprotestantismus« als Problemstellung der Theologie, in: Arnulf von Scheliha/Markus Schröder (Hrsg.): *Das protestantische Prinzip. Historische und systematische Studien zum Protestantismusbegriff. Festschrift für Herrmann Fischer*, Stuttgart et al. 1998, S. 317–330

Repgen, Konrad [Erfahrung, 1988]: Die Erfahrung des Dritten Reiches, in: Viktor Conzemius (Hrsg.): *Die Zeit nach 1945 als Thema kirchlicher Zeitgeschichte. Referate der internationalen Tagung in Hüningen/Bern (Schweiz) 1985*, Göttingen 1988, S. 127–179

Ricœur, Paul [Erbsünde, 1974]: Die Erbsünde – eine Bedeutungsstudie, in: ders.: *Der Konflikt der Interpretationen*, Bd. 2, Hermeneutik und Psychoanalyse, München 1974

Ricœur, Paul [Gedächtnis, 2004]: *Gedächtnis, Geschichte, Vergessen.* Aus dem Französischen von Hans-Dieter Gondek, Heinz Jatho und Markus Sedlaczek, München 2004

Ricœur, Paul [Vergessen, 1998]: *Das Rätsel der Vergangenheit. Erinnern, Vergessen, Verzeihen. Essener Kulturwissenschaftliche Vorträge,* Bd. 2, Göttingen 1998 (darin Kapitel IV: Vergessen und Verzeihen, S. 131–156)

Riecker, Joachim [Holocaust, 2009]: *Hitlers 9. November. Wie der Erste Weltkrieg zum Holocaust führte,* Berlin 2009

Ritter, Henning [Dinge, 2013]: Deutsche Dinge, in: *Zeitschrift für Ideengeschichte* Heft VII/3, Herbst 2013, S. 48–57

Roper, Lyndal [Haus, 1995]: *Das fromme Haus. Frauen und Moral in der Reformation,* Frankfurt am Main 1995

Roper, Lyndal [Doktor, 2012]: *Der feiste Doktor. Luther, sein Körper und seine Biografen,* Göttingen 2012

Rougemont, Denis de [Teufel, 1999]: *Der Anteil des Teufels,* München 1999

Rousseau, Jean-Jacques [Bekenntnisse, 1870]: *Rousseaus Bekenntnisse,* Zweiter Band, Hildburghausen 1870

Sabrow, Martin [Abschied, 2017]: Abschied von der Aufklärung. Über das Erlösungsversprechen unserer Erinnerungskultur, in: *Merkur* 813, Februar 2017, S. 5–16

Salmann, Elmar [Analogik, 1986]: *Neuzeit und Offenbarung. Studien zur trinitarischen Analogik des Christentums,* Rom 1986

Salmann, Elmar [Logos, 1992]: *Der geteilte Logos. Zum offenen Prozeß von neuzeitlichem Denken und Theologie,* Rom 1992

Salmann, Elmar [Geistesgegenwart, 2010]: *Geistesgegenwart. Figuren und Formen des Lebens,* St. Ottilien 2010

Sandler, Willibald [Augustinus, 2011]: »Augustinus – Lehrer der Gnade und Logiker des Schreckens? Ein nötiger Schnitt in der Rezeption von ›An Simplician‹ aus der Perspektive der dramatischen Theorie«, 4. April 2011, https://www.uibk.ac.at/theol/leseraum/texte/852.html (abgerufen am 29.08.2017)

Scheffczyk, Leo [Glaubenswelt, 1977]: *Katholische Glaubenswelt. Wahrheit und Gestalt,* Aschaffenburg 1977

Scheler, Max [Bourgeois, 1999]: Der Bourgeois und die religiösen Mächte, in: ders.: *Ethik und Kapitalismus,* Berlin 1999, S. 91–112

Scheler, Max [Ewiges, 1954]: *Vom Ewigen des Menschen,* Bern 1954

Scheler, Max [*Moralen, 2004]: Das Ressentiment im Aufbau der Moralen,* Frankfurt am Main (Klostermann), 2. Aufl. 2004

Schelsky, Helmut [Arbeit, 1975]: *Die Arbeit tun die anderen. Klassenkampf und Priesterherrschaft der Intellektuellen,* Opladen 1975

Schelsky, Helmut [Dauerrefexion, 1957]: Ist die Dauerreflexion institutionalisierbar?, in: *Zeitschrift für Evangelische Ethik* ZEE 1 (1957) S. 153–174

Scherzberg, Lucia [Vergangenheitsbewältigung, 2012]: Schlusswort, in: dies. (Hrsg.): *»Doppelte Vergangen-*

*heitsbewältigung« und die Singularität des Holocaust*, Saarbrücken 2012
Schilling, Heinz [Konfessionalisierung, 2012]: *Die Konfessionalisierung Europas – Ihre Ursachen und die Folgen für Kirche, Staat, Gesellschaft und Kultur*, Bd. 1, Saarbrücken 2012, S. 219–228
Schilling, Heinz [Luther, 2014]: *Martin Luther. Rebell in einer Zeit des Umbruchs*, München 2014
Schloemann, Johan [Lebenspartnerschaft]: »Geht nicht fremd! Verletzt keine Lebenspartnerschaft!«, in: *Süddeutsche Zeitung*, 23. Dezember 2006
Schmelzer, Carsten »Storch« [Hölle, 2013]: »Luther und die Hölle Oder: Über die Abschaffung des Fegefeuers«, 2013, https://www.kulturrat.de/themen/reformations-jubilaeum/luther-und-hoelle/?print=pdf
Schmemann, Alexander [Eucharistie, 2012]: *Eucharistie. Sakrament des Gottesreiches*, Freiburg 2012
Schmemann, Alexander [Ordination]: *Zur Ordination von Frauen. Brief an einen episkopalen Freund* (unveröffentlicht)
Schmid, Thomas [Preisträger, 2016]: Jeder kriegt den Preisträger, den er verdient, in: *Die Welt* vom 23. Oktober 2016
Schmitt, Carl [Katholizismus, 1984]: *Römischer Katholizismus und politische Form*, Stuttgart 1984
Schmitt, Carl [Souveränität, 2004]: *Politische Theologie. Vier Kapitel zur Lehre von der Souveränität*, Berlin 2004
Scholder, Klaus [Geschichte, 1988]: Neuere deutsche Geschichte und protestantische Theologie. Aspekte und Fragen (1963), in: Karl Otmar von Aretin/Ger-

hard Besier (Hrsg.): *Die Kirchen zwischen Republik und Gewaltherrschaft. Gesammelte Aufsätze* (v. Klaus Scholder), Berlin 1988, S. 84 f.

Schöpsdau, Walter [Leben, 2005]: *Angenommenes Leben. Beiträge zu Ethik, Philosophie und Ökumene,* Göttingen 2005

Schöpsdau, Walter [Säkularisierung]: Säkularisierung als Folge religiöser Verinnerlichung. Die Säkularisierungstheorie von Charles Taylor, www.pfarrerblatt.de/text_336.htm (abgerufen am 29.08.2017)

Schuon, Frithjof [Einheit, 2007]: *Von der inneren Einheit der Religionen,* Freiburg 2007

See, Klaus von [Identität, 1994]: *Barbar, Germane, Arier. Die Suche nach der Identität der Deutschen,* Heidelberg 1994

Sennett, Richard [Verfall, 1986]: *Verfall und Ende des öffentlichen Lebens. Die Tyrannei der Intimität,* Frankfurt am Main 1986

Sennett, Richard [Civitas, 1991]: *Civitas – Die Großstadt und die Kultur des Unterschieds,* Frankfurt 1991

Sesboüé, Bernard [Erklärung, 2004]: Die theologische Erklärung der Erbsünde, in: *Concilium,* 40. Jahrgang, März 2004 S. 3–10

Seubert, Harald [Ästhetik, 2015]: *Ästhetik – die Frage nach dem Schönen,* Freiburg 2015

Sloterdijk, Peter [Kinder, 2015]: *Die schrecklichen Kinder der Neuzeit,* Berlin 2015

Smekal, Caecilia [Priesterinnen, 2013]: Tore für Priesterinnen zu, kein Urteil über Schwule, 29. Juli 2013, https://kurier.at/chronik/weltchronik/papst-franziskus-wer-bin-ich-um-schwule-zu-verurteilen/20.864.263 (abgerufen am 29.08.2017)

Söding, Thomas [Schrift]: Die Heilige Schrift in der katholischen Kirche. Zum theologischen Gespräch Joseph Ratzingers mit Erik Peterson, http://www.ruhr-uni-bochum.de/imperia/md/content/nt/aktuelles/oekumenerommai2013/die_heilige_schrift_in_der_katholische_kirche_dialog_peterson_ratzinger.pdf (abgerufen am 29.08.2017)

Söding, Thomas [Exeget]: Ein Ausnahme-Exeget. Erik Peterson in der Theologie seiner Zeit, http://www.ruhr-uni-bochum.de/imperia/md/content/nt/aktuelles/ein_ausnahmeexeget_peterson.pdf (abgerufen am 29.08.2017)

Soeffner, Hans-Georg [Baldachin, 2000]: *Gesellschaft ohne Baldachin. Über die Labilität von Ordnungskonstruktionen,* Weilerswist 2000

Soeffner, Hans-Georg [Rituale, 1992]: *Die Ordnung der Rituale. Die Auslegung des Alltags* 2, Frankfurt am Main 1992

Soentgen, Jens [Eschatologie, 2013]: Die Eschatologie des $CO_2$, *Merkur* 767, April 2013, S. 366–374

Sölle, Dorothee [Mystik, 2014]: *Mystik und Widerstand. »Du stilles Geschrei«,* Freiburg 2014

Spaemann, Robert [Gottesbeweis, 2007]: *Der letzte Gottesbeweis,* München 2007

Spaemann, Robert [Glück, 2017]: *Glück und Wohlwollen, Versuch über Ethik,* Stuttgart 2017

Spener, Philipp Jakob [Desideria, 2005]: *Pia Desideria.* Deutsch-Lateinische Studienausgabe, hrsg. v. Beate Köster, Gießen et al. 2005

Spengler, Oswald [Untergang, 2006]: *Der Untergang des Abendlandes. Umrisse einer Morphologie der Weltgeschichte,* München 2006

Stier, Fridolin (Übers.): Das Neue Testament, München 1989

Strasser, Peter [Journal, 1998]: *Journal der letzten Dinge*, Frankfurt am Main 1998

Strasser, Peter [Weg, 2000]: *Der Weg nach daußen. Skeptisches, metaphysisches und religiöses Denken*, Frankfurt am Main 2000

Tanner, Klaus [Verstaatlichung, 1989]: *Die fromme Verstaatlichung des Gewissens. Zur Auseinandersetzung um die Legitimität der Weimarer Reichsverfassung in Staatsrechtswissenschaft und Theologie der zwanziger Jahre*, Göttingen 1989

Taxacher, Gregor [Bruchlinien, 2015]: *Bruchlinien. Wie wir wurden, was wir sind. Eine theologische Dialektik der Geschichte*, Gütersloh 2015

Taxacher, Gregor [Endzeit, 1998]: *Nicht endende Endzeit. Nach Auschwitz Gott in der Geschichte denken*, Gütersloh 1998

Taylor, Charles [Zeitalter, 2012]: *Ein säkulares Zeitalter*, Berlin 2012

Taylor, Charles [Selbst, 2012]: *Quellen des Selbst. Die Entstehung der neuzeitlichen Identität*, Frankfurt am Main 2012

Tietz, Christiane [Aufstand, 2007]: Aufstand des Gewissens. Am Beispiel von Martin Luther und Dietrich Bonhoeffer, Mai 2007, http://www.ev-akademie-boll.de/fileadmin/res/otg/520507-Tietz.pdf (abgerufen am 29.08.2017)

Totzke, Irenäus [Angst, 2009]: *Angst und Religion*, Niederaltaich 2009

Trilling, Lionel [Ende, 1983]: *Das Ende der Aufrichtigkeit*, Wien 1983

Tück, Jan-Heiner [Verzeihen, 2004]: Das Unverzeihbare verzeihen, in: *Internationale katholische Zeitschrift Communio*, 33. Jahrgang, März April 2004, S. 174–188
Türcke, Christoph [Geniestreich, 2007]: Luthers Geniestreich: Die Rationalisierung der Magie, in: Friedrich Wilhelm Pohl/Christoph Türcke: *Heilige Hure Vernunft, Luthers nachhaltiger Zauber*, Berlin 1983, S. 9–74
Uhl, Heidemarie [Schuldgedächtnis, 2012]: Schuldgedächtnis und Erinnerungsbegehren. Thesen zur europäischen Erinnerungskultur, in: Lucia Scherzberg (Hrsg.): *»Doppelte Vergangenheitsbewältigung« und die Singularität des Holocaust*, Saarbrücken 2012, S. 193–214
Van der Leeuw, Gerard [Kunst, 1957]: *Vom Heiligen in der Kunst*, Gütersloh 1957
Voegelin, Eric [Luther, 2011]: *Luther und Calvin. Die große Verwirrung*, München 2011
Voegelin, Eric [Volk, 1994]: *Das Volk Gottes*, München 1994
Voegelin, Eric [Evangelium, 1997]: *Evangelium und Kultur. Die Antwort des Evangeliums*, München 1997
Vogel, Lothar [Böhmenrezeption, 2011]: Beobachtungen zur Böhmenrezeption in Gottfried Arnolds Sophienschrift, in: Wolfgang Breul/Marcus Meier/Lothar Vogel (Hrsg.): *Der radikale Pietismus. Perspektiven der Forschung*, Göttingen, 2. Aufl. 2011, S. 271–292
Ware, Kallistos [Aufstieg, 1983]: *Der Aufstieg zu Gott. Glaube und Leben nach ostkirchlicher Überlieferung*, Freiburg 1983
Weber, Max [Religion, 2011]: *Religion und Gesellschaft. Gesammelte Aufsätze zur Religionssoziologie*, Eggolsheim 2011

Wendt, Alexander [Kreuz, 2016]: »Kreuz ab zum Besuch – und nichts als Ärger mit den Juden«, 17. November 2016, http://www.achgut.com/artikel/kreuz_ab_zum_besuch_und_nichts_als_aerger_mit_den_juden (abgerufen am 29.08.2017)

Wenz, Gunther [Communio, 2001]: Communio ecclesiarum. Die theologische Relevanz der ökumenischen Verständigung. Bestimmung und Beleuchtung einer protestantischen Zielperspektive, in: Uwe Rieske-Braun (Hrsg.): *Konsensdruck ohne Perspektiven? Der ökumenische Weg nach »Dominus Iesus«*, Leipzig 2001, S. 75–89

Wilken, Robert Louis [Geist, 2004]: *Der Geist des frühen Christentums*, Gütersloh 2004

Woelki, Rainer Maria [CSU-Positionen, 2016]: »Kardinal Woelki wettert gegen CSU-Positionen« (berichtet von Joachim Frank), 10. September 2016, http://www.ksta.de/politik/fluechtlingspolitik-kardinal-woelki-wettert-gegen-csu-positionen-24720936 (abgerufen am 29.08.2017)

Woelki, Rainer Maria [Sektierer, 2016]: »Rechte Sektierer vergiften das gesellschaftliche Klima«, 9. August 2016, http://www.stern.de/panorama/rainer-maria-kardinal-woelki/kardinal-woelki--vom-wert-des-zweifels-7000280.html (aberufen am 29.08.2017)

Young, James Edward [Textur, 1992]: Die Textur der Erinnerung – Holocaust-Gedenkstätten, in: Hanno Loewy (Hrsg.): *Holocaust: Die Grenzen des Verstehens. Eine Debatte über die Besetzung der Geschichte*, Reinbek bei Hamburg 1992

Ziegert, Karl Richard [Spiel, 2015]: Dieses Spiel ist aus, in: *Deutsches Pfarrerblatt*, Heft 10/2015

Ziegert, Karl Richard [Zivilreligion, 2013]: *Zivilreligion. Der protestantische Verrat an Luther,* München 2013
Zimmerling, Peter [Spiritualität, 2003]: *Evangelische Spiritualität. Wurzeln und Zugänge,* Göttingen 2003
Zimmerling, Peter [Mystik, 2015]: *Evangelische Mystik,* Göttingen 2015
Zulehner, Paul M. [Spiritualität, 2004] (Hrsg.): *Spiritualität. Mehr als ein Megatrend,* Ostfildern 2004

Edition Sonderwege


*Satz:* Achim Schmidt, Graphische Konzepte, Mettmann
Gesetzt aus Arno Pro
*Druck und Bindung:* CPI books



Printed in Germany
ISBN 978-3-944872-67-4
www.manuscriptum.de